中国特色社会主义先行示范区

龙华的机遇与探索

本书编写组 编著

中国社会科学出版社

图书在版编目（CIP）数据

中国特色社会主义先行示范区：龙华的机遇与探索／本书编写组编著.
—北京：中国社会科学出版社，2023.2
ISBN 978-7-5227-2109-5

Ⅰ.①中⋯ Ⅱ.①本⋯ Ⅲ.①区域经济发展—研究—深圳
Ⅳ.①F127.653

中国国家版本馆 CIP 数据核字（2023）第 112738 号

出 版 人	赵剑英
责任编辑	田　文
特约编辑	冯春凤
责任校对	张爱华
责任印制	王　超

出　　版	中国社会科学出版社
社　　址	北京鼓楼西大街甲 158 号
邮　　编	100720
网　　址	http://www.csspw.cn
发 行 部	010-84083685
门 市 部	010-84029450
经　　销	新华书店及其他书店
印　　刷	北京君升印刷有限公司
装　　订	廊坊市广阳区广增装订厂
版　　次	2023 年 2 月第 1 版
印　　次	2023 年 2 月第 1 次印刷
开　　本	710×1000　1/16
印　　张	17.25
字　　数	281 千字
定　　价	98.00 元

凡购买中国社会科学出版社图书，如有质量问题请与本社营销中心联系调换
电话：010-84083683
版权所有　侵权必究

前　　言

建设中国特色社会主义先行示范区是在我国进入中国特色社会主义新时代之后，中央赋予深圳的一项新的重大历史使命。这是在全面建成小康社会的目标即将实现，改革开放向纵深推进，全面建设社会主义现代化强国时代已经到来之际，中央的又一战略部署。2017年10月18日，党的十九大胜利召开并郑重宣布，经过从改革开放之初以来几十年的长期努力，中国特色社会主义进入了新时代。这是我国发展新的历史方位。2018年12月18日，中央隆重纪念改革开放40周年。2019年3月5日，深圳则迎来了建市40周年纪念日。2019年8月9日，中共中央、国务院发布了《关于支持深圳建设中国特色社会主义先行示范区的意见》。2020年8月26日，深圳又迎来了特区成立40周年。在10月14日于前海举行的深圳经济特区建立40周年庆祝大会上发表的重要讲话中，习近平总书记强调："深圳要建设好中国特色社会主义先行示范区，创建社会主义现代化强国的城市范例，提高贯彻落实新发展理念能力和水平，形成全面深化改革、全面扩大开放新格局，推进粤港澳大湾区建设，丰富'一国两制'事业发展新实践，率先实现社会主义现代化。这是新时代党中央赋予深圳的历史使命。"这些中国和深圳历史重大节点的演进和重大历史事件的接连发生，表明肇始于改革开放的中国特色社会主义建设事业正在更宽阔的视野中展开更新、更壮丽的宏伟蓝图。而深圳则又一次在这张蓝图的实现过程中承担特殊而光荣的历史使命。

龙华是深圳全市发展的后起之秀、中轴新城，被市委市政府赋予"都市核心区"的发展定位，战略地位重要，发展潜力巨大，有责任、有条件在深圳先行示范区建设中担当重任、充当尖兵，作出自己的突出贡献。行政区成立四年多来，龙华经济社会发展取得了长足进步，地区生产总值从

1850 亿元增长到 2510 亿元。产业结构快速调整，转型升级加大力度，创新能力不断增强，先进制造业占工业比重达 74%。社会治理效果显著，亮点纷呈。中共中央、国务院印发了《粤港澳大湾区发展规划纲要》和《关于支持深圳建设中国特色社会主义先行示范区的意见》以后，区委区政府认识到这是龙华区发展新的重大历史机遇，决心以更宽视野，主动服务并融入粤港澳大湾区建设，充当先行示范区建设的尖兵。2021 年 1 月，区一届五次党代会确立了打造数字龙华、高标准建设深圳都市核心区的新战略定位，使龙华在先行示范区建设中的战略目标得到进一步明确和提升。2021 年 9 月，区第二次党代会再次明确了"数字龙华、都市核心"的战略定位，并提出必须深刻把握形势机遇、战略定位、发展方向、思维方法，坚定"中流击水、浪遏飞舟"的昂扬斗志，焕发"千钧重担、起而行之"的壮志豪情，迈出"咬定青山、临机取决"的铿锵步伐，践行"求是拓新、知行合一"的工作理念的工作要求，全面打造"数字龙华、都市核心"。未来的龙华要坚持都市核心区战略定位，在深圳全面建成现代化国际化创新型城市中给出龙华答卷，进一步将龙华在先行示范区建设中的战略定位予以新的概括和提升。这说明龙华区并不仅仅要做城区划分意义上的城市地理中心、中轴新城，而且更要发展成为城市体系的金字塔尖，城市结构的核心中枢和城市功能的综合中心，进入深圳建设全球标杆城市第一阵营。这是市委在深圳发展战略规划上给予龙华的新定位，既包含了高质量发展的任务目标，也包含了高水平城市建设的任务目标，是龙华为先行示范区建设必须承担的关键使命。

　　该书从五个方面提出了龙华建设中国特色社会主义先行示范区的机遇与探索。一是率先突破建立现代化经济体系，建成高质量发展的数字龙华。践行新发展理念，推进以科技创新为核心的全面创新，持续巩固制造业基础地位，大力发展战略性新兴产业，加速壮大现代服务业，加快构建现代产业体系，让高质量发展成为龙华最显著的特征。二是率先营造国际一流法治化营商环境，建成法治建设先进区。统筹法治龙华、平安龙华、和谐龙华建设，有序推进人民民主，依法规范政府和市场边界，营造国际一流法治化营商环境，打造最安全稳定、最公平公正，法治环境最好的城区之一，让法治成为龙华最鲜明的标志。三是率先塑造现代城市文明争创文化创新引领区。坚持不忘本来、吸收外来、面向未来，围绕举旗帜、聚民心、育新人、兴文化、展形象使命任务，着力构建先进的城市精神体系、文化品牌体系、公共文化服务体系和现代文化产业体系，支撑深圳建设全球区域文化中心城市和创新创业创意之都，让文明成为龙华最温暖的底色。四是建设现代文化产业体系，提升文化软实力。率先践行"四共"发展理念，建立民生幸福活力城区。坚持以人民为中心的发展思想，探索高密度城区发展民生新路径，每年实施一批民生实事和一大批民生微实事，完善党委领导、政府负责、民主协商、社会协同、公众参与、法治保障、科技支撑的社会治理体系，努力实现幼有善育、学有优教、劳有厚得、病有良医、老有颐养、住有宜居、弱有众扶，让共建共治共享共同富裕成为龙华最优越的品质。五是率先打造美丽中国典范，建成宜居宜业宜游魅力区。践行绿水青山就是金山银山的理念，充分挖掘三面环山、一水润城的独特生态禀赋，塑造安全高效的生产空间、舒适宜居的生活空间、碧水蓝天的生态空间，让美丽成为龙华最靓丽的名片。

争当建设中国特色社会主义先行示范区的尖兵是龙华区今后30年的长期历史使命。这个使命充分表明了龙华区不惧底子薄、不畏路途难，敢于拼搏、敢于争先的雄心斗志和气魄胆略。这是对闻名全国的深圳精神最好的传承和发扬。正是有了这样的雄心斗志和气魄胆略，建设先行示范区的重任才有了胜利完成的最大可能性。尖兵是一个特殊的角色，既需要旺盛的战斗意志，又需要强大的体能和持久的耐力，还需要科学的判断能力和机敏的应变智慧。只有具备这些全面的素质，才能在大战略的指引下勇敢突破重围，在荆棘丛中开辟崭新路径，率先占领制高点，为夺取全局胜利创造最有利条件。

为此，龙华在今后的征程中，必须牢记坚持党的全面领导，坚定把握新时代中国特色社会主义大方向，依靠党的政治建设、思想理论建设、组织建设、作风建设、纪律建设和制度建设，持续大力推进党的建设伟大工程，锻造强有力的组织领导核心。同时要努力用新时代中国特色社会主义思想武装党员干部和广大群众，不断提高党员干部的政治能力和各项能力，坚定四个自信，始终以昂扬的斗志为中国特色社会主义事业而努力奋斗。

目　录

**第一章　龙华在中国特色社会主义先行示范区建设中的
　　　　　使命担当** …………………………………………………（1）
　第一节　中国特色社会主义先行示范区的理论内涵 …………（2）
　　一　对中国特色社会主义先行示范区的理论认识 …………（2）
　　二　中国特色社会主义先行示范区的历史使命 ……………（7）
　　三　中国特色社会主义先行示范区的主要特征 ……………（11）
　第二节　龙华区在先行示范区建设中的功能定位 ……………（16）
　　一　高质量发展主力区 ………………………………………（17）
　　二　法治建设先进区 …………………………………………（18）
　　三　文化创新引领区 …………………………………………（18）
　　四　民生幸福活力区 …………………………………………（19）
　　五　宜居宜业宜游魅力区 ……………………………………（20）
　第三节　龙华在先行示范区建设中的重要使命和主攻方向 …（21）
　　一　争当建设中国特色社会主义先行示范区的尖兵 ………（22）
　　二　打造"数字龙华"，推动形成大湾区智能制造
　　　　战略高地 …………………………………………………（23）
　　三　建成高密度、高标准城区中轴脊梁和深圳都市
　　　　核心区 ……………………………………………………（24）

第二章　挺起大湾区东岸中轴　打造先行示范都市核心区 …（26）
　第一节　加强区域合作，打造粤港澳大湾区东岸中轴 ………（26）
　　一　湾区是城市发展的大势所趋 ……………………………（26）
　　二　深圳"先行示范区"助推粤港澳大湾区建设 …………（27）

三　粤港澳大湾区东岸格局发生深刻变化 …………………（28）
　　四　龙华大力实施中轴提升战略，助推湾区东岸建设 ………（29）
　　五　紧抓"双区"机遇，开启新时代港深莞深度融合 ………（31）
第二节　六大重点片区持续用力，打造大湾区增长极 …………（33）
　　一　北站打造"国际会客厅"，发展蓝图愈发清晰…………（33）
　　二　鹭湖承担北部科技文化中心功能，加快完善顶级
　　　　公配 ……………………………………………………（36）
　　三　九龙山围绕数字产业定位，是龙华未来发展的
　　　　闪亮明珠 ………………………………………………（38）
　　四　龙华国际商圈加速蝶变，打造百万活力商圈 …………（39）
　　五　大浪时尚小镇打造国际知名时尚高地，时尚品牌
　　　　云集 ……………………………………………………（40）
　　六　观澜文化小镇底蕴深厚，着力建设文化传承体验
　　　　新地标 …………………………………………………（45）
第三节　焕新城市面貌，打造品质示范城区 ……………………（48）
　　一　交通领域大干快上，打造畅通龙华…………………（48）
　　二　加大二次开发力度，保障城市发展空间 ……………（52）
　　三　强化城市建设管理，提升城市环境品质 ……………（55）

第三章　率先突破建立现代化经济体系 建成高质量发展的
　　　　数字龙华 ……………………………………………………（59）
第一节　高质量现代化经济体系的理论逻辑辨析 ………………（59）
　　一　现代化、经济现代化、现代化经济体系 ………………（59）
　　二　发展、高质量发展、经济高质量发展 …………………（60）
　　三　建设现代化经济体系和经济高质量发展的关系 ………（61）
第二节　建设先行示范区高质量现代化经济体系的战略
　　　　要点 ………………………………………………………（62）
　　一　以要素供给体系现代化奠定高质量现代化经济体系的
　　　　发展基础 ………………………………………………（62）
　　二　以产业体系现代化作为高质量现代化经济体系的
　　　　主要目标 ………………………………………………（65）

三　以经济体制现代化构筑高质量现代化经济体系的
　　　　制度保障 ……………………………………………… (66)
第三节　龙华打造高质量现代化经济体系的战略构想 ………… (67)
　　一　龙华打造高质量现代化经济体系的现实基础 ………… (67)
　　二　龙华打造高质量现代化经济体系的制约因素 ………… (71)
　　三　龙华打造高质量现代化经济体系的战略举措 ………… (72)

第四章　率先营造国际一流法治化营商环境　建成法治建设
　　　　先进区 ……………………………………………………… (79)
第一节　构建国际一流法治化营商环境的理论逻辑 …………… (79)
　　一　营商环境的内涵属性 …………………………………… (79)
　　二　国际一流营商环境的主要特征 ………………………… (81)
　　三　构建国际一流法治化营商环境的理论逻辑 …………… (83)
第二节　构建国际一流法治化营商环境的实践要求 …………… (84)
　　一　国际竞争形势加剧的客观需要 ………………………… (85)
　　二　国内城市竞争新优势的有力抓手 ……………………… (87)
　　三　经济高质量发展的有效保障 …………………………… (88)
　　四　建设中国特色社会主义先行示范区的重要内容 ……… (89)
第三节　龙华打造国际一流法治化营商环境的战略构想 ……… (89)
　　一　龙华打造国际一流法治化营商环境的现实基础 ……… (89)
　　二　龙华打造国际一流法治化营商环境的制约因素 ……… (97)
　　三　龙华打造国际一流法治化营商环境的战略举措 ……… (99)

第五章　率先塑造现代城市文明　争创文化创新引领区 ………… (109)
第一节　关于城市文明及文化建设的理论逻辑与实践要求 …… (109)
　　一　关于"城市文明典范"的理论思考 …………………… (109)
　　二　全球城市文化建设的经验 ……………………………… (113)
　　三　龙华构建现代文明体系的战略要点 …………………… (116)
第二节　打造奋斗城区精神，增强社会凝聚力 ………………… (117)
　　一　龙华城区精神的内涵 …………………………………… (118)
　　二　龙华城区精神的定位 …………………………………… (119)

三　进一步凝心聚力打造龙华奋斗精神的举措 …………… （123）
　第三节　打造优质文化品牌体系，提升城区知名度 …………… （125）
　　一　让大浪时尚小镇美出新风采 ………………………… （125）
　　二　让观澜文化小镇亮出新味道 ………………………… （128）
　　三　让观澜版画基地画出新天地 ………………………… （131）
　　四　继续打造有影响力的文化品牌的设想 ……………… （132）
　第四节　健全公共文体服务体系，打造文化强区 ……………… （134）
　　一　公共文体服务体系初步建立 ………………………… （134）
　　二　公共文化服务面临的主要挑战 ……………………… （135）
　　三　完善公共文化服务体系的具体举措 ………………… （136）
　第五节　建设现代文化产业体系，提升文化软实力 …………… （146）
　　一　现代文化产业发展现状 ……………………………… （147）
　　二　现代文化产业发展的新机遇 ………………………… （148）
　　三　文化创意产业面临的主要挑战 ……………………… （149）
　　四　进一步构建龙华现代文化产业体系的举措 ………… （150）

第六章　率先践行"四共"发展理念 建立民生幸福活力城区 …………………………………………………………… （153）
　第一节　社会建设的理论探索及深圳思考 ……………………… （153）
　　一　关于民生建设的理论探索 …………………………… （153）
　　二　先行示范区建设的民生幸福标杆理解和思考 ……… （156）
　　三　关于社会治理的理论探索 …………………………… （164）
　第二节　以"七优"新标准推动民生事业快速发展 …………… （166）
　　一　以善育优教推动教育水平上新台阶 ………………… （166）
　　二　以劳有厚得推动就业质量大跃升 …………………… （171）
　　三　以病有良医推动卫生健康事业全面发展 …………… （174）
　　四　以老有颐养推动养老服务优质化 …………………… （180）
　　五　以住有宜居推动住房保障体系建设 ………………… （182）
　　六　以弱有众扶推动社会保障应管尽管 ………………… （184）
　第三节　以共建共治共享为方向，全面建设社会治理共同体 ……………………………………………………… （188）

一　创新基层社会治理，建构党建引领、多元共治的
　　　　治理体系 ……………………………………………… (188)
　　二　促进社会组织提质增效，激发社会治理活力 ……… (194)
　　三　创新社会服务体系提高社区服务水平 ……………… (201)
　　四　构建社会安全体系，建设平安美好城区 …………… (207)

第七章　率先打造美丽中国典范　建成宜居宜业宜游魅力区 …… (212)
　第一节　生态文明建设的理论逻辑与实践要求 …………… (212)
　　一　生态文明建设的理论内涵 …………………………… (212)
　　二　生态文明建设的内在逻辑与发展路径 ……………… (214)
　　三　建设中国特色社会主义先行示范区的先决条件 …… (217)
　第二节　龙华打造美丽中国典范的战略构想 ……………… (218)
　　一　龙华打造美丽中国典范的发展基础 ………………… (218)
　　二　龙华打造美丽中国典范的机遇挑战 ………………… (223)
　　三　龙华打造美丽中国典范的定位目标 ………………… (227)
　第三节　龙华打造美丽中国典范的实践举措 ……………… (228)
　　一　加强生态文明制度建设，争当制度领先标杆 ……… (229)
　　二　持续改善生态环境质量，争做环境一流楷模 ……… (231)
　　三　优化中轴生态空间格局，争当生态安全典范 ……… (237)
　　四　全力推进绿色发展方式，争做绿色低碳表率 ……… (238)
　　五　全面推广绿色生活方式，争当全民绿色先锋 ……… (239)
　　六　着力加强生态文化建设，争创共建共治共享格局 …… (241)

**第八章　落实党的全面领导制度　为建设先行示范区提供
　　　　坚强政治保证** ……………………………………… (243)
　第一节　始终把党的建设摆在首位 ………………………… (243)
　　一　旗帜鲜明讲政治是马克思主义政党的根本要求，党的
　　　　政治建设是事关党的事业发展的根本性建设 ……… (244)
　　二　坚持用习近平新时代中国特色社会主义思想武装
　　　　头脑、指导实践、推动工作 ………………………… (245)

三　增强"四种意识",坚定"四个自信",做到
　　　　"两个维护" ……………………………………………… (246)
　　四　坚持党管干部管人才,重点培养后备人才,发挥好领导
　　　　干部表率作用 …………………………………………… (247)
第二节　建立不忘初心,牢记使命的制度 …………………… (248)
　　一　全面把握建立"不忘初心、牢记使命"制度的
　　　　原则要求 ………………………………………………… (248)
　　二　明确建立具有龙华特色的"不忘初心、牢记使命"
　　　　制度的内容体系 ………………………………………… (249)
第三节　筑牢意识形态安全屏障 ……………………………… (251)
　　一　充分认识到筑牢意识形态安全屏障的极端重要性 …… (251)
　　二　坚决筑牢意识形态安全屏障 ………………………… (252)
第四节　打造城市基层党建"龙华品牌" …………………… (253)
　　一　严密基层组织体系,全面深入推进基层党建与
　　　　业务结合 ………………………………………………… (254)
　　二　深化体制机制改革,做好基层减负增效工作 ………… (255)
　　三　优化党群服务中心政治功能,高标准完善党群
　　　　服务中心 ………………………………………………… (255)
第五节　持之以恒正风肃纪反腐 ……………………………… (256)
　　一　通过思想建党、制度治党、监督约束驰而不息整治
　　　　"四风" …………………………………………………… (256)
　　二　以党的政治建设为统领,全面推进党的各项建设 …… (257)

主要参考文献 ………………………………………………… (260)

后　记 ………………………………………………………… (263)

第一章　龙华在中国特色社会主义先行示范区建设中的使命担当

建设中国特色社会主义先行示范区是在我国进入中国特色社会主义新时代之后，中央赋予深圳的一项新的重大历史使命。这是在全面建成小康社会的目标即将实现，改革开放向纵深推进，全面建设社会主义现代化强国时代已经到来之际，中央的又一战略部署。2017年10月18日，党的十九大胜利召开并郑重宣布，经过从改革开放之初以来几十年的长期努力，中国特色社会主义进入了新时代。这是我国发展新的历史方位。2018年12月18日，中央隆重纪念改革开放40周年。2019年3月5日，深圳则迎来了建市40周年纪念日。2019年8月9日，中共中央、国务院发布了《关于支持深圳建设中国特色社会主义先行示范区的意见》。2020年8月26日，深圳又迎来了特区成立40周年。在10月14日于前海举行的深圳经济特区建立40周年庆祝大会上发表的重要讲话中，习近平总书记强调："深圳要建设好中国特色社会主义先行示范区，创建社会主义现代化强国的城市范例，提高贯彻落实新发展理念能力和水平，形成全面深化改革、全面扩大开放新格局，推进粤港澳大湾区建设，丰富'一国两制'事业发展新实践，率先实现社会主义现代化。这是新时代党中央赋予深圳的历史使命"。这些中国和深圳历史重大节点的演进和重大历史事件的接连发生，表明肇始于改革开放的中国特色社会主义建设事业正在更宽阔的视野中展开更新、更壮丽的宏伟蓝图。而深圳则又一次在这张蓝图的实现过程中承担特殊而光荣的历史使命。龙华是深圳全市发展的后起之秀、中轴新城，被市委市政府赋予"都市核心区"的发展定位，战略地位重要，发展潜力巨大，有责任、有条件在深圳先行示范区建设中担当重任、充当尖兵，作出自己的突出贡献。

第一节　中国特色社会主义先行示范区的理论内涵

一　对中国特色社会主义先行示范区的理论认识

1. 新时代中国特色社会主义的理论要点

建设中国特色社会主义先行示范区，必须把习近平新时代中国特色社会主义思想作为行动指南和目标导引。党的十九大报告对这一思想体系作了全面系统的阐述，其中最重要、最核心的内容包括坚持和发展中国特色社会主义的总任务、主要矛盾、总体布局和战略布局等在内的八个方面。

第一，明确坚持和发展中国特色社会主义的总任务是实现社会主义现代化和中华民族伟大复兴。这是新时代中国共产党的历史使命。完成这一总任务，需要在2020年全面建成小康社会的基础上，再分两步走，在21世纪中叶建成富强民主文明和谐美丽的社会主义现代化强国。第一步是从2020年到2035年，基本实现社会主义现代化；第二步是从2035年到21世纪中叶，全面建成社会主义现代化强国，中华民族将以更加昂扬的姿态屹立于世界民族之林。这是新时代中国特色社会主义发展的战略安排，也是先行示范区发展目标的最主要设计依据和战略安排依据。

第二，明确新时代我国社会主要矛盾是人民日益增长的美好生活需要和不平衡不充分的发展之间的矛盾。解决这个矛盾，必须坚持以人民为中心的发展思想，不断促进人的全面发展和全体人民的共同富裕。上述两步走战略安排的核心判断标准即是以人民生活需要满足程度作为矛盾解决程度的评价尺度。第一步是达到人民生活更为宽裕，中等收入群体比例明显提高，城乡区域发展差距和居民生活水平差距显著缩小，基本公共服务均等化基本实现，全体人民共同富裕迈出坚实步伐。第二步是达到全体人民共同富裕基本实现，人民享有更加幸福安康的生活。

第三，明确中国特色社会主义事业总体布局是经济建设、政治建设、文化建设、社会建设、生态文明建设五位一体，统筹推进。战略布局是全面建成小康社会、全面深化改革、全面依法治国、全面从严治党的四个全面协调推进，并坚持贯彻新发展理念。同时强调要坚定道路自信、理论自信、制度自信、文化自信，确保党和国家事业始终沿着正确方向胜利

第一章　龙华在中国特色社会主义先行示范区建设中的使命担当 / 3

前进。

第四，明确全面深化改革的总目标是完善和发展中国特色社会主义制度，推进国家治理体系和治理能力现代化。对此，十九届四中全会作出了专题研究并提出了与社会主义现代化强国建设进程相匹配的战略安排，即通过全面深化改革，到我们党成立一百年时，在各方面制度更加成熟更加定型上取得明显成效；到2035年，各方面制度更加完善，基本实现国家治理体系和治理能力现代化；到新中国成立一百年时，全面实现国家治理体系和治理能力现代化，中国特色社会主义制度更加巩固、优越性充分展现。①

第五，明确全面推进依法治国总体目标是建设中国特色社会主义法治体系，建设社会主义法治国家。按照十九届四中全会作出的《中共中央关于坚持和完善中国特色社会主义制度、推进国家治理体系和治理能力现代化若干重大问题的决定》的要求，建设中国特色社会主义法治体系包括了要加快形成完备的法律法规体系、高效的法治实施体系、严密的法治监督体系、有力的法治保障体系，并加快形成完善的党内法规体系。②

第六，明确党在新时代的强军目标是建设一支听党指挥、能打胜仗、作风优良的人民军队，把人民军队建设成为世界一流军队。

第七，明确中国特色大国外交要推动构建新型国际关系，推动构建人类命运共同体。

第八，明确中国特色社会主义最本质的特征是中国共产党领导，中国特色社会主义制度的最大优势是中国共产党的领导。党是最高政治领导力量，提出新时代党的建设总要求，突出政治建设在党的建设中的重要地位。

党的十九大报告指出：习近平新时代中国特色社会主义思想是对马克思列宁主义、毛泽东思想、邓小平理论、"三个代表"重要思想、科学发展观的继承和发展，是马克思主义中国化的最新成果，是党和人民实践经验和集体智慧的结晶，是全党全国人民为实现中华民族伟大复兴而奋斗的行动指南，必须在各项工作中全面准确贯彻落实。为此，必须坚持党对一切工作的领导，坚持以人民为中心，坚持全面深化改革，坚持新发展理

---

① 《中国共产党第十九届中央委员会第四次全体会议文件汇编》，人民出版社2019年版。
② 《中国共产党第十九届中央委员会第四次全体会议文件汇编》，人民出版社2019年版。

念，坚持人民当家作主，坚持全面依法治国，坚持社会主义核心价值体系，坚持在发展中保障和改善民生，坚持人与自然和谐共生，坚持总体国家安全观，坚持党对人民军队的绝对领导，坚持"一国两制"和推进祖国统一，坚持推动构建人类命运共同体，坚持全面从严治党。这十四个坚持是新时代坚持和发展中国特色社会主义的基本方略，与上述八个明确共同构成了理解新时代中国特色社会主义思想的基本要点，也是理解和认识先行示范区性质和特征的出发点。支持深圳建设中国特色社会主义先行示范区，是习近平总书记亲自谋划、亲自部署、亲自推动的重大战略决策。只有学习好、掌握好这些基本要点，完整深刻领会习近平总书记对中国共产党初心使命的系统论述和党的十八大以来中央的各项重大决策，以及十九届二中、三中、四中、五中全会精神，才能够准确把握习近平总书记和党中央这一战略部署的深刻内涵和重大意义，确保深圳建设中国特色社会主义先行示范区沿着正确方向顺利推进。

2. 先行示范区是新时代中国特色社会主义中远期目标模式（理论蓝图）的实践样本

新时代中国特色社会主义的总任务和战略安排是一个时间跨度超过30年的长期目标模式或远景设计，是向全世界展示未来的社会主义现代化强国的一幅壮丽理论蓝图。让这幅理论蓝图变为现实，需要中国共产党领导全国人民经过长期持久的努力奋斗。先行示范区就是国家选择发展基础好、发展势头强劲的地方，要求和促进其领先一步完成目标任务，给全国其他地方作出示范的一个实践样本。深圳被选作这个样本，就是因为这座城市的基因中包含着敢闯敢试和敢为天下先的元素，40年来始终充当着以改革开放促进超常规式发展的排头兵角色，迅速从一个十分落后的边陲农业县一跃而成为当今中国发展规模和发展质量都处在最前列的一线城市，并已跻身世界一线城市行列，被称为创造了世界工业化、现代化历史上的奇迹。尤其是其在不到40年的时间里就能够从科技资源、科技产业一无所有到发展成为中国最领先、初具世界影响力的著名高技术产业城市和创新型城市，更是体现了新时代中国特色社会主义思想的新发展理念中关于创新发展和高质量发展的核心内涵，并成功做到了在经济快速发展的同时，法治、社会、文化和生态文明建设齐头并进，五位一体，协调发展，并且其发展前景依然非常可期，因此堪作中国特色社会主义从理论到实践的示范样本。所以，深圳必须担当好世界观察中国奇迹的窗口，要在时间表上领先一步建设成为社会主义现代化强国的城市范例，真正体现出她的先行性。正是在这个意义上说，先行示范区任务艰巨、使命光荣。

3. 先行示范区是新时代中国特色社会主义的高水平区域化模板

如何建设和建成什么样的中国特色社会主义国家，可以在这个进程中选择某个局部地区的超前性发展来同步性地给全国其他地方提供可供参考借鉴的模板。这个模板就是先行示范区。选择深圳来担当中国特色社会主义建设的先行示范区，除了其已经具备相应的能力，具有在几十年改革开放中引领发展的成功经验，和其自身期望在中国特色社会主义新时代继续履行尖兵使命的强烈意愿之外，也还有突出其示范性的原因。在目前的中国，虽然整体发展水平超过深圳或与深圳旗鼓相当的地方并不缺少，但他们都有几个共同特点，这就是发展历史悠久，发展积淀深厚，基础条件优越，发展潜力巨大。这些地方完全有实力充当建设中国特色社会主义的先行示范区。但相对而言，其未来预期成就较少与自身相比较时纵向上和与其他地区相比较时横向上的可参照性和说服力，会被视为是一种不出意料、理所应当取得的成就。而深圳作为一个后起之秀，其发展历程短暂，缺乏历史积淀，基础条件依然很差。即使在今天，其能够积累起来的教育、医疗、文化和科技等的基础依然薄弱，短板还很明显，某些方面还比不过许多二线城市。再加上土地等自然资源稀缺，瓶颈性因素很多。在这种条件下，深圳如果最终不负重托、不辱使命，在中国特色社会主义和现代化强国的建设中走在前列，其每一步的成功经验对全国其他地方的发展必然具有很好的可参照性。所以，深圳必须将自身发展成为成功的典范，充当好新时代中国特色社会主义的高水平区域化模板的角色，发挥好为其他地区提供发展参考和借鉴的功能作用。

4. 先行示范区是新时代中国特色社会主义在超大型城市中的发展范例

现代化强国一般都是由发达的现代化城市体系来支撑的。大国更是具备由国内的区域性、全国性现代化城市和国际意义上的区域性、全球性现代化城市共同组成的城市体系。其中，最能代表现代化强国实力的是具有国家发展和世界影响核心地位的全球城市。只有拥有这些城市或相近竞争力城市的国家才可以称为现代化强国。我国已将北京、上海等的发展目标模式确定为建成全球城市。2018年10月，习近平总书记视察深圳时要求深圳要建成社会主义现代化强国的城市范例。《中共中央国务院关于支持深圳建设中国特色社会主义先行示范区的意见》（以下简称《意见》）则进一步明确深圳要在2035年建成具有全球影响力的创新创业创意之都，成为我国建设社会主义现代化强国的城市范例，在21世纪中叶建成"竞争力、创新力、影响力卓著的全球标杆城市"，正式将深圳发展目标定位于全球城市。这对于深圳这个建市历史仅有40年的新城市来说，是高度的信任、无上的荣耀和沉甸甸的寄托。按照我国目前的城市规模划分标准，常住人口在1000万以上的为超大型城市，目前全国共有北上广深津渝汉等7个。中国的全球城市都在超大型城市之中，只有超大型城市才有足够的综合经济实力、资源配置能力和更强的社会发展能力，作为其所在城市群的核心引擎和国家经济体系的战略支点与运转枢纽，也才能更加突出地体现出中国特色社会主义的特点和发展前景。而超大型城市的发展和管理面临许多崭新的课题。2020年10月中办国办印发的《深圳建设中国特色社会主义先行示范区综合改革试点实施方案（2020—2025年）》就特别要求深圳"完善适应超大城市特点的劳动力流动制度"，正是基于这一缘由。在这个意义上说，深圳的先行示范作用就是要作为中国特色社会主义在超大型城市中的一个发展典范，为超大型城市发展和治理走出一条崭新的成功之路，可以在未来作为中国的世界一流城市代表，在全球发展和治理中发挥重要节点和枢纽性作用。

5. 先行示范区是新时代中国特色社会主义制度优势的典型代表

党的十九届四中全会所做的《关于坚持和完善中国特色社会主义制度、推进国家治理体系和治理能力现代化若干重大问题的决定》集中概括了我国国家制度和国家治理体系十三个方面的显著优势。这是我们坚定四个自信的基本依据。[①] 这十三个制度优势中的许多内容或形成于40多年来的改革开放历史进程之中，或在这个进程中得到进一步完善和强化。而作为中国特色社会主义事业发展的重要起源地和实践之地，深圳经济特区40年来的成长发展历史，正是中国特色社会主义制度不断完善和发展的精彩缩影。我国的一些创新型制度优势和深圳的改革开放与创新发展探索具有

[①] 《中国共产党第十九届中央委员会第四次全体会议文件汇编》，人民出版社2019年版。

直接的关系，例如把社会主义制度和市场经济有机结合起来，不断解放和发展社会生产力的显著优势。坚持改革创新、与时俱进，使社会始终充满生机活力的显著优势。坚持对外开放，积极参与全球治理，以及在各项政府管理制度和体制机制上的率先探索创新优势等等，都为中国特色社会主义制度的完善和发展作出了重要贡献。某种意义上说，深圳不仅仅是以其自身的快速发展而闻名，而且还是以其在制度创新方面的大胆探索创新而闻名。这使得深圳很好地发挥了中国特色社会主义制度优势典型代表的作用。建设先行示范区就是要深圳在中国特色社会主义的新时代进一步发挥好这个作用，作出应有的更大贡献，更加充分地向世界展现出中国特色社会主义制度的强大生命力和巨大优越性。

二　中国特色社会主义先行示范区的历史使命

1. 率先探索全面建设社会主义现代化强国的成功路径

建设社会主义现代化强国是我们的奋斗目标，也是一个长期历史过程。从现在起到规划目标实现还需要努力 30 年。今年是全面建成小康社会的决胜之年，紧接着将要进入 15 年后基本实现社会主义现代化的启动之年。可以说，我们正在开始社会主义现代化强国建设的新征程。在复杂和多变的世界局势之下，我们走着一条前人从未走过的新的道路，必然会遇到各种不确定因素甚至艰难险阻。面对挑战，需要前行者担当先行探索的尖兵。而《意见》赋予了深圳领先 15 年成为社会主义现代化强国城市的探路重任，事实上是要求深圳发挥社会主义现代化强国综合示范重大平台的作用，用自身的发展实践更早走出一条现代化强国建设的成功路径。这就是说，虽然深圳在发展的过程中会和全国其他地方遇到同样的困难和挑战，同样复杂的国际环境，但作为先行示范区，深圳和其他很多地方在发展上是存在时间差或阶段性落差的，整体而言深圳要先行一步。这意味着深圳既要更具备预见性，能更早地找到破解来自外部的各种矛盾困难的方向和策略，同时也要能更早预测到因先行一步而必然会率先遭遇的来自发展进程内部的各种阶段性矛盾，识别那些可以避开的前进路障、陷阱甚至雷区，作出标记或警示，以使在同样道路上行进的其他地市避开陷阱和雷区，加快速度，顺利前行。履行好这个使命，将是深圳对社会主义现代化强国建设的最大贡献。

2. 为实现中华民族伟大复兴的中国梦提供有力支撑

实现中华民族的伟大复兴是中国共产党始终不渝的初心使命，我们今天比以往任何时候都更加接近这一伟大目标的实现。全国各地各族人民都在为实现这一目标奋发努力，先行示范区当然要以更大的作为和贡献为此提供有力支撑。一是要通过持续快速发展，增强自身的综合实力，在经济、社会、科技、生态等方面尽快全面赶超世界顶尖城市，并在科技创新和高技术产业等方面形成自己的优势，用物质性的实力为中华民族伟大复兴提供坚实支撑，成为展现中国力量的一大支点。目前来看，深圳距离到达这一境界还有不短的路要走，与纽约、伦敦、东京、旧金山、新加坡、中国香港等城市相比，深圳的综合实力分别约有5年至30多年的发展差距，与国内的北京、上海等城市相比差距也不小。但深圳的发展势头很好，发展质量较高，潜力巨大，前景可期。随着深圳的经济总量在2019年分别超过香港和新加坡，随着深圳的高等教育、科学研究和产业创新能力快速提升，弱项加速补强，深圳的硬实力将继续保持快速增强的势头。这是深圳担当支撑使命的强大保障。二是要通过缩小与世界顶级城市发展的差距，到21世纪中叶建成全球标杆城市，以傲人的成绩向世界呈现社会主义现代化强国城市范例的面貌，和中华民族伟大复兴中国梦令人自豪的美丽景象，让深圳的发展更突出、更强烈地增强我们对中国特色社会主义理论、道路、制度和文化的自信。同时，要通过全面践行社会主义核心价值观，在新时代举旗帜、聚民心、育新人、兴文化、展形象方面充当引领者，让中国特色社会主义从精神层面产生更大的感召力、影响力，也使自身成为全球城市文明的典范。

3. 推进改革开放的经济特区历史使命在新时代继续深化和扩展，实现经济特区目标追求质的升华

《意见》是以党和国家兴办经济特区重大战略部署展开阐述的。这充分说明了先行示范区和经济特区内在的、紧密的关系。这个关系首先就是推动改革开放的伟大事业。所以，《意见》在讲到支持深圳建设中国特色社会主义先行示范区的目的时，第一条就是"有利于在更高起点、更高层次、更高目标上推进改革开放，形成全面深化改革、全面扩大开放的新格局"。这是因为，改革开放是党和国家长期坚持的基本国策。正如习近平总书记在庆祝海南建省办经济特区30周年大会上的讲话中指出的，"改革

第一章 龙华在中国特色社会主义先行示范区建设中的使命担当

开放是决定当代中国命运的关键抉择，是当代中国发展进步的活力之源，是党和人民事业大踏步赶上时代的重要法宝，是坚持和发展中国特色社会主义、实现中华民族伟大复兴的必由之路；充分证明了党中央关于兴办经济特区的战略决策是完全正确的，在决胜全面建成小康社会、夺取新时代中国特色社会主义伟大胜利的征程上，经济特区不仅要继续办下去，而且要办得更好、办出水平"①。深圳是全国最早的经济特区之一，也是办得最成功的经济特区，其成功之处就在于走对了改革开放的道路。《意见》的论述表明，先行示范区的重要使命之一就是进一步深化改革扩大开放。习近平总书记在深圳经济特区建立40周年庆祝大会上的重要讲话也突出了这一点，要求"新时代经济特区建设要高举中国特色社会主义伟大旗帜，统筹推进'五位一体'总体布局，协调推进'四个全面'战略布局，从我国进入新发展阶段大局出发，落实新发展理念，紧扣推动高质量发展、构建新发展格局，以一往无前的奋斗姿态、风雨无阻的精神状态，改革不停顿，开放不止步，在更高起点上推进改革开放，推动经济特区工作开创新局面，为全面建设社会主义现代化国家、实现第二个百年奋斗目标作出新的更大的贡献"②。这是对经济特区历史使命在新时代的继续深化和扩展，更是对经济特区改革开放目标追求上质的升华。这是因为，在改革开放之初，我们缺乏相应的经验，对如何与外部世界打交道、如何克服僵化体制的束缚又不陷入误区没有充分的把握，需要一个摸着石头过河的过程。当年的经济特区担当的正是改革开放"试验场"和"窗口"的使命，其实质是率先在一个局部地方进行改革开放方向和路径上的探索和试验。30多年后，以深圳为代表的经济特区很好地完成了这个探索任务，为中国特色社会主义在理论和实践上都作出了重要贡献。现在，方向和路径都已经明确，目标十分清晰。先行示范区的目标任务就升华成为通过更深层次的改革和更高层次的开放，发掘出更强大的发展动能，率先建成中国特色社会主义和社会主义现代化强国的地区，在最终实现中华民族伟大复兴中国梦的征途上发挥牵引者和推动者的重要作用。

---

① 习近平：《在庆祝海南建省办经济特区30周年大会上的讲话》，人民出版社2018年版，第5页。

② 《习近平谈治国理政》第4卷，外文出版社2022年版，第230页。

新时期，深圳按照《意见》指引和《深圳建设中国特色社会主义先行示范区综合改革试点实施方案（2020—2025年）》要求，近5年的新改革任务已经十分明确，包括完善要素市场化配置体制机制、打造市场化法治化国际化营商环境、完善科技创新环境制度、完善高水平开放型经济体制、完善民生服务供给体制和完善生态环境和城市空间治理体制六大方面。总的目标要求则是："2020年，在要素市场化配置、营商环境优化、城市空间统筹利用等重要领域推出一批重大改革措施，制定实施首批综合授权事项清单，推动试点开好局、起好步。2022年，各方面制度建设取得重要进展，形成一批可复制可推广的重大制度成果，试点取得阶段性成效。2025年，重要领域和关键环节改革取得标志性成果，基本完成试点改革任务，为全国制度建设作出重要示范。"这些目标任务，正是作为先行示范区的深圳在率先前行的道路上面临的需要攻克的各种难关。突破这些难关，就是对未来整个国家改革开放发挥的探路和引领作用。

4. 担当粤港澳大湾区核心引擎，丰富"一国两制"事业发展的实践

在更高水平上加快发展粤港澳大湾区和支持深圳建设中国特色社会主义先行示范区是两个重大国家战略。这给深圳和整个广东省带来了一个十分强劲的"双区驱动"新发展格局。按照《粤港澳大湾区发展规划纲要》和《意见》的要求，作为先行示范区，深圳不仅要发展好自己，努力完成中央交给的使命任务，还要在整个大湾区中发挥核心引擎作用，带动和促进大湾区的发展。在大湾区的11座城市中，港澳之外的珠三角九市存在较大发展落差，多数城市在经济规模、发展质量和综合经济社会发展水平上与核心城市相比有很大的差距，需要与广深港澳紧密合作，承接来自核心引擎的辐射带动作用，得到更好的发展。所以，深圳不仅要先行和示范，还要强力带动和共同促进。一方面，深圳要继续开展与港澳的有效合作，发挥各自优势，实现互补共赢。另一方面，要通过基础设施更加紧密的互通对接，科技、教育、社会民生和产业上的密切协作，给湾区城市注入更多发展活力，实现大湾区的共同发展。

深圳的奇迹式发展，港澳因素尤其是香港因素作用巨大。同时，深圳在服务"一国两制"事业发展中也发挥了越来越大的作用。目前，前海、深港科技创新合作区已经是深港双方合作新的热点。香港和澳门的繁荣发展有利于整个国家和深圳的稳步发展，深圳的高水平发展同样也对港澳地

区的发展具有积极促进作用。珠三角九市和港澳两个不同社会制度地区在经济、科技、社会和文化等方面不断探索创新的途径和方式，实现互相促进、互相交融式的发展，对国家发展大局十分有益。而深圳在其中的角色尤其直接和突出。所以，先行示范区和粤港澳大湾区建设的成功，对于巩固和扩展"一国两制"成果具有十分重要的意义。这也是深圳进行中国特色社会主义先行示范区建设的题中应有之义。

三 中国特色社会主义先行示范区的主要特征

1. 中国特色社会主义进入新时代新发展理念的集中体现

党的十八大以来，中央提出并推动落实创新、协调、绿色、开放、共享的新发展理念，并在十八届五中全会所作关于制定第十三个五年规划的建议中进行了系统完整的阐释，强调这是关系我国发展全局的一场深刻变革，要求全党充分认识这场变革的重大现实意义和深远历史意义。十九大报告阐述的中国特色社会主义基本方略也将坚持新发展理念列为重要一条，强调必须坚定不移贯彻新发展理念。这就是说，我们要的是科学的发展、健康的发展，而不是不计环境资源损失、不顾社会全面发展和人民生命健康与生活品质，单纯追求 GDP 增长速度或经济规模的发展；否则，我们建成的就不是社会主义现代化强国。在这方面，先行示范区同样必须率先作出榜样，起到真正的示范作用，让自身首先成为集中展示新发展理念成果的典范，充分证明新发展理念既是应该的，也是完全可行的，并且成果丰硕、结局美好。《意见》正是用新发展理念对先行示范区未来的发展进行规划的。在这个总的框架下，深圳市和各区各部门落实《意见》的行动方案和工作计划都将新发展理念的原则要求细化落实到各项具体的工作任务之中。可以预见，如此打造的中国特色社会主义先行示范区一定是以新发展理念的鲜明特征呈现在世人眼前的。这是先行示范区最为鲜明突出的一个总体特征。

2. 以创新为核心的高质量发展特征

细分来看，先行示范区的鲜明特征之一是创新发展。以科技创新为核心的创新发展是高质量发展的关键因素，而创新发展已经是当前的深圳最为世人注目的发展特征。深圳在建市之初原本是一个几乎没有任何科技创新资源和基础的地方，但是，在特区开发开放和大建设的过程中，深圳人较全国其他地区更早观察到世界经济运行的大趋势，感受到从欧美发达国家到亚洲新兴工业化国家和地区再到后发国家产业转移的浪潮，认识到背后的实质是科技创新引领下的产业转型升级，是第三次工业革命的表现。基于此，深圳早在20世纪80年代中期就开始谋划推动发展科技产业，并用连续性的产业和科技政策支持以企业为主体、以市场为导向的技术创新，来追求深圳高新技术产业的快速发展，并取得了突出的成效。到30年之后，深圳就已经成为远近闻名的创新创意之城，科技创新成为经济增长的第一推动力，不仅国内专利申请量和授权量跻身前列，而且PCT国际专利授权量连续十几年位列全国城市第一位。一批世界级科技企业成长壮大起来，具备了较强的国际竞争力。深圳也是国内未来产业、战略性新兴产业规模最大、集聚性最强的城市。正因为如此，习近平总书记才称赞深圳在高科技产业方面是"全国的一面旗帜"。科技创新和高技术产业大大提升了深圳的发展质量，也使深圳成为全国高质量发展成就最突出的城市之一。

当然，深圳的创新发展也有较大的短板，这就是与国内老牌城市相比，基础研究和高等教育基础薄弱，重大科学装置和国家级、世界级的科技研究机构太少，高层次人才队伍规模偏小。这些大大制约着深圳原始创新的能力和科技创新的后劲。针对这个情况，《意见》重点提出支持深圳加快实施创新驱动战略，决定以深圳为主阵地建设综合性国家科学中心，在粤港澳大湾区国际科技创新中心建设中发挥关键作用，最终建成具有全球影响力的创新创业创意之都。显然，这意味着在未来的发展中，以科技创新为强大动力的深圳，一定会将高质量发展的特征更加鲜明地突出出来。

3. 开放发展的特征

先行示范区的鲜明特征之二是开放发展。深圳是因改革开放而生的城市，开放发展是其与生俱来的鲜明特征。40年来，作为全国改革开放的"窗口"和前沿阵地，深圳在中央的指导和安排下率先打开国门，在引进外资，引进国（境）外先进技术和管理经验、引进人才，与国（境）外开展广泛的发展合作方面的大胆探索，积累了丰富的经验，创造了无数个"全国第一"，不仅给特区本身的发展建设增添了宝贵的动力和资源，许多探索都逐步成为国家的开放决策和全国推广借鉴的样板。从建市和建立特区之初到现在,深圳对外开放的步伐从未停止,并且一直在不断加快和扩大范围。深圳的成功得益于极早的开放,这非常符合开放发展的理念。从现在开始的先行示范区建设更要进一步突出开放发展的特征。只有全面扩大开放,才能按照《意见》的要求将自身发展成国际化创新型城市,才能够最终于21世纪中叶建成竞争力、创新力、影响力卓著的全球标杆城市。为此,深圳要在加快形成全面深化改革开放新格局上下更大功夫,在产权制度改革、自由贸易试验区建设、开放型经济体制建设、外汇管理改革、国际机构落户、举办更多国际文体交流活动、承办重大主场外交活动、加快建设全球海洋中心城市、国际航空枢纽建设和对外开放门户机构建设等领域逐个寻求突破,使自身的发展与外部世界联系更紧密,交流促进更广泛,跻身全球国际化大都市行列,使开放发展的特征更加突出。

4. 绿色可持续发展的特征

先行示范区鲜明特征之三是绿色可持续发展。作为一个后发型的年轻城市,深圳在起步阶段虽然走过了一段依赖低端加工工业发展的路子,也曾经长时间处于GDP狂飙突进的超高速增长之中,使资源环境面临难以为继的状态,特别是自身没有大江大河,淡水资源十分稀缺。但高速工业化和超大规模且超高密度的人口却在狭小的城市内造成河流普遍污染严重的局面,空气质量也曾在一段时间内差强人意。不过,总体上来看,与快速城市化、特区大开发和经济规模飞速扩张的程度相比,深圳的环境资源损害是相对较轻的。特别难能可贵的是,从20世纪80年代后期开始,深圳就有意识追求经济发展与环境保护之间的平衡关系。选择高技术产业作为主导产业也具有这方面的考虑。因为它对空间的需求较小、资源消耗量小、环境破坏性相对较弱,是一种绿色可持续发展的模式。与此同时,深圳采取措施治理环境污染,保护大气、河流、海洋和森林等自然资源,不让其受到更大破坏。相对全国许多地方较早实施的生态红线制度、生态补偿制度和GEP核算制度,以及拒绝盲目开发东部海岸沿线地区,控制小汽车增长速度,鼓励绿色出行,加大工业污染物排放治理等等,使深圳率先在全国大型以上城市中实现了空气质量的根本改善并走在前列,每万元GDP地耗、能耗、水耗、空气中的PM2.5含量和水体中的氮氧化物排放等环保评价指标均在全国处于领先地位。到2019年底,市内所有河流均已消除黑臭水体,水库和东江供水管道得到严格保护，城市森林覆盖率达40.68%，建成区绿化覆盖率45.1%，人均公园绿地面积15.95平方米，并入选国家森林城市。这些表明，深圳已经比较成功地走出了一条绿色可持续发展的道路。而先行示范区建设对此也提出了更高要求，要在此基础之上成为可持续发展的先锋，打造出碧水蓝天的生态空间，在美丽湾区建设中走在前列，为落实联合国2030年可持续发展议程提供中国经验。实现这个目标，必将使深圳的绿色可持续发展特征更加鲜明。

5. 协调和协同发展的特征

先行示范区鲜明特征之四是协调和协同发展。十九大报告指出：中国特色社会主义是改革开放以来党的全部理论和实践的主题，中国特色社会主义理论体系是指导党和人民实现中华民族伟大复兴的正确理论。因此，这个理论指导的中华民族伟大复兴和社会主义现代化强国建设都是全方位、整体性的伟大工程、伟大事业，而不只是经济或某一方面发展的事业。同理，中国特色社会主义先行示范区的使命也是一个全方位、整体性的示范工程，而不是仅仅在经济或某一方面作出示范。这就要求先行示范区的发展必须是协调的发展，并且是与关联地区乃至全国的协同发展。先行示范区必须首先在实现协调和协同发展方面，发挥示范作用。协调发展就是如习近平总书记所说，要着力提高发展的协调性和平衡性，使发展成为"遵循经济规律的科学发展""遵循自然规律的可持续发展"和"遵循社会规律的包容性发展"，实现区域、领域、经济与社会、物质与精神等方面的平衡发展。

在这方面，深圳已经和正在实践这个理念，取得了较好的效果。深圳自身的区域协调发展主要是着力解决原特区内外的发展差别问题。在特区范围自2010年7月扩大到全市之后，结合基本公共服务均等化的实施，深圳通过将市级城市建设投入的70%以上用在原特区外地区的大力度举措，以及通过地方立法消除一市二法带来的发展政策差别，快速地缩小着原特区内外的发展差距；深圳自身的领域性协调发展除了采取措施缓解产业内部的不平衡之外，也重点在经济与生态、文化等领域不断优化发展，推动相互平衡。尤其是通过加强社会建设，克服社会发展跟不上经济快速发展的重大不平衡甚至是矛盾，大力改善民生，加大对教育、医疗卫生、住房、公共安全以及基层治理等方面的投入，提升市民的获得感和参与度，减少社会问题，化解各种社会矛盾，使社会领域得到充实和发展；深圳自身的物质与精神平衡发展问题，重在解决建市之初被人诟病的"文化沙漠"问题。深圳精神的形成和提炼、文学艺术事业的繁荣发展、哲学社会科学研究力量的不断增强、文化产业的兴起和兴旺，不断丰富着深圳精神文明建设的内涵，调整着原本略显倾斜的天平，双方的协调性、平衡性不断提高。与此同时，在广东全省协调发展框架内、在《珠江三角洲规划纲要》和泛珠三角框架内、在粤港澳大湾区框架内、在粤港和深港合作框架内、在全国精准扶贫和对口支援框架内、在广东省主导建立起来的深汕合作区以及在深圳自己的共同富裕工程等等框架内，深圳与全国各地区的协同发展也得到大力推动和积极实施，取得了众多双赢和多赢的良好协同发展成就。先行示范区的全方位发展和示范要求，必将使深圳的协调和协同发展特征更加强化并得到质的提升。

6. 共享发展的特征

先行示范区鲜明特征之五是共享发展。《意见》重点阐述的内容是体现先行示范区发展目标的"五个率先"。其中第四个就是要求"率先形成共建共治共享共同富裕的民生发展格局"。这是新时代中国特色社会主义思想中新发展理念的重要内容。发展为全体人民所共享既是发展的最终目的，也是我们推动发展的最主要动力，是共产党人初心使命的具体体现。做到这一点，首先要以高质量发展创造出更加丰富的物质文化生活财富，以满足人们日益增长的对美好生活的需要。其次就是要构建一整套完善的体制机制，在坚持按劳分配和保障合法投资收益权的前提下，通过健全基本公共服务体系和各项社会保障体系，努力做到让全体人民幼有善育、学有优教、劳有厚得、病有良医、老有颐养、住有宜居、弱有众扶。在这方面，深圳已经达到了比较高的水平。但由于支撑经济超越式发展的空间、人才以及历史积累不足等原因，目前和我国其他发达地区相比还存在不小的差距。在今后的 15 年、30 年时间内，加快补齐短板，在常住人口范围内实现上述"七有"的目标，力争全面达到全国先进水平并向全球先进城市看齐，是先行示范区必须努力完成的一大任务。某种意义上说，其他方面的先行示范最终必须以共享发展的先行示范程度来评价。这正是我们要加大力度努力强化先行示范区这一特征的价值所在。

第二节 龙华区在先行示范区建设中的功能定位

　　龙华是深圳重要的人口和产业大区，地理位置重要，处在深圳的地理中心和城市发展的中轴线上，区位优势明显，被确定为深圳的都市核心区，在深圳城市发展格局中具有重要战略地位，是联通境外和辐射内地的门户枢纽。行政区成立四年多来，龙华经济社会发展取得了长足进步，地区生产总值从 1850 亿元增长到 2510 亿元。产业结构快速调整，转型升级加大力度，创新能力不断增强，先进制造业占工业比重达 74%。社会治理效果显著，亮点纷呈。中共中央国务院印发了《粤港澳大湾区发展规划纲要》和《关于支持深圳建设中国特色社会主义先行示范区的意见》以后，区委区政府认识到这是龙华区发展新的重大历史机遇，决心以更宽视野，主动服务并融入粤港澳大湾区建设，充当先行示范区建设的尖兵。2020 年 1 月，区一届四次党代会将龙华在先行示范区建设中的战略定位确定为"五个区"，即高质量发展主力区，法治建设先进区，文化创新引领区，民生幸福活力区，宜居宜业宜游魅力区，争当建设中国特色社会主义先行示范区的尖兵，努力在创建社会主义现代化强国城市范例中走在前列。"五个区"的高定位体现了龙华在新时代谋求更大发展的雄心，体现了区委区政府在深圳先行示范区建设中的主动担当精神和高远的战略目标追求，成为龙华在新的历史时期长远发展的新坐标。2021 年 1 月，区一届五次党代会又确立了打造数字龙华、高标准建设深圳都市核心区的新战略定位，使龙华在先行示范区建设中的战略目标得到进一步明确和提升。未来的龙华要坚持都市核心区战略定位，在深圳全面建成现代化国际化创新型城市中给出龙华答卷，进一步将龙华在先行示范区建设中的战略定位予以新的概括和提升。这说明龙华区并不仅仅要做城区划分意义上的城市地理中心、中轴新城，而且更要发展成为城市体系的金字塔尖，城市结构的核心中枢和城市功能的综合中心，进入深圳建设全球标杆城市第一阵营。这是市委在深圳发展战略规划上给予龙华的新定位，既包含了高质量发展的任务目标，也包含了高水平城市建设的任务目标，是龙华为先行示范区建设必须承担的关键使命。

一 高质量发展主力区

龙华高质量发展主力区定位的含义是：践行新发展理念，推进以科技创新为核心的全面创新，持续巩固制造业基础地位，大力发展战略性新兴产业，加速壮大现代服务业，加快构建现代产业体系，让高质量发展成为龙华最显著的特征。

高质量发展的内涵包括了三个层面的内容：宏观层面是要在经济稳定增长前提下，经济与社会和生态同步健康发展，民生福利不断改善，区域发展关系协调等；产业层面应该达到结构合理，布局优化，产业链完备或产业集群成形，产业支持系统配套完善，产业创新能力强，产业发展效率高效益好等；企业层面应该具备优秀的管理、相对更高的生产效率、更好的产品质量、品牌更具有影响力和销售服务更有保障等等含义。从区的角度来讲，虽然三个层面都包含在内，但最主要的内容应该是在产业层面。龙华区的产业特点是制造业基础较好，有较强实力和一定影响力，在全市乃至珠三角地区产业集群中占有一定位置。

但由于历史原因，整体来看，龙华区产业发展的质量效益不够高，经济增长主要依赖产能扩张和降低成本来驱动，且产业发展过于依赖龙头企业，而中小企业经营比较困难，产业整体竞争力不强。这导致全区经济运行的风险应对能力偏弱。随着生产成本的不断攀升，近年来部分产能持续外迁，就是表现之一。另外，由于产业的源头创新能力不足，战略性新兴产业未形成规模，实现成为高质量发展全市主力区的目标任务非常艰巨。对此，区委区政府有清醒的认识，也形成了明确的发展思路，且已经制定了根据龙华实际促进高质量发展的系列政策措施。首先是全面融入国家综合性科学中心建设，大力引进和培育各类创新机构和创新型企业，促进形成源头创新、技术创新和产业创新能力，支撑高新技术产业快速发展；其次是大力引进和培养创新型人才，形成具有足够规模和能力等级的创新型人才队伍，掌握创新发展的核心竞争力，改变高端技术创新资源相对匮乏的局面；再次是要注重提高发展规划落实的力度和水平，搭建大平台，谋划大项目，在已经确定重点发展的通信终端设备、电子元器件、显示器件制造和激光产业四大产业集群的同时，更加注重主动对接并引进市内世界500强企业新的创新和产业系统，为他们的发展提供优质服务，提升龙华区的发展水平。总之，要按照区一届四次党代会确定的方向，坚持发展实体经济不动摇，全面打响产业基础高级化、产业链现代化的攻坚战，在稳增长的前提下把龙华区的发展质量提升到一个新的高度，真正成为全市高质量发展的主力区。

二 法治建设先进区

龙华法治建设先进区定位的含义是：统筹法治龙华、平安龙华、和谐龙华建设，有序推进人民民主，依法规范政府和市场边界，营造国际一流法治化营商环境，打造最安全稳定、最公平公正，法治环境最好的城区之一，让法治成为龙华最鲜明的标志。

《意见》要求深圳全面提升法治建设水平，做法治城市方面的示范。对于区级层面来讲，先行示范区强调的法治建设主要包括两大方面的任务。一是用法治规范政府和市场的边界，不断优化营商环境。其中最核心的内容是通过深化"放管服"改革，进一步规范政府部门的行为，减少对企业经营活动各种不必要的限制和干扰，依法严格保护企业和企业家的合法权益，尤其注重对包括知识产权在内的各方面产权的法律保护，让龙华成为企业家最放心、最省心、最安心的创业发展之地。二是用政府规范的公共权力维护社会和市场的安全稳定，依法打击各类违法犯罪行为，为群众生活和企业经营提供最大的安全感。同时，运用法律法规明确的市场监管方式方法，包括不断完善化的信用监管、公平竞争审查、保护和促进创新创业行为的审慎包容监管、双随机一公开监管等，规范市场行为，优化市场竞争环境，促进优胜劣汰而不是逆向淘汰。构建各项法律法规和权力清单、责任清单与负面清单严格约束下的政府和市场、政府和社会关系，是龙华法治建设先进区必须要努力率先完成的任务。

三 文化创新引领区

龙华文化创新引领区定位的含义是：坚持不忘本来、吸收外来、面向未来，围绕举旗帜、聚民心、育新人、兴文化、展形象使命任务，着力构建先进的城市精神体系、文化品牌体系、公共文化服务体系和现代文化产业体系，支撑深圳建设全球区域文化中心城市和创新创业创意之都，让文明成为龙华最温暖的底色。

文化事业发展和城市文明进步之所以在《意见》中作为先行示范区要追求实现的重要目标之一提出来，不仅是因为这个目标包含了文化产业的部分，是经济发展不可或缺的组成部分，并且是经济结构优化中普遍重视而列入高端的部分，对于将文化产业作为支柱型产业的深圳来讲尤其如此。更重要的是，它也是新时代中国特色社会主义理论体系所强调的重要发展领域，既是发展的途径，也是发展的目的。因此，龙华区关于文化创新引领区的定位也以这两个方面为主要内容，并突出创新的特点。应当说，这个定位是比较符合龙华区资源和历史条件的。龙华不仅拥有具有厚实历史文化底蕴的艺术创作基地和宝贵的红色文化资源，而且也拥有国际一流体育设施和高端国际赛事，国家级的文化场馆，以及融合了创意设计和消费的大浪时尚产业基地，也引进了一流文化名人创建工作室，等等。这些都是龙华文化创新引领的良好基础。充分发挥好这些宝贵资源的作用，继续引进、新建更多高等级文化体育设施，引进国际国内著名文化人物来龙华落户和发展事业，培养更多文化艺术人才，推进更多优秀现代文化艺术作品创作，龙华的文化创新引领力必将大幅提升。同时，结合全国文明城市创建活动，深入宣传和践行社会主义核心价值观，推动从党政机关和全体党员干部、公职人员率先垂范的行为规范、举止文明进程，加大对不文明行为的惩戒，大力宣传和褒扬行为文明的事迹和人物，不断净化社会风气，让龙华呈现出有序祥和、安定和谐、文明高雅的社会风貌，在城市中轴线上凸显出先行示范区的一块城市文明高地。

四 民生幸福活力区

龙华民生幸福活力区的含义是：坚持以人民为中心的发展思想，探索高密度城区发展民生新路径，每年实施一批民生实事和一大批民生微实事，完善党委领导、政府负责、民主协商、社会协同、公众参与、法治保障、科技支撑的社会治理体系，努力实现幼有善育、学有优教、劳有厚得、病有良医、老有颐养、住有宜居、弱有众扶，让共建共治共享共同富裕成为龙华最优越的品质。

先行示范区建设成果最终在很大程度上要通过民生幸福得到体现。民生幸福既体现在物质生活方面，也体现在物质生活以外的其他方面，包括安全感，个人成长和创造才能发挥的社会空间与市场机遇，参与途径畅通与参与价值体现，等等。前者要求以财力作保障的民生事业水平的不断提高来提供，后者要求以能力作支撑的社会治理体系的不断完善来达成。应该说，作为一个成立不久的新城区，龙华的优势并不突出。但经过从功能新区到行政区近十年的建设发展，民生事业和社会治理都已经打下了坚实的基础。住房、教育和医疗卫生事业有很大发展，交通、通讯和环境质量不断提高。经过系统的城中村改造和治安防控体系建设，城区居民生产生活安全得到切实保障。在此前提下，区委区政府在全国范围内较早提出了共建共治共享的社会治理思路，公众参与社会公共事务有很高积极性，党建引领的基层社会治理为全市乃至全国贡献了一批成功案例，产生了积极影响，发挥了示范作用。在先行示范区建设中，龙华区需要针对城中村较多，管理难度较大和外来人口比重大的特点，进一步加大财政在民生事业方面的投入，努力推进并争取在全市率先实现常住人口的基本公共服务均等化，增强对外来人口的吸引力，并用丰富多样的参与式手段促进人口的社会融合，把龙华建设成新鲜血液不断注入、多元文化相互交汇、创新创造活力强大的民生幸福典范城区。

五　宜居宜业宜游魅力区

龙华宜居宜业宜游魅力区的含义是：践行绿水青山就是金山银山的理念，充分挖掘三面环山、一水润城的独特生态禀赋，塑造安全高效的生产空间、舒适宜居的生活空间、碧水蓝天的生态空间，让美丽成为龙华最靓丽的名片。

这个定位具有将自然与城市、生产与生活、经济与民生综合考虑的特点。其一，龙华在深圳的地理版图上处在中心位置，与目前的城市中心区福田和南山都只有一山之隔。虽然有如此突出的地理优越性，但龙华区目前在全市的规划中并未划入未来城市中心区扩张的范围之内。这并不是因为并不太高的山体阻碍了中心城区向北扩展。而是因为，在将实体经济放在重要地位的深圳，龙华仍然需要将较大比例的空间用作承担制造业的重任。但龙华乃至整个深圳的制造业都不能以破坏生态环境为代价。所以，"塑造安全高效的生产空间"，在保护好绿水青山的前提下发掘金山银山就是必须遵循的原则。其二，三面环山的龙华，中间一条附带有湿地的观澜河穿城而过。它是龙华区城市生态和景观的宝贵资源，必须善加保护和利用。某种意义上说，它也是城区居民幸福感的来源之一。沿河的公园和观澜河碧道以及其他河边休闲和景观设置很大程度上就起着这个作用。其三，除了三面的青山之外，城市生产生活区的绿化美化同样重要。龙华区规划中密集的公园布局就是达到这一目的的有力措施。将它们与特有的人文和艺术遗址与红色旅游资源有机结合起来，宜居宜业宜游魅力区就呼之欲出了。在绿色自然的环境里，在生态优良的条件下，企业发展和居民生活一定是相得益彰的。这非常符合《意见》描述的先行示范区目标追求。

第三节　龙华在先行示范区建设中的重要使命和主攻方向

在上述"五个区"功能定位的基础上，龙华区委一届四次全会报告按照《意见》的总体框架和中共深圳市委、深圳市人民政府印发的《深圳市建设中国特色社会主义先行示范区的行动方案（2019—2025）》确定的基本步骤，进一步将龙华区争当建设中国特色社会主义先行示范区的战略步骤明确为三步走，即：

——到2025年，经济实力、发展质量走在全国前列，创新能力国内一流，制造业基石更加巩固，新兴产业和现代服务业加速壮大，文化软实力大幅增强，公共服务水平显著提高，天蓝地绿水清的生态环境质量达到国内先进水平，城区治理体系和治理能力明显提升，建成现代化国际化创新型中轴新城。

——到2035年，高质量发展成为粤港澳大湾区城区典范，综合竞争力全国领先，社会文明程度达到新高度，宜居宜业宜游魅力充分彰显，高品质民生充分保障，全面实现城区治理体系和治理能力现代化，建成国际一流智创名城，成为我国建设社会主义现代化强国的城区范例。

——到21世纪中叶，城区治理体系和治理能力达到国际先进水平，中国特色社会主义制度优越性充分展现，成为竞争力、创新力、影响力卓著的全球标杆城区。

为保障三步走战略顺利实施，首先要立即启动开局的第一阶段工作任务的分工落实，明确责任，抓紧落实。2020年2月18日，按照区委一届四次党代会精神制定的《龙华区贯彻落实中共中央国务院关于支持深圳建设中国特色社会主义先行示范区的意见争当建设中国特色社会主义先行示范区尖兵的行动方案（2020—2025年）》正式印发，将龙华区的功能定位和建设先行示范区的战略步骤在头五年的改革发展任务进行了详细分解，明确了龙华在整个先行示范区建设中的重要使命。可以说，龙华区委一届四次全会和区委区政府《行动方案》的印发实施，标志着龙华区争当建设中国特色社会主义先行示范区尖兵的战役正式打响。

一　争当建设中国特色社会主义先行示范区的尖兵

争当建设中国特色社会主义先行示范区的尖兵是龙华区今后30年的长期历史使命。这个使命充分表明了龙华区不惧底子薄、不畏路途难，敢于拼搏、敢于争先的雄心斗志和气魄胆略。这是对闻名全国的深圳精神最好的传承和发扬。正是有了这样的雄心斗志和气魄胆略，建设先行示范区的重任才有了胜利完成的最大可能性。尖兵是一个特殊的角色，既需要旺盛的战斗意志，又需要强大的体能和持久的耐力，还需要科学的判断能力和机敏的应变智慧。只有具备这些全面的素质，才能在大战略的指引下勇敢突破重围，在荆棘丛中开辟崭新路径，率先占领制高点，为夺取全局胜利创造最有利条件。

为此，龙华在今后的征程中，必须牢记坚持党的全面领导，坚定把握新时代中国特色社会主义大方向，依靠党的政治建设、思想理论建设、组织建设、作风建设、纪律建设和制度建设，持续大力推进党的建设伟大工程，锻造强有力的组织领导核心。同时要努力用新时代中国特色社会主义思想武装党员干部和广大群众，不断提高党员干部的政治能力和各项能力，坚定四个自信，始终以昂扬的斗志为中国特色社会主义事业而努力奋斗。

要坚持走社会主义市场经济的道路，让市场在资源配置中发挥决定性作用，同时更好发挥政府作用。要勇于解放思想，开拓思路，敢于破除体制机制中不利于生产力发展的各种障碍，大胆地闯大胆地试，试出更科学合理、更灵活高效的各种制度运转模式，将我国根本制度、基本制度和重要制度的优势在实践中充分发挥出来，推进先行示范区建设快速前行。

要坚持走创新发展的道路。创新发展是以科技创新为核心，包括了理论创新、制度创新、文化创新、管理创新、商业模式创新和各种工作方式方法创新在内的发展模式。十八届五中全会作出的《中共中央关于制定国民经济和社会发展第十三个五年规划的建议》和习近平总书记就《建议（讨论稿）》向全会所作的说明都将创新摆在国家发展核心的位置，充分说明了创新发展是今后我国发展必须要走的新的正确道路，更是先行示范区建设的必由之路。为此，龙华区要力争在制度创新、科技创新、文化创新、管理创新等方面积极探索，为全市先行示范区建设贡献智慧和各种问题解决方案。增强科技研发实力是重中之重。既要注重投入，也要注重大力引进。只有科技创新和其他各方面的创新走在前列，才能够发挥好先行示范区建设尖兵的作用。

二 打造"数字龙华"，推动形成大湾区智能制造战略高地

完成尖兵的重要使命，需要准确选择战略方向和战役突破口。除了承担全市经济社会整体布局赋予的职能任务之外，龙华区也要根据本区的资源禀赋和发展目标要求，在最大化发挥自身发展优势、最大化避开各种不利条件、最大化挖掘自身发展潜力的意义上选定自己长期攻关和近期突破的重点领域。乘第四次工业革命的东风，打造集数字经济、数字城市和数字治理为一体的"数字龙华"。要突出智能制造的优势和潜力，紧密结合深圳发达的互联网、云计算和人工智能及整个信息产业的特点，推动制造业的数字化、智能化，使其成为龙华经济的突出特点和新优势，同时为数字城市和数字治理提供坚实的产业技术支撑和物质基础。所以，集中发展智能制造和用一流标准打造中轴城区是两个最为关键的发展任务。

龙华是制造业大区，拥有以富士康为龙头的制造业产业集群。但制造业规模与邻近大区相比不占优势。制造业的系统性、产业集约化水平和发展品质在集群内部存在参差不齐情况。因土地等成本的不断抬升，企业外迁意愿较大。又由于产业外向度比较高，抗国际经济风险的能力相对较弱。

从第四次工业革命的内涵来看，数字化是智能化的基础，智能化是数字化的必然结果和最重要运用。所以，从产业发展的角度说，打造"数字龙华"就必须突出智能制造。因为，面向未来制造业发展的趋势和激烈的国际竞争，国家早已选定智能制造作为从根本上提升产业水平和质量的路径。2015年5月19日，国务院印发《中国制造2025》，明确了智能制造

是深化信息化与工业化的融合、建设制造强国的主攻方向，要求着力发展智能装备和智能产品，推进生产过程智能化，培育新型生产方式，全面提升企业研发、生产、管理和服务的智能化水平。考虑到在中心城区劳动密集型制造业发展在环境代价、规模限制、质量提升难度、竞争劣势性等方面的不利因素，普通制造业将很难再大有作为。因此，龙华的制造业升级发展，应当紧紧咬住智能制造的发展方向，力求先从质的方面再到量的方面全面提高制造业发展水平，充分利用国家综合科学中心的原始创新资源，周边各城区相互协调的强大制造业系统和互联网与信息技术系统，以智能制造为经济发展的主方向，发展自己的信息化与工业化融合的完备的制造业体系，将龙华打造成大湾区智能制造战略高地。龙华区已经开始布局九龙山智能科技城和鹭湖新城，依托这里开展产业创新，打造粤港澳大湾区智造中心。接下来可以逐步扩大智能制造产业的规模，最终形成一个在城市中心城区聚集起来的高度集约化、高度智能化且系统性强、规模化效应显著的高科技制造业基地。由此，龙华的产业特色将十分突出，产业能力将大幅提升，产业地位将十分领先和突出，在全市各区中的产业辨识度更高，从而走出一条高端的产业强区之路。

三　建成高密度、高标准城区中轴脊梁和深圳都市核心区

打造深圳的中轴新城是在龙华新区时代就提出的战略目标，它强调了龙华的特殊区位是其鲜明特点。作为中轴新城，除了产业的高度智能化、集约化之外，龙华的中轴乃至中心城区地理位置决定了她应该作为未来深圳的中心城区来布局，来谋划从基础设施到产业发展到民生事业的安排等，使其能够与罗湖—福田中心、南山—前海中心恰好构成黄金三角。按照这个要求，其城市建设和在全市范围内的城市功能提升也必须走一条较之其他外围城区更加注重高密度、高标准且要在风格上更加突出深圳城市风貌的发展之路，而不能像普通区域那样进行简单扩张式的开发建设。因为这样除了必然浪费宝贵的中心城区土地和空间资源、形成与中心城区突兀的反差外，还会因交通设施、公共活动设施和教育、卫生等设施档次差别过大而影响平滑对接，造成城市运行效率和效益损失。应该说，到目前为止，龙华区中轴区位的优势还没有发挥到位，城市建设中的中轴提升举措还不够多，特点没有充分突出出来。必须紧紧抓住粤港澳大湾区和建设

先行示范区的"双区驱动"历史机遇，按照深圳中心区和前海的建设标准大力推进城市开发建设，让中轴城区的城市功能和品位得到大幅提高。

其一要特别注重提高龙华中轴城区在全市建设规划中的地位，争取让更多的重大城市建设项目、重大交通和通信设施建设项目、重大文化、体育设施建设项目、重大教育和医疗设施建设项目、全市性公共活动设施、企业投资的重大地标性建设项目等落户龙华，增强龙华的城市中心属性，让龙华成为全市性资源流通汇聚的重要节点或枢纽之一，从而带来更强的动力。

其二要秉持高密度城市发展理念，精细规划，精密开发建设，充分利用地上地面和地下空间，节约利用土地，发展各种功能的垂直城市综合体。要根据深圳、龙华土地面积狭小、可建设用地紧张的客观实际思考履行现代化国际化大都市功能的长久之计，充分借鉴香港、东京和纽约曼哈顿中心区的规划建设经验，大幅度提高城市空间建设密度，提高其对资源、信息、人口和生活便利设施的集聚程度，把2015年中央城市工作会议提出的"科学规划城市空间布局，实现紧凑集约、高效绿色发展"，"增强城市内部布局的合理性，提升城市的通透性和微循环能力"和2019年中央城市工作会议"要坚持集约发展"的精神落到实处，提高城市运转效率和效益。

为此，区委一届五次全会明确了"要坚持创新思路推动城区治理体系和治理能力现代化，在探索高密度城区治理中走出龙华新路"。目前龙华区正在推动依托深圳北站和现代商贸中心打造深圳中央活力区的计划，以全球视野、国际标准建设集商务行政、休闲娱乐、文化展示和创意创新等多种功能，极具活力、魅力和国际影响力的深圳新中心。这是一个很好的开端。我们看到，担当先行示范区的尖兵重任，龙华高标准中轴城区建设的画卷已经徐徐打开。

第二章　挺起大湾区东岸中轴 打造先行示范都市核心区

第一节　加强区域合作，打造粤港澳大湾区东岸中轴

一　湾区是城市发展的大势所趋

湾区是当今全球经济的增长极与技术变革领头羊，也是区域经济转型的重要形态。目前，全球60%的经济总量集中在入海口，世界上70%的工业资本和人口集中在距海岸100公里的海岸带地区，湾区经济在世界版图中占有重要地位。世界上最著名的湾区经济体目前有三个，分别是东京湾区、纽约湾区和旧金山湾区。根据经济形态的划分，东京湾区是世界上第一个主要依靠人工规划而形成的湾区，依托其港口和制造业优势，形成日本最大的工业城市群，成为产业大湾区。随着服务业的发展，以金融产业为主导的纽约湾迅速成为全球资源配置的重要节点，作为全球金融中心，集聚了19家全球"企业财富500强企业"总部，发展形成金融大湾区；在创新成为各国发展动力后，全球高新技术策源地的旧金山湾区以信息产业及研发为主，形成创新大湾区。当前在产业升级及跨界融合的大趋势下，世界一流湾区开始朝向"金融+科技"阶段转变。旧金山湾区已经形成旧金山与硅谷金融、科技联动发展的新格局。

粤港澳大湾区是继美国纽约湾区和旧金山湾区、日本东京湾区之后的世界第四大湾区。粤港澳大湾区由香港、澳门两个特别行政区和广东省的广州、深圳、珠海等九个城市组成。2017年，粤港澳大湾区人口达6956.93万，GDP生产总值突破10万亿元，约占全国经济总量的12.17%，GDP总

量规模在世界排行中名列 11 位,与韩国持平,是全国经济最活跃的地区和重要增长极;在四大湾区中经济总量居第二位,人口、土地面积、港口和机场吞吐量均居四大湾区之首。

二 深圳"先行示范区"助推粤港澳大湾区建设

先行示范区与粤港澳大湾区互为支撑,密不可分。2018 年 12 月 26 日,在《粤港澳大湾区发展规划纲要》正式发布前夕,习近平总书记对深圳工作作出的重要批示中要求深圳"抓住粤港澳大湾区建设重大机遇,增强核心引擎功能,朝着建设中国特色社会主义先行示范区的方向前行,努力创建社会主义现代化强国的城市范例"。

2019 年 2 月,《粤港澳大湾区规划纲要》正式出台,明确了粤港澳大湾区要实施创新驱动发展战略,秉持创新、开放、共享等原则,深化粤港澳合作互利,建设成为富有活力和国际竞争力的一流湾区和世界城市群。深圳作为粤港澳大湾区的中心城市,要发挥创新引领作用,在新的发展机遇下,继续发挥优势,增强辐射带动作用,加快建成现代化国际化城市,实现成为具有世界影响力创新创意之都的目标定位。

中央希望把粤港澳大湾区建成充满活力的世界级城市群、国际科技创新中心、"一带一路"建设的重要支撑、内地与港澳深度合作示范区。中共中央和国务院在《支持深圳建设中国特色社会主义先行示范区的意见》中指出,深圳建设中国特色社会主义先行示范区有利于更好实施粤港澳大湾区战略,丰富"一国两制"事业发展新实践,同时还明确要求深圳助推粤港澳大湾区建设。文件还提出"助推粤港澳大湾区建设。进一步深化前海深港现代服务业合作区改革开放,以制度创新为核心,不断提升对港澳开放水平;要加快深港科技创新合作区建设,探索协同开发模式,创新科技管理机制,促进人员、资金、技术和信息等要素高效便捷流动;要推进深莞惠联动发展,促进珠江口东西两岸融合互动,创新完善、探索推广深汕特别合作区管理体制机制"。

大湾区是中国改革开放的一个新平台,而深圳是这个平台的一个核心引擎。改革开放四十周年之际,深圳作为"一带一路"、粤港澳大湾区等国家战略的重要节点,在党的十九大新思想、新观点、新要求指引下,开启了城市发展新征程、新蓝图。市第七次党代会提出要深度融入"一核一带一区"区域发展，增强核心引擎功能，建设枢纽型城市，强化深港澳一体联动作用、重大平台引领作用、区域辐射带动作用，携手打造国际一流湾区和世界级城市群。

三 粤港澳大湾区东岸格局发生深刻变化

经过改革开放40年发展，粤港澳大湾区城市群格局发生深刻变化，随着香港国际金融中心建设、深圳科技创新产业的崛起、东莞国际制造地位强化，东岸已形成开放程度高、经济活力强、城市紧密合作的都市圈。东岸大都市圈是典型的"中心辐射、交通牵引、产业拓展"的发展模式，自西向东演替发展，呈现轴带式城镇组群特征。

粤港澳大湾区在不断发展演化过程中，形成了深（港）莞惠、广佛、珠（澳）都市圈，内部呈现融合发展态势，要素自由化流动倾向明显，产业拓展甚至是创新、消费等要素开始跨行政区流动；同时，大湾区功能圈层布局趋势加强，东岸制造与创新功能向环湾第二圈层扩展，总部、营销、服务等高端环节留在核心地区，与外围地区之间形成高度的产业分工和联系，圈层之间通过轴带强化联系。在湾区内部融合、圈层联系的过程中，东岸都市圈的联系更加紧密，而且深莞中部是主要联系轴带。该轴带上人口、产业、设施等要素持续集聚，企业密度不断增加，实体经济地位也不断得到强化，创新联系加强，形成了莞城—松山湖—光明（坂雪岗）—南山高新区（福田）的创新走廊。另外，除了要素集聚之外，还呈现要素持续外溢，并且呈现一大特征，即高端制造业近域扩散、传统制造远域扩散，生产性服务业点式拓展。

改革开放初期，在特区的设立背景下，西部点状式开发；进入20世纪90年代，加工贸易的快速发展带动西部产业走廊形成，中部随之进入点式开发建设阶段；进入21世纪初，深圳创新驱动加速，产业创新中心地位凸显，对东岸影响力持续强化，东莞着力于制造环节升级，开始对接深圳产业外溢，深莞联动加强，深圳北中心、观澜高新区、松山湖高新区等区域功能节点涌现，中部发展走廊形成。

在东岸大都市圈空间拓展的背景下，深圳由带状门户型城市走向区域中心城市。在一系列城市发展战略引导下，城市发展框架由以前的西部广深走廊走向东中西三个方向的开放发展格局。1986年特区带状组团发展战略带动了深港一线的发展，1996年全境开拓战略引导中部开发建设，2010年深圳总规提出三轴两带多中心空间发展设想，正式提出搭建东中西三个轴带的发展框架。在东中西三大方向的格局下，深圳在2016年正式提出了"东进、中轴提升、西部优化"三大战略，进一步优化空间布局，形成东西均衡、南北协调、周边协同的发展格局。在三大方向战略的引导下，东中西三个方向开始呈现差异化发展态势，西部服务升级趋势明显，东部加快规模化增长与服务业培育，中部高技术制造业地位进一步强化。

四 龙华大力实施中轴提升战略，助推湾区东岸建设

城市的发展中轴是一个城市发展的灵魂所在，将城市中重要的行政、商务、商业、文化和居住区串联在一起，被形象地称为一个城市的"脊梁"。从深圳30多年的城市发展来看，东西方向的轴线较为清晰，大致沿深南大道方向展开，金融区、商务区、商业区、生活区布局错落有致，但这条横向内生的轴线发展已近乎饱和。深圳南北方向的城市中轴线正在逐渐形成，即由南至北连接河套、福田、龙华、坂田、光明、东莞，辐射生活人口近千万，南北中轴线随着城市新中心的迁移和产业经济及人口的外溢应运而生，承载着商业金融、科技创新、交通枢纽、居住中心的纵向使命，依托中轴片区可构建港深莞都市圈脊梁的南北中轴，再向北形成纵贯粤港澳大湾区的一条主轴和核心脉线，增强深圳对东莞、惠州、河源等城市的辐射带动能力，提高城市的品质和国际竞争力。实践证明，城市轴线串联一座城市重要的行政、商务、文化和居住区，担负"脊梁"角色，在提高城市认知度，凸显城市品质与魅力方面发挥重要作用。

市第七次党代会明确提出深入实施"东进、西协、南联、北拓、中优"发展战略，坚持立足市域，做强做优中部都市核心区，提升东部发展能级，优化西部向湾格局，推进南部对港合作，拓展北部发展腹地，推动各区强化功能、彰显特色。而龙华区、福田区所在的中轴地区，恰恰是"南联、北拓、中优"三大重要战略的承载空间。"中优战略"与中轴提升战略一脉相承，中轴对于推动深圳发展具有非凡的意义。从福田到龙华，绵延30公里，区域面积约280平方公里的中轴，以占全市约14%的土地，承载了约28%的人口和36%的GDP，重点片区云集，资源禀赋丰富，具备强大的资源吸附与产业辐射能力。这个中轴片区，还是大湾区东岸集产业创新、科教研发、专业服务等功能，具有潜力成为新一轮创新的策源地与科技产业化的核心地带。目前，中轴地区已汇聚了华为、平安、正威3家世界500强企业，和富士康、华润三九、长安标致雪铁龙等一批高端制造产业。以电子信息产业为主导的制造业特征明显，金融、科技、创新、消费、生态、文化等高端要素集聚，口岸、高铁等交通设施支撑有力，具备强大的资源吸附与产业辐射能力，未来发展潜力巨大，是推动科技产业创新的战略要地。

龙华区位于湾区和港深双中轴线，在大湾区中区位突出。作为中轴的重要组成部分，近年来加大力度实施中轴提升战略。2018年4月3日下午，在五洲宾馆举行了粤港澳大湾区东岸（港深莞）中轴提升战略论坛。此次论坛由深圳市发改委指导，福田区人民政府和龙华区人民政府共同主办。论坛举办非常成功，分享了区域协调发展的新理论、新经验和新思路，探讨了中轴提升所面临的全局性和战略性的重要问题，为中轴提升战略的实施提供了智慧火花。论坛在多家媒体进行了广泛报道，极大地增强了中轴提升战略在全市的影响力。龙华区与福田区共同召开中轴提升战略为主题的论坛，谋划已久，有相当程度的调研积累和规划实践。

近年来，龙华多措并举落实中轴战略。打造区域协同、优势互补的科技创新中轴，积极对接"广州—深圳—香港—澳门"科技创新走廊建设，开展联通香港、福田、龙华、东莞的梅观科技创新走廊产业发展规划；建设立体交通中轴，打造内外畅达的中轴交通格局，提升深圳北站枢纽能级，加快构建以深圳北站为中心的综合客运交通枢纽体系，将深圳北站打造为集高铁、城际、城轨及地面公交为一体的高铁枢纽，加快梅观高速市政化改造，实施梅林关至皇岗路全线快速化，打造龙华大道（以梅龙路为基础，北接泗黎路，南连皇岗路），加强与龙华、坂田的交通联系；打造景观品质中轴，构建世界一流中轴景观带，加快观澜河"一河两岸"景观提升工程、大脑壳山公园，拟将大脑壳山打造为可以鸟瞰关内外（福田中心区、龙华），远眺香港，纵览整个中轴线风貌的地标型景观点；加强深港深莞合作，建设深圳北站港澳青年创新创业中心，推进观塘凤协同发展试验区建设，着力打造深圳大都市圈均衡辐射的组织中枢。

但也应该看到，中轴在发展过程中，也存在着不平衡不充分的问题：一是资源要素相对分散，未形成集聚效应。从中轴内部来看，南强北弱现象明显，南部福田是深圳核心城区，是深圳质量的排头兵，第三产业发展优势突出，经济质量水平较高，北部龙华区作为原特区外区域，近年来城市定位有所提升，先进制造业和战略性新兴产业发展加速，但仍远远落后于南部的发展。中轴地区产业联系相对较弱，目前南山与宝安已形成较强的产业联系，而中轴地区福田与龙华的产业联系相对较弱，与福田联系较为紧密的是南山区和罗湖区，而龙华在承接福田功能外溢、联动发展方面仍远远不足。二是跨区交通联接不畅，战略通道建设不足。目前串联整个中部的过境通道主要依靠梅观高速，难以承担中轴发展需求。地铁4号线是深圳中部发展轴跨二线关最主要的客流通道，是承担龙华—福田南北走向出行的唯一一条地铁线。目前4号线已不堪重负，运力趋于饱和。福田、龙华、坂田等区域主要联系通道呈现大规模、周期性拥堵。尚未有轨道交通线与东莞轨道网对接，也缺乏城际轨道联系，中轴北部与东莞的道路连接非常少。三是中轴整体尚未成型，脊梁作用不明显。福田中心区中轴线走向、布局延续了中国传统城市轴线的布局理念，集中展现了深圳作为国际性、现代化城市的风貌。但从整体来看，深圳城市中部发展轴虽早有规划，但目前仅在福田中心区段有所体现，由福田区向北的轴线景观尚未形成。此外，目前能够在高处俯瞰中心区中轴线的位置也仅有莲花山观景台一处，大尺度空间感知视点较少。

五 紧抓"双区"机遇，开启新时代港深莞深度融合

合作是粤港澳大湾区的重要内容。《粤港澳大湾区发展规划纲要》中提及"合作"多达169次，是被提及最多的关键词，并专列两章——"第九章紧密合作共同参与'一带一路'建设；第十章共建粤港澳合作发展平台"进行阐述。以粤港澳大湾区建设为重点，支持香港、澳门融入国家发展大局，全面推进内地同香港、澳门互利合作，是本次粤港澳大湾区发展规划的重点内容。

中轴是多重战略机遇叠加的复合地带。首先，湾区东岸创新及制造功能持续向中部地区扩展汇聚；其次，深港合作由一线口岸地区向二线腹地如深圳北中心等拓展；再次，深圳制造功能向北延展，服务、科技、制造梯度分工格局在中轴逐步形成。实施中轴提升战略是深圳"南联北拓"，拓展城市发展腹地的必然选择。深圳的东中西三轴分别承担了不同的使命，如果说西部重在强化湾区核心功能，东进旨在打通深圳辐射粤东的战略通道，那么深圳中轴连接港深莞，承担了深圳南联北拓的使命。

一是向北可拓展城市腹地。近年来随着深圳城市区域化进程加快，大量企业将生产部门北上迁至东莞地区，相关资料显示，2015年东莞引进的内资项目中，34%来源于深圳，在东莞亿元以上项目中，来自深圳投资的项目协议投资额约398亿元，占比达39%（来自网络新闻）。此外，从人口通勤特征上看，深莞联系进一步加强，深圳和东莞沿着交通线路形成较强的人流联系，并远远强于深惠之间的人流，深圳向北趋势明显。可以说北部东莞等地区是深圳走向区域化发展的主战场，是深圳大都市圈的核心腹地。

二是向南可与香港共建大都市区创新与活力中轴。随着大湾区的建设，深港合作也将迈向新阶段。香港提出科技创新发展策略，提出建设国际创新科技中心的目标，在将军澳、马料水、古洞北、河套等地区建设东部知识及科技走廊，布局知识和科技设施。深圳中轴与香港东部发展走廊紧密衔接，加上广深港客运专线的开通，可以在推进知识创新、产业创新、服务创新等方面形成合力。

未来中轴应当坚持强轴聚心战略，聚焦"中央要求、湾区所向、港澳所需、龙华所能"，助力建设国际一流湾区和世界级城市群。关注以下发展思路，包括：首先，顺应湾区与都市圈圈层发展规律，中轴应优先强化要素集聚能级，突出环湾发展，促进高端制造、服务及创新功能在中轴汇聚，在深圳北中心、龙华北部等节点地区形成新的区域性服务节点，带动科技、金融、制造的深度融合，可借鉴旧金山湾区的发展规律，发挥福田金融、龙华创新、东莞制造的优势，形成金融+科技+制造的创新轴带，并且完善创新所需要的支撑设施，如高等院校、科研机构等。其次，在环湾集聚过程中，应关注要素在不同空间尺度上的合理配置与梯度传导，向南进一步深化深港合作，引导香港现代服务、科教创新、福田中心区现代服务业沿中轴区域向北延伸；向北进一步推动跨行政区的协作分工，在深莞惠中部，推进创新与高端制造业的协作以及跨行政区居住与公共服务设施的共建共享，在更大的尺度范围如惠州、河源等地，更加关注传统制造业的疏解和外溢。可学习借鉴宝安区海洋新城与东莞长安新区对接共建，光明科学城与东莞松山湖对接共建等区域合作方式，与塘厦、凤岗等临深片区共建产业园，通过梯度产业链合作方式明确产业发展方向，形成"主园区＋分园区""总部＋基地""研发＋生产"发展模式。最后，中轴要快速轨道交通支撑，一方面支撑内部节点间的快速联系，另一方面，打破行政壁垒带来要素流动的限制，强化与其他圈层重要节点的联系。

第二节 六大重点片区持续用力，打造大湾区增长极

回眸过去，自龙华新区成立以来，龙华人就以时不我待、只争朝夕的精神，把目标变为行动，把蓝图变为现实。众志成城，辛勤耕耘出成效，顺应着群众对美好生活的向往，以提升城市品质为画笔描绘全区高品质发展的新画卷。市委六届十七次全会明确了龙华作为深圳都市核心区的战略定位，寄望龙华打造新兴产业高地和时尚产业新城。龙华实现了从城市副中心到都市核心区的历史性跨越，迎来发展黄金期。龙华坚持完善功能和提升品质并举，城市建设迎来高速发展期，六大重点片区加快推进，北站国际商务区连续四年全市考核满分，九龙山数字城纳入市级重点区域，观澜文化小镇纳入广东省特色小镇示范点，大浪时尚小镇与中国纺织工业联合会共建世界时尚小镇试点。六大重点片区是龙华转型发展的"发动机"，抓好重点片区开发建设是城市发展的重中之重，龙华人科学谋定，实干为先，高品位、高质量推进重点片区开发，按照组团集聚、功能互补、错位发展的思路，将六大重点片区打造成龙华特色城市名片，为加快建设中国特色社会主义先行示范区、现代化强国城市范例贡献龙华力量。

一 北站打造"国际会客厅"，发展蓝图愈发清晰

北站国际商务区（原名北站商务中心区）西至福龙路，北至布龙路，东至五和南路，南至梅林关南坪大道，总面积17.34平方公里。核心区范围西至福龙路，北至人民路，东至梅龙路，南至玉龙路和民丰路，面积6.10平方公里。

北站国际商务区是全市开发起步最早的重点片区，龙华区委区政府高度重视北站片区开发建设工作。北站国际商务区作为全市17个重点开发片区之一，2019年完成投资约331亿元，累计完成投资超千亿元，在全市

重点区域开发建设综合考评中连续五年满分、排名全市第一。

坚持高水平规划，先后针对该片区的二层连廊、绿谷景观、地下空间、门户地区、标志性建筑等开展了规划设计工作，印发了深圳北站商务中心区二层连廊管理办法，为该片区的高品质开发打下了良好基础。《深圳北站商务中心区二层连廊规划设计》项目荣获全国优秀工程咨询成果奖一等奖，《深圳北站高铁上盖开发研究》荣膺2019年度深圳市城乡规划设计一等奖。目前正在加快建设国际化16街坊、超高层地标式建筑，以及全长12.5公里、规模全球第二、亚洲第一的空中连廊系统，打造高层建筑超百栋、建筑规模超千万平方米、具有全球影响力的"国际会客厅"。特别是市、区两级有关部门运用"山城水相融"、人性化功能配套、多元立体化开发建设等创新规划理念，将推动北站片区率先建设具有国际一流品质的紧凑、高效、人性化、立体化商务区。

坚持高标准建设，北站商务中心区在建总建设体量超过100万平方米，如果说长期以来北站商务中心区给人留下深刻印象的是外围建成的住宅区和商业综合体，那么随着汇隆中心一期、红山6979项目一期、展览馆的竣工并将陆续投入使用，片区的商务办公氛围将愈发浓厚。片区首发项目的竣工让外界感受发展蓝图愈发清晰，目前，汇德大厦公寓楼主体结构已封顶，写字楼正抓紧主体施工，华侨城创想大厦、民治第三工业区城市更新项目等均已开工建设。建成绿道30公里，北站公园、白石龙音乐公园投入使用，深圳市外国语学校龙华校区建成开学，新华医院、第二儿童医院加快推进，北站社区党群服务中心已建成全国党群服务的标杆。

但同时也应看到，北站国际商务区在发展中存在的问题，一是建成度高。深圳北站枢纽于2011年建成，总建设完成度90%。中心区新建用地占到37%，而拓展区2011年前已有59%的现状用地。整体建成度高，大拆大建的提升模式已不适用。二是有站无产、居重产轻。与其他中心区对比，在居住、商业、公服、绿地四类主要用地中，居住用地占比过高，占59%；商业用地占比较少，占11%；产业用地更为缺乏。三是成本攀升，活力不足。近年来北站片区房价上涨迅猛，生活成本不断加码。规划范围新建小区环境好，但钟摆交通严重，存在一定卧城属性，活力不足。民治辖区45个城中村居住人口约占全街道人口的一半，高人口密度带来的区域隐患突出：公共空间品质较低、市政设施存在安全隐患、交通问题突出、社区公共服务配套不足。

北站国际商务区的定位是突出总部经济、国际商务、金融服务、文化创新服务等核心功能，打造高层建筑超百栋、建筑规模超千万平方米、具有全球影响力的"国际会客厅"。特别是广深港高铁香港段于2018年9月23日已正式通车，西九龙站至深圳北站区间运行时间为19分钟。这对于深圳北站和建设中的深圳北站商务中心区来说，是一次积极融入和服务粤港澳大湾区建设大局，打造纵贯龙华全境的大湾区城市群发展中轴的历史机遇。目前，该片区已经同福田、前海等区共同纳入深圳都市核心区，都市核心区扩容旨在提升中心城市辐射层次，强化金融管理、总部管理、信息交流、文化交往等高端化职能，疏解非核心功能，完善公共服务能级，落实粤港澳大湾区对广深港澳科技创新走廊建设总体要求，构筑全域创新空间格局，全面支撑以深圳为主阵地建设综合性国家科学中心建设。北站应主动承接福田、香港的现代服务、战略布局面向第四次工业革命的创新服务职能，打造独具魅力的深圳新客厅、湾区新名片。

一方面，要打造中央活力区。打造龙华区南部发展核，深圳北部都市核心区的综合性城市中心、具有全球影响力的国际会客厅。以深圳北站商务区为核心，整合周边梅林关片区、民治中心片区等，打造推动深港创新合作的北站新城，形成龙华区的南部发展核；加快民治街道、龙华街道融入都市核心区建设，强化总部经济、国际商务、金融服务、科技与文化创新服务等核心功能，依托城市几何中心的区位优势，建设与福田—罗湖中心区商务体系相衔接的高端服务集聚区，形成深圳核心都市区综合性新城市中心；在金融方面，要与福田等区金融业错位发展，重点发展金融科技，打造"深圳金融核心功能区中轴拓展带"；对标国际一流水平，深化深港合作，以未来城市、中央混合功能创新区理念建设深圳新一代活力中心，打造国际化街区和中央活力区。

另一方面，要打造深圳北站国际合作示范区。打造国际总部基地，建设国际产业园。吸引世界500强、中国500强、中国民营企业500强等各级总部、国际机构、跨国公司、央企总部落户，招引与企业总部中心配套的功能性、地标性机构和国际组织进驻。推动警犬基地和第二劳教所搬迁，争取在原址上建设国际产业园。加快引导华南物流园片区（约50公顷）升级转型，打造跨境电商总部集聚区。推动将北站周边商服用地性质调整为新型产业用地（M0），增加产业用地规模，便于更多重大产业项目落户北站新城。

打造大湾区高端生产性服务业集聚区。大力发展人力资源服务业，鼓励发展高级人才寻访、薪酬管理等高端业态和产品。发展律师、公证、仲裁等法律服务业。允许具有港澳从业资质的人员执业，促进专业服务、金融服务、文化贸易、研发设计、服务外包等领域服务贸易资源集聚。建设专业服务业大厦、高端诊所大厦等。

打造国际青年创新创业高地。探索制定与国际规则接轨的招聘、薪酬、考核、科研等人才保障制度，加快建设深圳北站港澳青年创新创业中心、深圳北国际人才驿站等，围绕国际青年创新创业需求完善相关配套。争取将北站片区纳入深港合作区。推动将龙华北站商务中心区与河套、前海一并纳入深港合作区，将相关政策覆盖至该片区。

二　鹭湖承担北部科技文化中心功能，加快完善顶级公配

鹭湖中心城西至观澜大道，北至人民路，东至观平路，南至机荷高速，总面积12.97平方公里；核心区范围西至梅观高速、北至人民路，东至观辅路，南至求知东路，总面积2.29平方公里。

鹭湖中心城目前正在加快产业、公共设施建设。鹭湖是龙华的行政文化中心所在地，近年来龙华不遗余力打造鹭湖文化中心。"鹭湖三馆"入围世界建筑节大奖，有着"建筑界奥斯卡"之称的世界建筑节大奖（World Architecture Festival，简称WAF）正式公布了2018年度WAF大奖的入围名单"鹭湖三馆"设计方案，入围大奖是龙华区坚持规划引领以高起点高标准引领大建设的成果。作为龙华区未来的科技文化服务中心，鹭湖片区不仅扮演着龙华区科技文化服务者的角色，其重要性更在于，以鹭湖为核心，通过良好的内外交通支撑、完善而高端的公共配套体系，带动龙华北部大发展。片区产业优势明显，规模以上企业65家，其中，传统行业46家，战略性新兴产业19家，观澜高新园已纳入深圳高新区扩区范围，普门科技总部及研发中心、联得自动化总部基地、永丰源观澜瓷谷创意产业园、三唛先进制造创新中心、翰宇创新产业大楼、三一云都一期、捷顺科技总部基地等项目加快建设。锦绣科学园三期正式开工建设，将打造深圳的未来产业基地、龙华区高科技企业总部和研发中心。

鹭湖中心城存在的问题在于，目前并未能够像宝安中心区、龙岗中心区一样，承担起中心的功能，除公建群外，缺乏创心中心和商业中心，可开发空间有限，产城融合度不高，观澜高新园在交通设施、商业服务、居住配套、学校教育等方面有待提升，其他传统产业园产业层次较低。

鹭湖中心城定位为打造辐射深圳北部周边的区域性科技文化中心，应作为撬动深莞中部集合城市协同发展的核心节点，打造中心区新形象、创新服务新客厅。深圳总规划提出以龙华北部、平湖和东莞塘厦、凤岗、清溪、樟木头共建深莞中部集合城市组团。随着深圳高端制造功能北拓，高新技术企业持续向龙华北部集聚，并向塘厦、凤岗拓展，该组团逐步发展成为以科技创新、高端制造为主导的功能组团。然而该组团整体缺乏创新载体（院校、实验室、研发中心等）与创新环境，创新要素零散布局，难以满足科技创新的发展诉求，亟待建设一个科技创新中心带动产业创新转型。深圳市相关规划提出将民治街道、龙华街道纳入深圳市都市核心区，按照都市核心区标准进行规划建设。未来龙华应着重打造北部新中心，依托已有鹭湖新城片区，进行扩容提质，带动整个北部片区发展并辐射周边东莞地区。

打造深莞制造业创新中心。瞄准龙华北部成为深圳产业梯度转移的缓冲地带的目标，吸引企业将总部落户龙华北部，生产等环节设置在东莞，引导形成"科技创新+研发智造+生产基地"产业协作模式，支持深莞两地企业与科研机构共建制造业创新中心、工业设计研究院、工程技术中心。

打造鹭湖综合枢纽。引入轨道、城际线，打造城际线+地铁四号线换乘综合枢纽，利用茂源工业区进行TOD开发。

打造行政文化中心。推进图书馆、科技馆、群艺馆、大剧院公建群建设，打造辐射深莞中部地区的公共活力中心。

打造大鹭湖碧道。串联横坑水库、茜坑水库、樟坑径水库、大水坑水库、石马径水库等水域资源，联通慢行步道，打造大鹭湖公园。

打造商业中心。依托鸿荣源等城市更新项目，通过城市更新增加高品质集中商业用地，打造辐射东莞的区域商业中心。

完善交通等配套。加快跨区域轨道交通建设、落实已规划道路及轻轨的建设、对原有道路进行合理改造提升、充分利用立体空间建设空中连廊及下沉道路、完善鹭湖科技文化片区商业配套设施等方面着手改善，借助鹭湖科技文化片区交通基础配套设施的互联互通，最终实现数字、交通、文化、人才、产业的互联互通。

三 九龙山围绕数字产业定位，是龙华未来发展的闪亮明珠

九龙山数字城西至浪荣路，北至白花河，东至龙澜大道—观光路—观兴东路，南至茜坑水库—龙澜大道—悦兴路，总面积9.81平方公里。核心区规划范围西至大水坑水库，北近观光路，东至龙澜大道，南至茜坑水库，总面积3.99平方公里。

九龙山数字城是省级人工智能产业核心区，是深圳国家自主创新示范区龙华园区的重要组成部分，也是深圳市第二批新兴产业聚集区。2019年4月，九龙山智能科技城—福民创新园片区被纳入深圳国家高新区扩区范围。2019年9月，市里进一步明确将九龙山打造成为5G产业集聚区。2020年9月8日下午，深圳市重点区域开发建设总指挥部第十三次会议暨重大项目调度会议审议通过了"九龙山智能科技城新增纳入市重点区域事宜"议题，标志着九龙山智能科技城正式纳入市级重点区域。目前，九龙山产学研片区的发展还处于发展起步阶段，上位规划尚未稳定，主要是做好土地整备、征地拆迁，及所有土地的清查清理工作，目前已完成核心区土地整备任务。已开展产业空间统筹规划研究，在积极申报市级重点区域，加快筹建电子科技大学高等研究院（已改至茜坑水库），做强省级人工智能产业核心区和市级新兴产业集聚区、5G产业集聚区。

九龙山智能科技城制造产业基础良好，该片区产业门类众多、发展势头强劲，有富泰华、泰康制药、康铭盛科技实业、泰衡诺科技等规上企业32家，现状产值达2500亿元，但上下游产业链及产业配套有待完善，亟须加快启动区建设作为产业引擎及示范。

九龙山的定位为世界级人工智能产业集聚区和粤港澳大湾区智造中心，致力于打造"园区＋社区＋校区"三区融合发展的现代创新知识城区。下一步，一是要打造世界级"人工智能AI＋5G"产业集聚区。国务院印发的《中共中央国务院关于支持深圳建设中国特色社会主义先行示范区的意见》提出要大力发展战略性新兴产业，积极打造智能经济，龙华要依托工业互联网产业示范基地、工业园区等产业集聚区优势，推

动人工智能、5G 与工业互联网、物联网融合应用，以智能芯片、基础软硬件、大数据、机器人为核心，打造粤港澳大湾区人工智能产业创新集群，高标准提升智能制造水平。二是要打造粤港澳大湾区三生融合的典范城区，统筹"生态、生产、生活"三大布局，打造成为智能制造以及商业、居住为一体的产城融合示范区、面向深莞集合城市的生态科技城。三是要加强与光明科学城的联动发展。从区上来讲，九龙山地处华为的坂田基地、腾讯的南山基地、东莞松山湖基地的中间位置，是粤港澳大湾区东岸港深莞中轴、广深港澳科技创新走廊、深圳北拓战略的重要节点，对华为、腾讯的供应商和生态圈厂商来说具有非常好的便利性和吸引力；从资源来讲，电子科技大学（深圳）高等研究院选址九龙山智能科技城，将面向电子信息世界科技前沿和产业创新，建设成为集人才培养、科学研究、成果转化为一体的新型研究机构，为九龙山智能科技城及整个龙华产业发展注入新的动力，九龙山产学研片区山水资源丰富，交通便利，生态环境良好，用地潜力大，产业基础雄厚，具备全市稀缺的存量土地资源，是龙华区未来发展的一颗闪亮明珠。下一步，应充分利用区位优势和资源优势，高水平规划，高标准建设，与光明科学城错位发展，打造成果转化高地。

四　龙华国际商圈加速蝶变，打造百万活力商圈

龙华国际商圈西至福龙路和布龙路，北至龙澜大道，东至清泉路和清龙路，南至梅观路和东环二路，总面积 18.38 平方公里；核心区规划范围西至布龙路，北至建辉路，东至东环一路，南至人民路和梅龙路，总面积 5.39 平方公里。

在六大重点片区中，龙华国际商圈作为最具商业氛围的街区，集购物、休闲、文化为一体，聚集了壹城中心等一系列商业广场，成为龙华居民休闲购物的首选地。深圳北（龙华）商务中心五期、深圳北（龙华）商务中心大二期（鸿荣源）等重点项目正在加快建设。未来该片区将继续加快推进城市更新项目，提升片区商务、休闲、娱乐等功能，向打造新一代的现代商贸片区继续迈进。

龙华国际商圈区位条件优越，是龙华老城商业聚集的区域，在过去的发展中成为较为成熟的城市功能板块，但是伴随着城市的深化发展与区域

条件的转变，片区在转型升级中也面临着诸多问题和严峻挑战。一是商业品质不高。商业形态以传统住宅底商和超市为主，空间陈旧，规模小，集聚度低。高端酒店较少，客房数量较少（规划区内现状仅有2处四星级酒店。现状用地以居住和工业用地为主，居住大部分建成区为原有旧村，工业较为老旧，旧村与旧工业区布局混杂，围内分布着大量的四旧用地，旧村、旧住宅区、旧工业区、旧工商住混合区，布局较为分散。二是交通等配套设施缺口大。该片区人口高度集聚，但现状配套设施用地占比较少（5.28%），远低于规划配套设施用地占比（8.4%），总体配套设施缺口大。壹城中心建成后，片区商业结构虽发生了品质巨变，但同时带来了交通、配套的巨大压力。片区周边被高速公路、快速路围合，干线型主干路较少，片区交通潮汐特征明显，通勤高峰期高快速路上下口拥堵。三是特色缺乏。城市拼贴式无序生长，旧居住区、旧工业区及住宅区交错布局，城市风貌缺失，形象落后。在建城市更新项目大多为传统商住和SHOPPINGMALL，同质化严重。

区党代会报告指出，龙华国际商圈要聚焦购物、文化、休闲、国际商务等功能，打造市级核心商圈与大湾区消费首选地。龙华国际商圈是提升中轴综合服务能力的核心节点，一方面，承担完善龙华自身功能体系，提升龙华生活品质的重要职能；另一方面，落实先行示范区政策，发挥高铁效应，打造辐射区域的新型商贸中心，为湾区提供包容、便捷、生态、富有活力的复合商业空间。要面向湾区，高品质错位发展，集聚消费活力，构建多元化复合现代商贸区，吸引产业、资本和人才流入。此外，要加强对城市更新项目的引导，尤其是加强业态和形态的引导，使该片区能够真正成为一个有特色的吸引年轻人消费的地方。应加强对公共空间和步行系统的规划，增加不同功能类型的沿街出入口，提升街道的活跃度，加强街道空间与轨道站点、公共设施、开放广场等的连续性，为行人提供多样的公共空间节点。

五 大浪时尚小镇打造国际知名时尚高地，时尚品牌云集

大浪时尚创意小镇，主体为大浪时尚创意城，位于深圳市龙华新区大浪办事处大浪西北部，东临茜坑水库，北依大坑、石凹水库，东、西、北三面均以基本生态控制线为界，南面以机荷高速公路为界，大浪时尚小镇

规划面积 11.97 平方公里，核心区面积 3.79 平方公里。

大浪时尚小镇有别于其他特色小镇，这里被誉为"华南时尚硅谷"。从 2001 年始，该片区就被定为深圳市规划的十大传统产业集聚区之一——服装产业集聚基地。龙华新区成立后，将该片区纳入重点产业片区推进。加快推进大浪时尚创意城转型升级，从传统服装生产基地转变为引领时尚潮流的设计、展示、交易和时尚文化传播中心，倾力打造"国际化"的时尚产业高地。龙华成立行政区后，2017 年 8 月高标准成立大浪时尚小镇，为全市第一批入选广东省特色小镇示范点。以构建全方位现代时尚产业体系、打造世界级产业集群为目标，大力推进时尚小镇产业发展和时尚人才引进集聚，小镇各规划建设全面升级和提速。小镇现已获得"国家自主创新示范区""国家外贸转型升级示范基地""全国时尚服饰产业知名品牌示范区""时尚产业集群区域品牌建设试点""中国服装区域品牌试点地区""广东省首批特色小镇创建示范点"等国家级、省级荣誉。国家发改委将大浪时尚小镇作为传统产业转型升级典型案例，在全国进行推广学习，是深圳市、龙华区的一张绚丽名片，已成为全国标杆性产业集群区，是中国服装行业发展的一面旗帜。小镇拥有玛丝菲尔、歌力思、影儿、珂莱蒂尔、梵思诺、卡尔丹顿等一批知名品牌，落户爱特爱、艺之卉、沐兰、华兴等时尚总部企业一批。据统计，截至 2019 年 6 月，小镇入驻时尚企业总数为 540 家，超过八成的小镇时尚服饰企业拥有自有品牌，其中中国驰名商标 6 个，广东省名牌产品 17 个，广东省著名商标 9 个。据中国服装协会统计，大浪服饰占全国一类商场服装类销售额的 30%，形成了"全国女装看深圳，深圳女装看大浪"的产业格局。事实上，经过多年的发展，大浪时尚小镇服装产业已从低技术含量、低附加值、出口加工型模式向高技术含量、高附加值、自有品牌型模式转变，小镇的服装企业创新能力在全国遥遥领先，卡尔丹顿打造出国内首款石墨烯智能服饰，梵思诺开发出纳米智能发热服，泰莲娜建成中国首家智能时装店，实现了服装产业、现代科技和潮流时尚三者有机融合。小镇人才汇聚，原清华美院书记、院长李当歧，第 3、6、8、10、13、17、20、22 届"金顶奖"获得者武学伟、武学凯、计文波、罗峥、李小燕、刘薇、刘勇、赵卉洲等 8 位，"中国十佳服装设计师"理臻、陈宇、陈健平、彭晶、冯三三、任艺、李娜、谢家齐、郝为民等 10 位，"光华龙腾奖"获得者龚航宇等一批业内顶尖设计大师，纷纷在小镇设立工作室。目前小镇共引进国际服装设计师52名、国内服装设计师308名、商品陈列师等创意人才43名。小镇还成立了专家咨询委员会，聘请了孟建民、王石、陈大鹏、张庆辉等20余名专家学者，为特色小镇建设提供全方位的智力支持。大浪时尚小镇正在加快实施"百家名店"计划，打造中国服装品牌街区和市级夜间经济示范街区，建设时尚之芯等重点项目，办好深圳时装周、中国服装大会等高端品牌活动，做大做强世界级时尚产业集群，打造媲美巴黎、米兰的国际知名"时尚硅谷"。

如何统筹区内产业资源，实现质量、效益、动力三大变革，落实省级特色小镇战略安排，为建设引领粤港澳大湾区时尚产业的特色小镇打牢产业基础，是大浪时尚小镇产业发展面临的重大问题。一是产业聚焦不足难以形成发展合力。小镇共有企业1546家，根据国标行业分类，小镇共涉及62个细分行业，且各企业之间均为零散布局，并未形成围绕某一主导产业的产业链集聚。产业凝聚力不强，时尚产业优势难以显现。目前小镇各片区间并未形成明确的产业功能导向，根据小镇企业落位图来看各行业整体呈现混杂布局。从空间分布上看，旧村、旧厂产业园区整体呈现厂村混杂布局。各片区功能导向不明确，难以形成品牌效应。二是品牌影响力不足资源凝聚力较差。品牌影响力决定小镇对时尚资源吸引力的大小，如高端品牌发布会、设计师品牌、尚买手、时尚大咖等。目前小镇通过连续8届大浪杯在时尚界集聚了一定影响力，但在吸引国际时尚发布会、国际时尚资源方面还弱于上海、北京等地。小镇要打造世界级时尚产业集群，需要率先树立世界级时尚影响力。小镇企业品牌在国际化进程方面，主要集中于收购国际品牌，并将国际品牌引入国内售卖，而在品牌国际化方面仍处于艰难探索中，国际品牌直接决定小镇时尚国际话语权，未来应着力培育具备国际品牌，增强国际资源配置能力。三是创新生态缺失抑制小镇创新热情。小镇目前尚未形成完善的创新生态，在创新主体、载体和环境方面均存在缺失。在创新主体上，目前未引进创新团队；在创新载体上，缺乏高校实验室、创客空间、创新孵化平台等；在创新环境上，知识产权保护、技术转移转化等方面均存在缺失。时尚是永恒的创新，在日趋激烈的竞争环境中，创新生态缺失将成为制约小镇长期发展的主要原因。四是营商环境不完善不利于招商引资。产业生态决定小镇对企业与人才的吸引力，目前小镇在艺术图书馆、设计师孵化基地、创客空间、面辅料、高档展示空间、配套高端酒店等方面均存在缺失生活配套待完善，交通配套不完善、医疗基础缺失、商业氛围未形成是小镇难以留住人才、导入人流的根本原因。统计制度不完善，现有统计制度重点关注工业产值，而小镇以时尚创意产业为主导，未来小镇制造功能会进一步消减，总部和商贸功能将逐步崛起，若继续维持现有统计制度，小镇经济效益将难以通过数据得到真实展现，一定程度上制约小镇获取上层次资源支持，阻碍小镇转型升级进程。

粤港澳大湾区战略、广深科技创新走廊、深圳市打造国际消费中心城市等一系列上位战略给大浪时尚小镇赋予了新的历史使命，对小镇的发展定位提出了更高的要求。在国家、省市级战略引领下，小镇在搭建国际时尚开放合作平台，发展高层次时尚经济，实现高水平的资源配置和内外联动上赢得发展和竞争的主动。下一步，大浪时尚小镇将以建设世界级时尚产业集群为目标，依托大浪女装时尚品牌优势、深圳时尚科技优势、粤港澳大湾区的国际商贸流通和消费市场网络优势，突出创意设计能力，着力打造时尚企业总部集聚区、时尚创意人才集聚区、时尚创新中心、时尚发布中心和时尚消费中心的"两区三中心"，逐步建成时尚总部聚集、设计师汇聚、品牌荟萃、活动突出、消费活跃的时尚产业集群和以原创、设计为特征的世界知名时尚中心。一是打造时尚企业总部集聚区。紧抓全球时尚去中心化、去中间化、去 logo 化的三大趋势，构建知名品牌、设计师工作室等核心 IP，打造设计服务平台、大数据服务平台、供应链服务平台、公共服务平台等产业支撑平台，围绕设计师的成长，塑造从独立设计师—时尚品牌—领军企业—产业集群的完整生态路径。形成时尚企业总部引领、中小时尚企业汇聚、设计师工作室群落的时尚产业集聚生态圈。二是打造时尚创意人才集聚区。依托中国女装设计大赛等国内知名活动，引进国际时尚教育和培训机构，探索中国特色的时尚教育、人才培养体系。形成尊重创造、尊重人才、尊重个性的人才成长空间和氛围，成为国际时尚大师、本土时尚名师、独立设计师等多层次时尚设计人才自由创意之地。汇聚世界各地时尚名流、世界顶尖的时尚设计师、时尚品牌营销者、世界著名时尚买手等，聚集小镇。以时尚发言权确立小镇在国际时尚界的地位和领导力。三是打造时尚创新中心。打造东方时尚文化国际化的创新创意策源地，大力发展品牌时尚、科技时尚、绿色时尚，建设时尚科技创新应用、创意设计、品牌孵化中心。加快传统制造业的数字化转型，支持大数据、互联网、3D 打印等人工智能技术与时尚深度融合，大力发展新一代智能纺织品、可再生纺织品、情绪感知纺织品、电子纺织品等时尚与科技融合产品，成为时尚科技创新应用中心。构建时尚金融、时尚设计、时尚人才、时尚营销、时尚制造协同创新体系，形成国际时尚品牌孵化中心，设计师国际化的"创业创新硅谷"。四是打造时尚发布中心。积极引进国际著名品牌发布会、国际流行趋势作品发布会、新锐设计师作品发布会、国际时尚论坛等时尚发布活动，建设时装展览展示中心、品牌展览展示中心、科技时尚展示中心、东方时尚展示中心等时尚发布平台，引领中国女装国际化的发展潮流。打造世界级的国际时尚活动平台和时尚潮流发布中心。五是打造时尚消费中心。以现代化国际化消费环境为特征，构建地标式商圈、特色商业街、旗舰店、工厂店等多层次商业氛围，集聚跨境时尚消费运营机构，建设国际时尚品牌、新型时尚业态集聚的国际化购物天堂，逐步建成国际时尚消费体验中心。根据市、区打造商业旺区和发展夜间经济的总体要求，围绕打造"时尚消费中心"的目标，通过时尚品牌商圈、特色商业街、旗舰店、直营店、工厂店、"百家名店"等多层次的商业网络，形成以浪静路和浪荣路为中心的奥特莱斯式直营购物中心及时尚品牌商业街，以"时尚之心"综合体为依托的会员街，以浪逸路和浪峰路为流线的山前特色街，以大浪河为轴的时尚、休闲、生态景观街，以新围村手工订制为特色的潮流街。六是打造山、水、城相依的宜游环境。深入挖掘小镇文化底蕴、时尚资源、生态资源，大力发展以时尚和生态为主题的绿色创意旅游，将小镇打造成望得见山、看得见水、记得住乡愁的旅游特色小镇。围绕"四大自然聚落"的总体布局，推进大浪运动公园、自然时尚公园、石凹水库公园、茜坑双秀公园建设，打造绿城融合的都市后花园。推进小镇外围花街生态景观休闲步道工程建设，打造小镇外环生态休闲体验环。高起点规划建设大浪河两岸景观提升工程，使大浪河成为小镇的生态休闲活力轴和 3A 级景区的时尚中心地域。规划建设小镇外围自行车+人行慢行系统以及小镇主干路自行车路网系统。构建小镇"公交+自行车+步行"的出行模式。

六 观澜文化小镇底蕴深厚，着力建设文化传承体验新地标

观澜文化小镇位于深圳市龙华区观澜街道，规划面积约934公顷，核心区面积349公顷，分为东西两个片区：东片区北邻观澜高尔夫度假区，东至环观南路，西至观澜湖新城，南至高尔夫大道，规划面积320公顷；西片区主要为观澜古墟、贵湖塘老围及周边区域，西沿观澜河，东北部沿贵山路，规划面积29公顷。

观澜文化小镇是龙华六大重点片区之一。2018年4月5日，深圳市龙华区观澜文化小镇建设领导小组成立，区委书记、区长任双组长；2018年11月18日，观澜文化艺术小镇成功纳入广东省发改委公布的第二批省级特色小镇培育库名单；2019年4月1日，深圳市龙华区观澜文化小镇建设管理中心成立，是区直属副处级事业单位。小镇曾先后荣获"中国文化（美术）产业示范基地""中国最佳创意产业园区奖""广东省版权兴业示范基地""2011中国当代艺术权力榜100强""广东省基层宣传文化工作先进单位""国家艺术资金资助项目""最具文化价值特色小镇""中国宜居环境范例奖""国际版画发展促进和杰出贡献奖"等荣誉。小镇产业优势明显。根据广东省特色小镇创建导则的要求，每个小镇要根据资源禀赋和区位特点，明确一个最有基础、最有优势、最具特色的产业作为主攻方向，突出"一镇一主业"，以新兴产业作为特色主导产业的特色小镇，要拥有该产业在国内的龙头企业和具有一定知名度的相关机构，能形成高端产业链。观澜文化小镇产业发展依托于国际级版画艺术基地、国际一流时尚运动（高尔夫）基地、国家级红木产业基地等基础，优势突出，特色鲜明。小镇文化底蕴深厚。小镇汇聚了国家级文化（美术）产业示范基地——观澜版画基地，深圳目前唯一完整保存的古代墟市街区——观澜古墟，深圳最大的艺术工作者聚居村落——鳌湖艺术村，全国红木原材料交易集散地、高端红木集聚地——观澜红木一条街等特色资源；观澜客家人400多年前定居于此代代相传留存下来的智慧结晶——客家山歌和舞麒麟分别被列入省、市级非物质文化遗产保护名录，稀缺性文化资源丰富，发展潜力巨大。小镇生态环境优美。观澜文化小镇范围内被绿色空间和水系环抱，坐拥国家5A级景区——观澜湖休闲度假区和国家4A级生态休闲旅游景区——观澜湖生态体育公园，求雨岭公园已初步建成城市休闲公园，

观澜河和牛湖水两条水道贯穿小镇，花海田园已成为版画村的一大景点。小镇不断焕发活力。观澜生态文化片区加快建设具有国际影响力的文化小镇。据悉，观澜街道在全市率先引入政府主导修缮、企业开发运营的"DOT"（即设计优化—运营—移交）模式，对观澜古墟与贵湖塘老围实施保护性开发，即将启动打造成媲美成都宽窄巷的特色精品。观澜文化小镇正在联合保利文化将版画基地打造成小镇示范引领区，筹办中国国际版画拍卖会，举办深港城市建筑双城双年展龙华观澜古墟分展场，保护性开发观澜古墟、贵湖塘老围，高标准建设观澜湖国际社区，争创全球华人文化寻根目的地，打造具有国际影响力的文化新地标。

作为一个旧村落改造的典型案例，观澜版画基地以版画艺术注入古村保护，不仅仅具有生态的底蕴，还被赋予文化内涵。昔日"脏乱差"的废旧古村落，早已旧貌换新颜，通过低碳、环保的理念，改造成为世界一流的版画工坊、环境优美的国际艺术家村，这是享誉世界的特色文化品牌，也是古村落保护及文化重生的经典案例。循着大水田村陈烟桥的版画基因，依托大水田旧村落建立起来的这一基地，是集版画创作、制作、展示、收藏、交流、研究、培训和市场开发为一体的中国版画事业与产业并进的综合性项目，拥有"中国·观澜国际版画双年展""中国（观澜）原创版画交易会""版画学术论坛"等品牌项目。

观澜文化小镇建设刚刚起步，发展中存在着一些迫切需要解决的问题。从产业来看，以出租经济和传统制造业为主，社区经济收入主要来源厂房、商铺等物业出租，经济实力相对落后经济发展水平整体低于观湖、福城街道观澜办事处规模以上企业产值，现状产业以塑胶、五金、包装、印刷等传统制造业为主。观澜小镇有版画，有红木，产业有特色，但产值不高，甚至与大浪无法相比，也没有与文化、旅游产业的发展形成有效的互动。从空间看，面临土地空间不足的问题，已进入"二次开发"为主的发展阶段，更新动力较强，但更新项目分散，没有形成合力。从形态看，现状主要以三、四类建筑为主，占总建筑面积的68.2%，以工业和居住建筑为主；建设强度低，79.98%的建筑容积率低于1.5，再开发潜力较大，建筑质量较差，迫切需要一个突破口来改善观澜地区的整体风貌。

观澜文化小镇定位为粤港澳大湾区文化新IP、粤港澳大湾区旅游新高地、粤港澳大湾区高质量发展优质生活示范区。为实现上述目标，小镇将努力建成文化传承体验新地标、文化开放交流新窗口、文化社区共建新样板、文化创新集聚新高地。一是促进传统文化产业和数字经济、旅游的深度融合。产业是特色小镇的灵魂，观澜小镇发展首先要做强产业。《中共中央国务院关于支持深圳建设中国特色社会主义先行示范区的意见》中提出要发展更具竞争力的文化产业和旅游业。《深圳建设先行示范区行动方案（2019—2025）》中提出"大力发展数字文化产业和创意文化产业，加强粤港澳数字创意产业合作；推动文化和旅游融合发展"。观澜文化小镇首先应推动传统产业升级，完善产业链的前后端，如教育、孵化、培训、展贸、体验等环节。重点推进创意设计、工艺美术、高端印刷、影视演文化创意产业发展，促进版画、陶瓷等传统优势产业转型升级用现代前沿科技、设计理念、工艺材料，提升高端工艺美术设计水平和技术含量，建设国家文化和科技融合示范基地。同时重点发展以体育休闲为特点的都市休闲旅游业，以"文化+旅游"打造深圳市知名的特色主题旅游基地。二是推进"一廊两带四街区"规划建设。一廊引领，以观澜大道—高尔夫大道为主干，推动古墟片区、裕新路片区以及观澜湖高尔夫等文化资源联动；两带渗透，依托观澜河建设滨水民俗文化景观带，连接龙华公共文化中心，依托牛湖水建设滨水艺术创新景观带，连接观澜体育公园与观澜高尔夫；形成四大功能复合的时代艺术主题街区——古墟传统艺术街区、裕新路当代艺术街区、牛湖水先锋艺术街区、大水田生态艺术街区。三是探索具有深圳魅力的特色小镇空间形态。观澜的山水资源和生态文化优势非常明显，应凝聚力量，擦亮观澜生态文化名片。凸显文化城区的核心要素，在积极发掘现有的历史文化要素的基础上，大力塑造现代都市文明形象，建设"文化"强区。充分利用山体林地的绿化景观资源，促进自然山水与城市发展的相互交融，打造"山环水绕"的空间特色。统筹城市更新项目工作，引导开发商按政府所希望的方向开展建设，做优小镇增量空间建设；采用微改造的"绣花"功夫，注重文明传承、文化延续，做细碉楼、古民居等特色建筑的存量改造工作；实施"趣城"计划，利用 VI 系统、logo 等艺术装置设置，做精小镇内重要的空间节点品质营造。四是探索独特的小镇运营模式。高效能管理，引入龙头文化企业和文化项目提升运营效率。结合小镇特色产业及发展规划，积极推进小镇公共服务平台，建成集人才、金融、技术、信息、创业等产业服务、公共文化服务、综合服务为一体的特色公共服务平台。引入专业设计师、学者挖掘历史信息、活化利用方向，提升古墟运营管理效能。开展"碉楼计划"，通过国际设计竞赛的方式征集碉楼修复提升创意，吸引国际学术目光。筹建保利版画交易中心，策划"保利版画拍卖会"，借助保利艺术博物馆、保利艺术拍卖的全球艺术家、收藏家资源网络，为版画村注入高层次的艺术品质，让文化爱好者聚集，打造文化艺术作品交流氛围。

第三节　焕新城市面貌，打造品质示范城区

一　交通领域大干快上，打造畅通龙华

《关于支持深圳建设中国特色社会主义先行示范区的意见》支持深圳建设中国特色社会主义先行示范区，要求深圳深入实施创新驱动发展战略，抓住粤港澳大湾区建设重要机遇，增强核心引擎功能，助推粤港澳大湾区建设，实现与湾区的融合发展。《粤港澳大湾区发展规划纲要》将深圳定位为区域发展的核心引擎，要求加强交通基础设施建设，畅通对外联系通道，提升内部联通水平，推动形成互联互通的快速交通网络，更好地发挥湾区核心引擎功能。龙华区全面落实"双区"要求，在提升城市品质方面实现快速发展，全面织密道路交通网络，加速打通对外联系通道，交通格局不断完善。

北站枢纽能级不断提升，内地香港联系实现突破。2019年深圳北站高铁客流日均31.5万人次，较十三五初期日均11万人次增长186%，其中客流总量日均71.2万人次、地铁客流量日均33万人次，公交客流量日均4.2万人次，出租车客流量日均2.5万人次，深圳北站枢纽能级不断提升。2018年9月23日，广深港高铁香港段开通运营，龙华至西九龙时耗缩短至19分钟。广深港高铁全线通车，标志着内地—香港高铁联系实现突破，进一步锚固了深圳北站大湾区综合客运枢纽地位。赣深铁路建成通车后，深圳对外高铁京九大通道形成，深圳到赣州出行时长由现在近7小时压缩到2小时，河源到深圳出行时长也将压缩到1小时以内，龙华区与东部内陆省份的联系进一步加强。

轨道交通实现跨越发展，初步形成多样公交服务。轨道建设提速，新增4号线延长线、6号线二期，轨道里程增加约25公里，新增站点14个，

轨网密度增加0.23公里/平方公里。全区轨道站点日均客流量增至77万人次，较十三五初期增长30%。其中，深圳北站日均客流量最大，达20万人次，远高于其他轨道站点。全区轨道线路客流强度居全市前列，4号线客流强度居全市线路第一，5号线居全市线路第三。我市首条有轨电车龙华有轨电车示范线于2017年10月28日开通运营，运营站点共20个，运营里程11公里。有轨电车自开通以来，客流量呈现稳步增长，日均最大客运量3.1万人次，客流强度稳居全国有轨电车客流强度首位。持续推进公交设施建设，公交服务水平提升显著。公交线路由"十三五"初期的215条，增长至246条，公交线网长度达到402.4公里，累计优化线路675条。"十三五"期间新增公交场站24个，场站面积达44万平方米，公交车辆数由"十三五"初期的3908辆增长至4682辆，站点500米覆盖率由"十三五"初期的94%增长至100%。持续完善全区路网体系。截至2019年，全区各级道路网里程共计826.7公里，较"十三五"初期的730.6公里增长13%，各级道路里程增长9%—27%，其中次干路及以上路网规模增长19%，由"十三五"初期的293.9公里增长为349.9公里。通过持续的路网建设，全区路网密度达到7.52公里/平方公里。推进外环高速、清平高速二期、龙澜大道、龙海大道等高快速路规划建设，推进梅观高速市政化改造；完善"九纵九横"骨干路网，加快玉龙通道、石清大道等一批主次干道规划建设，以及龙华人民路、观光路等干道的升级改造。结合民生实事，龙华还将在畅通内部交通微循环方面下功夫，包括完成横坑水库地区求知东路等14条道路提升工程，打通佳民路、白玉街等7条断头路。慢行环境明显改善。全区现状人行道里程约710.4公里，基本实现建成区全覆盖，风雨连廊里程达27.9公里，人行天桥78座，新增27座。累计建成自行车道约251.2公里，自行车道密度约为2.28公里/平方公里，已建成路侧自行车停放区共2226个。2016年启动环城绿道项目，规划形成135公里的环城绿道，现已开通38公里。综治缓堵效果显著。"十三五"期间，全区大力开展拥堵综合治理工作，累计开展了29个片区的路网整治，共计推动351个工程治堵项目，晚高峰交通指数降低0.8，成效显著。

虽然龙华综合交通发展取得了长足的进步，但面对湾区一体化趋势、中轴严峻的供需矛盾以及高品质的出行服务需求，全区综合交通系统依然面临诸多挑战。一是核心枢纽地位弱化，参与区域竞合面临边缘化风险。

未来深圳将规划形成深圳北站、西丽站、深圳坪山站、机场东站、深圳站等五个主枢纽及深圳东站、福田站、平湖站、光明城站等四个辅枢纽"五主四辅"客运枢纽布局，周边龙岗、光明等区将新建及改造五和站、科学城站等站城一体枢纽，接入多条城际线路，龙华区位优势进一步削弱。二是发展视野仍以深圳为主，湾区一体设施支撑有限。深圳北站兼顾长途高铁以及中短途城际服务，对区域城际联系服务有限。穗莞深、中虎龙等湾区层面城际线路均不在龙华设站，龙华区面向粤港澳大湾区层面的城际联系薄弱。与东莞间贯通联系通道少，跨界通道高峰期饱和度高，深莞惠地区跨区域出行频繁，70%的出行通过公路完成。但目前龙华与东莞贯通通道主要靠高速公路/国省道，快速路、主次干道在边界未能打通，存在大量断头路，影响龙华跨区域出行。三是中轴供需矛盾依旧严峻，制约龙华向心融合发展。龙华南部地区往原特区方向出行约占60%，职住分离问题突出。龙华与中心城区职住分离情况突出。轨道方面，高峰期轨道4号线超饱和运营，民乐站超负荷运营，深圳北站、白石龙站接近饱和，轨道客流潮汐现象明显。道路方面，高峰期福龙关、梅林关等中轴二线关拥堵严重，拥堵时长远高于东部、西部关口，严重影响沿线居民的出行时效。由于龙华与关内中轴方向呈"蜂腰"状，受地理条件因素影响，未来新增干线道路通道受限。四是设施建设瓶颈凸显，交通供给面临常态化制约。龙华轨网密度远低于原关内地区，仅略高于宝安、龙岗等区。全市轨道四期建设规划修编（2017—2022年）未涉及龙华区轨网，轨道五期建设规划刚刚启动研究，这意味着"十四五"期间全区轨道建设可能进入空窗期，待轨道四期建设完成后，全区轨网密度（含有轨电车）将被宝安、龙岗等区反超，与原关内地区的差距进一步扩大。由于龙华区及周边绿地、山地、水资源保护区较多，不属于城市建设用地范围，受限于城市空间资源，设施的增长主要依靠旧改，增长困难。龙华区北部路网骨架尚不完善，仍需进行大量道路建设，但空间资源限制将影响道路建设推进。五是新业态交通冲击，交通体系面临适变性考验。随着互联网经济的发展，互联网开始渗透到交通领域，互联网+交通新业态应运而生，网约车、共享汽车、共享单车等相继走入大众视野，在方便人们日常出行的同时，也对现有的交通体系造成了一定的冲击。例如，网约车的兴起导致对大量道路资源的占用、共享汽车的兴起加剧了停车供需矛盾、共享单车的兴起引发了单车乱停乱放现象加重了城市交通管理的负担。

可以预见，随着大湾区区域轨道联系的加强，龙华区区域联系将进一步强化；随着重点片区的建设，龙华交通格局将进一步完善；随着市民需求的增长，对高品质、智慧创新的交通系统提出了迫切要求。未来，龙华将充分发挥全市"双区驱动"效应利好叠加，围绕"交通强国"的总体目标及新一轮国土空间规划"产城融合、绿色低碳"的核心理念，推进龙华高质量一体化发展，对外连接湾区城市网络，对内提升交通品质，以综合交通助力龙华争当建设中国特色社会主义先行示范区尖兵，努力打造现代化、国际化、创新型中轴新城。一是巩固枢纽地位。强化深圳北站主枢纽功能，推进深圳北站交通服务提升工程，通过优化、新增站内设施，丰富接驳交通方式，减少换乘接驳时长，提高接驳便捷性和可达性，强化客流集散能力。加快建设赣深客专、深茂客专、深惠城际、深大城际，打造"四小时高铁经济圈"。铁路方面，连接江西赣州与广东深圳的赣深客运专线预计2021年通车，河源到深圳时间也将压缩到1小时以内，进一步加强深圳与粤东北及东部内陆省份的联系。深茂客运专线深圳至江门段也将于近期开工建设，待线路建成通车后将拉近大湾区内部的时空距离，强化深圳湾区核心城市的辐射带动作用。城际方面，深惠城际、深大城际有望在五年内建成通车，进一步加强深莞惠地区之间的快速联系，弥补现有轨道交通联系的空白，实现湾区的协同发展。通用航空方面，樟坑径直升机场预计2022年底建成，将进一步完善全区综合交通运输体系，增强区域发展的综合实力、竞争力和辐射带动能力。二是强化区域交通联系。促进与东莞轨道交通的互联互通，推进龙华路网与东莞的全面衔接。加快相关线路龙华段线位详细规划，积极争取纳入全市轨道5期规划，在龙华区内形成"快线+普线"多层次的轨道体系。加快推进外环高速等东西向通道的新建、改造和前期研究，重点强化龙华区与第二圈层东西向联系。加快推进龙澜大道等南北轴向通道的新建、改造和前期研究，进一步增强龙华区与关内中心区的中轴联系。加快推进民德路等龙华对外主次干道的研究建设，强化周边跨区联系。三是完善全区骨干路网体系。积极推进龙华大道等主干道新建/改造项目的前期研究和建设，完善全区九横九纵路网。推进丹凤丰路等46条次干道项目的研究和建设，完善次干路网络，提高路网集散能力。结合城市更新和未来"两城一廊"建设，重点推进观澜老墟片区、观湖观城片区、大浪元芬—赤岭村、龙胜旧村片区等片区的支路网新建和改造工作。四是完善升级公交慢行。推动大浪时尚创意小镇胶轮有轨电车项目落地，争取近期建成全市首条胶轮有轨电车示范线。结合北部工业片区员工通勤特征，开通高峰期通勤厂区公交，服务通勤需求。结合城中村片区路网特征，增加社区微巴等定制公交，延伸公交服务覆盖范围。五是精细慢行品质。原特区内近年来高品质推进中心区交通设施及空间环境综合提升工程，打造了一批交通功能与景观效果兼具的标杆项目，在提升交通品质、试行交通发展新理念方面走在了全市前列，取得了一定成果，也为龙华品质探索提供了一定的借鉴先例。龙华也将贯彻高品质发展理念，开展试点项目，探索高品质发展的道路。围绕新建轨道站点和重要公交站点，完善配建自行车停车带、公共自行车服务网点。开展深圳北站等大客流关键轨道站点与周边换乘公交站点、出租车停靠站、重要建筑物出口的风雨连廊规划研究，优化无缝换乘体验。从"以人为本"理念出发，在学校、公园等老幼热点活动区域周边试点打造儿童/老人友好型街道。

二　加大二次开发力度，保障城市发展空间

龙华区牢牢把握好"建成高品位建设示范区"的目标要求，不松劲、不懈怠，加快推进城市更新和土地整备，把握重点、集中力量、提质提速，坚持"民生优先"原则，以新时代新担当新作为努力开创龙华城市更新工作新局面，改善城市发展面貌，力促城区转型升级。一是规划引领，推动城市有序发展。突出规划引领作用，围绕完善城市功能，优化公共服务，推动经济发展方式转变的目标，注重规划引领，强化更新整备统筹，建立了宏观、中观、微观三个层次的规划体系，保证了规划的有效传导，开展了《龙华区城市更新发展策略研究》《龙华区城市更新整体影响研究》等规划研究，编制了城市更新、土地整备"十三五"规划。二是公益优先，保障公共服务水平。不断加大公益保障力度，努力补齐民生发展短板，落实了一批学校、幼儿园、社康中心、公交首末站等公共配套设施。我区已批准城市更新专项规划70项，规划保障性住房103万平方米、人才公寓3.3万平方米、非独立占地公共配套设施55.16万平方米，城市更新实际上已经成为提供公共配套的主要途径；全力推进土地整备征地拆迁

工作，完成外环高速公路、赣深铁路、轨道交通4号线三期工程等249个征地拆迁项目补偿，提升人民群众获得感、幸福感。三是攻坚克难，啃下拆迁硬骨头。面对全区土地历史遗留问题多、公共基础设施落地难、产业用地使用效率低，城市发展面临空间资源紧缺的局面，全力攻坚，不断啃下整备拆迁硬骨头，保障民生发展，拓展产业空间。全面完成茜坑水库、长岭陂水库、公明水库一级水源保护区中央环保督察任务，拆除樟坑华侨新村烂尾楼，收回了宝安、龙岗粮食公司北站已批用地，补偿了樟坑径直升机场、龙华能源生态园周边土地。四是产业优先，拓展产业发展空间。支持实体经济发展，助力创新动能培育，拓展产业发展空间，促进我区产业转型升级。"强区放权"后，我区的工改工项目在工改类项目中的占比有效提升，为我区产业转型升级提供优质的产业空间。全力推进产业用地土地整备，九龙山片区整备出3.4平方公里集中连片的产业用地，是全市率先落地的较大面积产业用地之一；观澜黎光、大浪横朗、福城南等较大面积产业用地土地整备工作有序推进。五是注重效益，促进经济社会增长。发挥城市更新对经济社会增长的促进作用，增进经济发展的动力与活力，通过城市更新拉动固定资产投资约650亿元，全力推进经济社会发展。发挥城市更新优化营商环境、促进经济发展、提高城市能级的作用，合正福城天虹强势开业，深圳北站希尔顿欢朋酒店盛大开业，壹方天地B区建成商业综合体，佳华领域顺利开业，对龙华新一代、多元化消费模式带来变革，快速聚集城市人气，加速呈现繁华美好生活，发展后劲显著增强。六是向违法建筑亮剑，改善城市环境。违法建筑是城市高质量可持续发展的"拦路虎"，龙华区规突出"三抓"推动违建减存量硬任务落实，紧紧围绕"加快国土空间提质增效、实现高质量可持续发展"的工作目标，全力以赴推进拆除消化违建、国有土地清理等工作，确保实现违法建筑"零增量""减存量"，为城市建设拓展宝贵空间。制定年度违法建筑集中拆除行动计划表，按月选取典型违建实施拆除，确保每月有行动主题、每街道有拆除亮点，不断掀起拆违工作高潮。今年来通过多轮大型集中行动，连续啃下妨碍城市规划建设、影响市容环境、存在安全隐患的一批违法建筑"硬骨头"。

龙华区面临空间资源不足、可建设用地少的问题，龙华全面进入存量阶段后，城市更新实际上承担了对前期龙华城市发展不足的弥补与优化工作。但近来年来城市更新项目集中上马，难以避免带来一些问题：城市更新缺少重大项目支持，尚未形成集中的高端就业中心，带来职住不平衡；更新强度在提升，但中轴地区更新项目居住比重大，产业空间供应仍偏少；对于城市空间的开放空间、景观绿地系统、视线廊道等控制不足等等。

龙华区是湾区科技产业创新功能东扩、深圳制造业创新及现代服务业北拓的交汇地带，是科技产业创新与服务化衔接的重要地带，按照社会主义先行示范区和粤港澳大湾区的要求，未来龙华二次开发应聚焦于兴产业，支撑中轴科创产业走廊的形成，通过二次开发为集群式创新需求提供创新载体；聚焦于优功能，调整优化全区就业与居住格局，在保证产业空间前提下，推进产城融合发展；聚焦于营城市，从简单配套需求走向完善的城市需求，对重点片区城市空间品质进行提升，保障公共服务与生态复兴空间。城市更新、土地整备是破解空间资源瓶颈的重要手段。未来城市更新工作的重点一是推动重点片区城市更新。结合区委区政府"三城两镇一中心"的战略部署，全力推进重点片区城市更新项目，持续提升城市建设水平与管理能力，提升空间品质内涵，形成新的增长极，充分彰显现代化国际化城区形象。二是保障产业发展空间。落实工业区块线管理规定，引导工改项目走"工改 M1"路径，不断提高"工改 M1"比例，打造多个先进制造业产业集合单元，提供更多的优质生产、研发用房，形成"园区＋社区"产业核心发展空间的产城融合组团，推动中轴地区建设成为龙华汇集优质就业、居住、服务的最关键创新科技空间。三是探索公配设施复合开发。聚焦存量展空间，通过横向空间整合、纵向立体开发、功能复合利用等方式，全面提高集约利用水平，提升城市环境品质和土地资源综合效益。土地整备的工作重点一是推进较大面积产业空间整备。发挥土地整备在城市空间拓展的关键支撑作用，按照"先备先用、大备大用，以用促备、有用必备"的总思路，大力推进较大面积地块土地整备，早日提供连片产业用地，着力打造一批产业集聚、产城融合、功能完善的城市发展新引擎，为我区未来高质量可持续发展注入新动力。二是持续推进整备拆迁，补齐民生发展短板。推进交通建设大提升，着力打通道路微循环，加快织密交通路网，疏通道路建设的"毛细血管"，打通城市交通"大动脉"，优化路网结构解决交通堵点；推进优质教育大提升，建立台账、挂图作战，明确学校建设时间节点及目标要求，努力缓解就学压力。推进文化惠民大提升，加大文体设施项目补偿力度，深入推动文化惠民工程实施，全力提升公共服务建设水平。

三 强化城市建设管理，提升城市环境品质

自2015年以来，龙华区就启动开展市容环境与管理秩序"双提升"行动，行动开展几年来，全区城市管理从逐步实现"消除脏乱差臭"的第一层次，向"精细化管理"的第二层次跃升，并不断朝着"特色、文化、品位"的第三层次迈进。面对粤港澳大湾区建设和深圳建设中国特色社会主义先行示范区的双重历史机遇，龙华区持续纵深推进"双提升"综合整治行动，千方百计破解城市管理治理难题，着力美化城市景观环境，全面提升城市环境品质，坚持对标国际先进城市，以高标准规划、高质量建设、高效能管理，深入推进城市管理能力与建设水平"双提升"，助力深圳北部中轴新城城市功能与品质完美蝶变。一是高质量书写绿色发展新答卷。作为深圳中轴新城，龙华区近年来牢固树立"绿水青山就是金山银山"的绿色发展理念，通过擦亮辖区生态底色、优化生态空间格局，打造特色鲜明的生态人文环境，山城河海似画廊，生态休闲人如织。加快建设四大绿色地标，环城绿道规划全长135公里，全线犹如一条"翡翠项链"，串起"山林城湖"，其中羊台山段以"大山大水、登高览胜"为主题，坚持大视野、大山水、大生态"三大手笔"，打造一条高标准的"最自然、最生态、最有趣"的"龙华绿环"已然初具规模，环城绿道观澜北段、绿谷公园段、人才绿道等建设快马加鞭；北站绿廊、玉龙滨水城市公园、观澜河"一河两岸"景观提升等工程加速推进，预计2021年龙华四大"绿色地标"可初步建成，为龙华市民带来更多"绿色"福祉。龙华区积极打造"公园之城"，切实打造多样化公园体系，"十三五"期间新建和改造公园共71座，公园总数从2016年初的101座增至目前的137座，增长率达35.64%，助力深圳市提前完成"千园之城"目标。白石龙音乐公园、北站中心公园、玉龙公园等公园主题各异，特色鲜明。龙华区持续在建设"四季花城、生态花城、人文花城"上发力，统筹开展21个花城项目建设。13条道路景观提升和7个门户节点提升稳步推进，全力"绣"出大美龙华、品质龙华。二是执法"规范化"建设深入推进。"三化四有"城市

管理执法新模式获省、市领导充分认可并在全市推广。全面加强城管执法"标准化、智慧化、规范化"三化建设，打造"人有精神、事有规范、权有约束、责有担当"四有城管执法铁军，推动执法工作全方位提质增效。高标准推广行政执法新模式，建立市容动态巡查和执法视频巡查管控机制，严格落实岗前训示、岗后归整，杜绝"空巡空转"现象。对人流量大、市民投诉多、市容秩序较乱、问题反复的区域进行全天候巡查，市容巡查模式在全市得到推广。创新推出《纠正市容违法问题告知书》的新措施，严格按照"劝告、警告、报告"原则规范市容管理。率先试点应用蓝牙道钉技术规范共享单车停放，采取政企合作、政企共建的模式，指导有先进技术的共享单车企业在龙华街道、民治街道、大浪街道建成6个共享单车引导停放示范点和1个禁止停放示范点，力破共享单车停车乱象。三是以"绣花功夫"促城中村综合治理。2018年开始，龙华区全面打响城中村综合治理攻坚战，用3年时间，分步骤完成339个城中村综合治理工作，从社区治安、消防安全、用电安全、燃气安全、食品安全、弱电管线、环境卫生、市容秩序、交通秩序、生活污水等10个领域入手，下大力、出实招，为城市居民提供宜居宜业崭新环境。龙华区2018年度实施的136个城中村综合治理项目已全部达标，其中黄麻埔村、下横朗新村获评全市首批优秀城中村，民乐村、新围新村成为全市首批健全完善城中村物业管理工作试点村，全区第二批次共7个村获评全市优秀城中村综合治理项目。2019年以来，龙华区有序推进另外136个城中村实施综合治理，同时围绕重点片区发展建设，积极挖掘城中村本土文化、周边产业、自然环境等特色资源，探索打造城中村综合治理亮点精品。以"绣花功夫"促城中村"蝶变"，龙华区城中村综合治理工作结出累累硕果：民治街道民乐村不断提高城中村管理水平，被选定为今年市"扫黑除恶"专项现场会现场，得到了中央巡视组的高度肯定；大浪街道新围新村从基础设施入手，贯彻"标准＋"理念，率先实行燃气管道入户进村；观湖街道上围艺术村因地制宜注入品位、文化等特色元素，探索打造城中村综合治理亮点精品，如今，三年整治攻坚战过半，成效已然显现，一座座安全、干净、有序、和谐的文明新村在龙华区陆续绽放，整治、建设、管理、蝶变，一批历史风貌、文化特色兼具的特色新村，已经成为中轴新城新的风景。四是高标准建设擦亮城市底色。龙华区市政设施服务持续向好，"智慧龙华"

一期城市照明智能监控系统建设工程，以及梅龙路、大和路、福龙路等一批灯光工程点亮了城市夜景。"每当夜幕降临、华灯初上，福城街道章阁社区大街小巷的霓虹灯渐次亮起，轻盈闪烁，缠绕着树枝的各色彩灯和一排排路灯交相辉映，流光溢彩，让社区夜景换了新颜，熟悉章阁的人可能都会被眼前的景色惊艳……"作为活力充沛的年轻城区，夜幕下的龙华处处展露出独特的美趣与中轴新城应有的大气景象。提升环境卫生水平，龙华区积极破解垃圾"围城"困境，积极协调生活垃圾全量市内处理，滞留生活垃圾基本清理完毕并实现日产日清。2017年以来，龙华区新建改造108座垃圾转运站，新建改造142座公厕，满足市民群众的如厕需求，有效解决如厕体验不佳的问题，有效提升了市容环境，减少臭气扰民现象。实现餐厨垃圾、果蔬垃圾、废旧家具、有害垃圾、绿化垃圾、玻金塑纸、废旧衣物、厨余垃圾等九大类别垃圾分类收运处理全覆盖，生活垃圾回收利用率达30％，生活垃圾分类收运处理量达720吨/日，其中餐厨垃圾收运量位居全市第一。完成全区有物业管理的住宅区"集中分类投放＋定时定点督导"模式创建，实现学校、机关事业单位垃圾分类全覆盖。如今行走在龙华的大街小巷，街面整洁，树绿花香，楼亮路明，风轻水秀，处处彰显着"美丽龙华"的都市魅力。

很多人对龙华的固有印象停留在深圳北站和富士康，尚未形成有标识度的城市名片和城市的整体风貌，缺乏高质量的代表区域。龙华区山、河、湖、田、草等自然资源面积占全区面积的30％，但山水等空间与城市生活关联度低。大盘、新村、工厂、旧村等形态拼贴在一起，公共空间数量少、质量不高。

未来，龙华应坚持精品意识，提高精细化管理水平，强化城市规划建设的质量把控和管理衔接，充分挖掘龙华历史文脉、风貌特色和生态本底，塑造具有龙华风范的高品质区域。一是打造城市景观轴线。依托观澜河和龙华大道，形成城市纵向景观轴线，并在轴线上塑造一批城市重要景观节点，形成龙华整体城市意向。沿龙华大道打造成疏朗通透、四季有花的景观大道，开展龙华大道改造和景观提升工程，以及慢行系统优化、立体绿化提升、整体城市设计等配套改造措施；沿观澜河打造彰显文化活力气质的龙华乐河，在城市纵向轴线上打造几个重要城市节点，沿河布局重要的文化、体育、公园、商业、服务等公共设施。二是形成山水城市意象。实施"通山达水"计划,有机连接山、水与城的连续通廊和慢行路径,串联城市的公共节点及特色兴趣点,以全域、立体的新视角,让人们深度感知和体验龙华山水城市风貌。打造百公里翠环"山厅"魅力休闲区,通过百公里环城郊野绿道串联塘朗山—梅林山森林公园、羊台山森林公园、观澜森林公园、大屏嶂森林公园,衔接城市绿道、公园和慢行系统,构建从山到城的特色环城活力游憩公园体系,打造"百公里山脊公园＋多个山脚城市公园＋高尔夫、山水田园综合体"组成的景观翠链。打造全景式叶脉"水厅"休闲区,重点加强滨水空间的公共性和连续性,建设缤纷水岸、社区水街、交流客厅、生态水廊等多种主题的水厅。利用慢行通道无缝串联沿河两岸设施,形成充满活力的特色城市活动中心。三是营造"趣而美"公共空间。构建"城市—片区—社区"三级公共服务中心体系,以轨道、河道、绿道、公共服务带组成复合公共服务链,让龙华成为生产和生活共享公共网络的城市。通过公共设施和公共空间的置入黏合形成活力生活圈、创新生活圈、智造生活圈三类园城一体的共享社区,促进服务尺度向人性化方向大幅改善。四是建立全区风貌管控机制。根据风貌特色与发展实际,划分不同风貌分区,分区域提出管控目标和规划要求,提炼风貌特色,明确风貌定位,建立风貌管控体系。从城市肌理、街巷空间、景观环境、建筑特色等方面提出管控要求,尤其对城市更新项目提出具体风貌管控和建设要求。

第三章　率先突破建立现代化经济体系建成高质量发展的数字龙华

第一节　高质量现代化经济体系的理论逻辑辨析

一　现代化、经济现代化、现代化经济体系

"现代化"是一个范围广泛、内涵丰富的概念。现代化理论及其发展起源于西方社会，国内外对于"现代化"的概念的争论从未休止，且一直没有定论。从哲学上看，现代化是指事物由低级向高级、由落后向先进的状态演进过程；从社会发展阶段来看，现代化是指人类从农业社会进入工业社会后，由传统生产方式向现代生产方式转变的过程。现代化的概念内涵随着时代变迁不断变换，马崇明认为"第一次现代化（经典现代化）是指农业时代向工业时代、农业经济向工业经济、农业社会向工业社会、农业文明向工业文明的转变过程及其深刻变化；第二次现代化（新现代化）是指从工业时代向知识时代、工业经济向知识经济、工业社会向知识社会、工业文明向知识文明的转变过程及其深刻变化。"[①] 我们可以将现代化的概念概括为：一场起源于西方，后扩展至全球范围至今仍在进行的事物发展由落后走向先进、社会发展由传统走向现代的过程，涉及人类社会生活的政治、经济、科技、文化、生态等方面的认知变化，以及由此引发的社会运动和社会变革。

"经济现代化"是现代化的最核心内容。经济现代化是一场以科学技术进步为先导，通过工业化推进经济发展和结构变革的过程。不同时期经济现代化主要表现为工业化、市场化、国际化、城市化、信息化的特点和

---

① 马崇明：《中国现代化进程》，经济科学出版社2003年版，第10页。

趋势变化。相对于其他现代化而言，经济现代化关注社会生产的现代过程，马克思主义政治经济学观点认为生产力决定生产关系，由此可以判断，经济现代化是现代化的基石，它决定着现代化过程的其他方面，经济现代化的动力、模式、过程对推动现代化整体进程具有关键性作用。

"现代化经济体系"是新时代我国经济发展的战略目标。党的十九大报告提出"贯彻新发展理念，建设现代化经济体系"，并指出"建设现代化经济体系是跨越关口的迫切要求和我国发展的战略目标"。这是党的报告中第一次提出建设"现代化经济体系"，相比党的十七大报告提出的"开放型经济体系"和党的十八大提出的"现代产业体系"，现代化经济体系具有更科学、更丰富的内涵。习近平总书记在中共中央政治局第三次集体学习时进一步明确了现代化经济体系的内涵，"是由社会经济活动各个环节、各个层面、各个领域的相互关系和内在联系构成的一个有机整体"[1]。现代化经济体系是一个多重集合，具体包含"6个体系"和"1个机制"，"6个体系"是指创新引领、协同发展的产业体系；统一开放、竞争有序的市场体系；体现效率、促进公平的收入分配体系；彰显优势、协调联动的城乡区域发展体系；多元平衡、安全高效的全面开放体系；"1个机制"就是要充分发挥市场作用、更好发挥政府作用的经济体制。可见，现代化经济体系承载了我国现代化重任，是一个动态发展的过程，也是整个国家的相互联系、相互影响的经济系统。

二 发展、高质量发展、经济高质量发展

"发展"是一个动态、历史的范畴。哲学、历史、社会、经济等不同学科对"发展"有着不同的诠释。尽管释义有别，但不同学科对"发展"概念归纳也有共同之处，即"发展"不是固定不变的，是一个随着人类运动实践的动态变化过程。从经济层面对"发展"的概念变化来看，20世纪60年代之前，"发展"主要是为了实现经济增长，在此发展概念内涵下，形成了片面的以物为本的发展观，而引发经济、社会、生态等一系列危机，进入20世纪70年代，人类开始反思发展内涵，联合国国际发展战

---

[1] 习近平：《深刻认识建设现代化经济体系重要性 推动我国经济发展焕发新活力迈上新台阶》，《人民日报》2018年2月1日。

略（1970—1980）就提出发展是经济增长和社会变革的结合体，这表明人类对发展认识有了进一步拓展，发展不仅仅体现在数量增长，并且发生在各方面质的变化，如贫困问题消除、社会结构优化、国家治理提升、民众心态变迁、生态环境治理等。进入 21 世纪以后，"发展"的概念大致包括发展中国家、经济增长质量和人的发展三层含义。

"高质量发展"是我国进入新时代发展的标志性概念。党的十九大报告指出，进入新时代，"我国经济已由高速增长转向高质量发展阶段"。"高质量发展"不仅刷新了人们对发展概念的认识，也成为我国经济发展的阶段性标志。高质量发展内涵丰富：一是从新常态来看，高质量发展反映了中国经济开始由速度增长转向质量发展的过程；二是从社会基本矛盾看，高质量发展是解决不平衡不充分发展与满足人民日益增长的美好生活需要矛盾的路径；三是从新发展理念来看，高质量发展体现了创新、协调、绿色、开放、共享全新发展理念。可以说，"高质量发展"是对发展理论的拓展，也是我国进入新时代对发展内涵的积极回应。

"经济高质量发展"具有非常具体的宏观经济含义，是在国民经济总量扩大的基础上实现经济运行更平稳、投入—产出效率更高、经济结构更均衡、社会福利更全面的发展。[①] 由此可见，经济高质量发展的内涵应包括：一是较高的劳动生产率，通过提高全要素生产率，以更少的要素投入获取更大产出。二是优化的经济结构，通过供给侧结构性改革，优化升级投资—消费结构、金融—实体结构、内需—外需结构，从而实现产品供给质量的升级；三是以创新为驱动力，通过实施创新驱动战略，依靠制度创新、技术创新和管理创新实现发展动力转换。经济高质量发展的最重要特征，就是国民经济保持稳定、高效、持续和协调发展，其发展指标主要包括经济增长效率指标、经济增长结构指标、创新发展指标和绿色发展指标。[②]

三 建设现代化经济体系和经济高质量发展的关系

从概念内涵的剖析来看，经济高质量发展和建设现代化经济体系都是

[①] 王晓慧：《中国经济高质量发展研究》，博士学位论文，吉林大学，2019 年。
[②] 王晓慧：《中国经济高质量发展研究》，博士学位论文，吉林大学，2019 年。

新时代我国经济建设的实践内容，前者体现的是新时代对经济发展的根本要求，后者是实现这一要求的具体路径和目标。首先，我国经济高质量发展既具优势又有挑战。多年的改革开放实践和成果积累，为当前我国实现经济高质量发展奠定了诸多优势，如稳定的政治社会格局、较大的经济总量、高速经济增长、高储蓄率和高投资率、快速的工业化和城市化、完整的制造业体系、较高的劳动者素质等，但同时人口老龄化加剧、社会保障体系不健全、城乡区域发展不平衡、国际环境复杂多变等问题比较突出。① 其次，建设现代的经济体系是实现经济高质量发展、跨越关口的迫切需要。建设现代化经济体系是以供给侧结构性改革为主线，通过解决总供给与总需求的基本矛盾，满足人民群众对美好生活的向往的需要，进一步解决我国社会主要矛盾；建设现代化经济体系着力于质量变革、效率变革、动力变革，通过优化科技创新能力和优化人力资源配置，进一步提高全要素生产率；建设现代化经济体系是以现代化产业体系和现代化经济体制为主体，实现实体经济、科技创新、现代金融和人力资源的协调发展，实现市场机制有效、微观主体有活力、宏观调控有力度。② 最后，建设现代化经济体系必须体现经济高质量发展这个要求。经济高质量发展的指标体系、政策体系、标准体系、绩效评价等对建设现代经济体系提出明确的发展要求，要求产业均衡、要求创新引领、要求注重实体经济、要求城乡统筹协调、要求健全市场机制、要求绿色发展，以此推动现代化经济体系建设朝着高质量发展方向前行。

第二节　建设先行示范区高质量现代化经济体系的战略要点

一　以要素供给体系现代化奠定高质量现代化经济体系的发展基础

高质量的现代化经济体系是以高效益生产方式提供高质量产品和服务，解决人民对美好生活需要的供给瓶颈。党的十九大报告提出，"推动

---

① 辛建生、岳宏志：《基于经济高质量发展视角的我国现代化经济体系建设研究》，《改革与战略》2020 年第 1 期。

② 《党的十九大文件汇编》，党建读物出版社 2017 年版，第 21 页。

第三章 率先突破建立现代化经济体系 建成高质量发展的数字龙华 / 63

经济发展的质量变革、效率变革、动力变革，提高全要素生产率"[1]，这是建设现代化经济体系的客观要求。因此，建设先行示范区高质量的现代化经济体系首先需要高质量、高效率和高稳定性的要素供给体系的基础支撑。

1. 提高要素供给体系的质量。提高供给体系质量是一个系统工程，需要从核心理念、管理目标、制度设计等方面进行全方位的构建。从先行示范区具体实践来看，推动质量变革，需要从要素投入质量、中间品投入质量和最终产品质量入手。

一是提升基础要素投入质量。要素投入是要素供给体系的基础，高质量的要素投入是高质量产出的起点，它决定了中间品和最终产品的质量。从土地要素来看，通过深化土地管理体制机制改革，解决深圳土地空间不足与存量土地粗放低效利用的问题，创新高度城市化地区土地管理的新路径，进一步放大激活土地要素，为先行示范区建设提供高质量的土地要素投入；从劳动力要素来看，高素质的劳动投入带来的是高效率产出，通过进一步深化户籍制度改革，增加教育、就业、创业、医疗卫生优质基本公共服务，吸引更多优质人才集聚深圳，为先行示范区建设提供高质量的劳动力要素投入。从资本要素看，高质量生产设备决定高质量产出，通过发展工业互联网，推进制造业数字化、网络化、智能化升级改造，为先行示范区产业整体迈向高端提供高质量资本要素投入；从技术要素看，更高的技术水平和工艺能够有效提升产出质量，通过加强基础研究和应用基础研究，实施颠覆性、引领性的前沿技术突破，为先行示范区建成提供高质量的技术要素投入。

二是提升中间品的投入质量。技术进步使得产业分工进一步深化和细化，形成了不同行业不同特色的产业链体系，每条产业链上都有至关重要的关键环节，其关键中间品的产出同时也是最终产品产出质量的投入决定因素。深圳已深度嵌入全球产业链之中，但在关键生产环节的自主研发及产业化能力不足，中间品投入质量还不高，短板较为明显，进口替代能力不强，存在卡脖子问题。因此，中间品投入水平是提升先行示范区要素供给质量的重要一环，通过布局一批具有代表性的关键、核心零部件攻关项

---

[1] 《党的十九大文件汇编》，党建读物出版社2017年版，第21页。

目，推进关键核心研发和应用，补足产业链关键环节短板，为先行示范区建设提供高质量中间品要素投入。

三是提升最终产出质量。满足人民日益增长的美好生活需要，是高质量现代化经济体系的根本目标，最终产品的产出质量是关系到居民消费效用最大化的核心因素。深圳是国内较早提出"深圳质量"的城市，特别注重不断以提升品牌质量强化深圳产品和服务竞争优势，这既是深圳践行质量型发展道路的经验，也是建设中国特色社会主义先行示范区完善提升供给体系的重要举措。通过制定符合高质量发展要求质量标准，继续推进以"深圳质量"为核心的品牌行动，提升深圳最终产品的产出质量，为先行示范区提供高质量的最终产品要素投入。

2. 提高要素供给体系效率

提高供给体系的效率最终表现为全要素生产率的提升，全要素生产率是指剔除资本、土地、劳动等基础生产要素成本后，完全依靠技术进步而获取要素价值"余量"，提升全要素生产率的关键在于技术进步和提升要素配置效率。

一是促进技术进步。全要素生产率提升的最根本因素就是技术进步。只有技术进步才能在要素存量保持不变的条件下，拓展生产可能性边界，提高潜在 GDP 增长率水平。当今新技术的创新与应用不断向基础研究前移，通过加强基础科学研究、大幅提升原始创新能力，形成支撑引领技术进步的源头供给。因此，先行示范区建设重点提出了加快实施创新驱动战略，"强化产学研深度融合的创新优势，以深圳为主阵地建设综合性国家科学中心，在粤港澳大湾区国际科技创新建设中发挥关键作用。"[①] 通过提高技术进步打破要素禀赋和资源环境约束，实现最大产出，使先行示范区的发展能够获得保持经济长期可持续增长的不懈动力。

二是提升要素配置效率。通过要素资源重新配置，使要素资源从劳动生产效率较低部门向较高劳动生产效率部门转移，从而在不增加要素资源存量基础上，改变其配置结构，达到拓展生产可能性边界的结果。党的十九大报告提出，"经济体制改革必须以完善产权制度和要素市场化配置为

[①] 《中共中央国务院关于支持深圳建设中国特色社会主义先行示范区的意见》，人民出版社 2019 年版。

第三章　率先突破建立现代化经济体系　建成高质量发展的数字龙华 / 65

重点，实现产权有效激励、要素自由流动、价格反应灵活、竞争公平有序、企业优胜劣汰。"① 党的十九届四中全会再次强调，"推进要素市场制度建设，实现要素价格市场决定、流动自主有序、配置高效公平"②。2020年4月，党中央、国务院印发《关于构建更加完善的要素市场化配置体制机制的意见》的纲领性文件，全面推进要素市场化改革，推动经济高质量发展。中国特色社会主义先行示范区建设需要通过推进要素市场化改革，加强优化要素资源配置结构的制度建设，促进人口、技术、土地、资本、数据等生产要素完全流动，提高要素的供给和使用效率，提高全要素生产率。

二　以产业体系现代化作为高质量现代化经济体系的主要目标

产业体系在现代化经济体系的基础性、支配性环节，它决定了现代化经济体系的发展水平，是实现经济高质量发展的关键所在。党的十九大报告明确提出，要"着力加快建设实体经济、科技创新、现代金融、人力资源协同发展的产业体系"③。在中共中央政治局第三次集体学习时，习近平总书记进一步明确指出，"要建设创新引领、协同发展的产业体系"④，上述论断指明了建设现代化产业体系的基本方向。

1. 要以实体经济为主体和基础。实体经济是一个国家的经济根基，经济建设必须以实体经济为重点，做大做强实体经济要以供给侧结构性改革为主攻方向，注重产业体系中科技、金融、人才各要素发展相互协调和动态平衡，形成有效的要素组合，协同投入实体经济。先行示范区的现代化产业体系更是要重视以实体经济为基础，要以夯实产业基础能力为根本，通过产业补链、强链、延链、控链、稳链，着力"互联网+"和"人工智能"，大力发展新一代信息技术、高端装备制造、绿色低碳、生物医药、数字经济、新材料、海洋经济等七大战略新兴产业，积极培育未来产业，打造世界级的产业集群，筑牢实体经济根基。

---

① 《党的十九大文件汇编》，党建读物出版社2017年版，第23页。
② 《中共中央关于坚持和完善中国特色社会主义制度推进国家治理体系和治理能力现代化若干重大问题的决定》，《人民日报》2019年11月6日。
③ 《党的十九大文件汇编》，党建读物出版社2017年版，第21页。
④ 《习近平主持中共中央政治局第三次集体学习》，《人民日报》2018年2月1日。

2. 要发挥创新引领产业体系走向高端化。创新是第一发展动力，科技创新在经济中贡献的份额，决定了一国在全球产业发展水平中的段位。必须通过政策支持、知识产权保护、拓宽平台和载体，引导企业、个人投入创新领域，将创新链和产业链精准对接，不断提高创新对产业的高端化的引领作用。先行示范区的现代化产业体系要着力提高创新发展能级。瞄准战略新兴产业和未来产业需求，加强基础研究和应用基础研究，以主阵地作为加快建设综合性国家科学中心，推动打造粤港澳大湾区国际科技创新中心。通过加快重大科技基础设施集群建设，打造一批重大基础研究创新载体平台，布局一批共性技术研发、测试、中试和应用功能平台，打造源头创新重要生成地，实现创新引领产业高端化。

3. 要不断增强现代金融服务实体经济的能力。金融是实体经济的血脉。金融发展不能与实体割裂，通过二者实现精确和系统对接，为现代化产业体系提供强大的推动合力。先行示范区的现代化产业体系更要强调金融为实体服务的能力。通过完善创业板发行上市、再融资和并购重组制度，推动创业板注册制改革，构建活跃的国际风投创投中心城市和全国科技创新企业融资首选地，为以创新产业主体的实体经济提供最方便、最有效的金融服务支持。

4. 要发挥人力资源对产业体系的支撑作用

人才是第一资源。教育部门是人力资源最大的供给者，要通过深化教育改革，建立更加完善的科研、职业、培训教育体系，培育基础研究、应用技术等人才，为现代化产业体系提供人力资源。先行示范区的现代化产业体系需要更加现代的人力资源体系的支撑。要加强人才结构布局，按照科技和产业发展的需要，引进一批战略科学家、科技领军人才。通过推进国际人才管理制度改革，建立吸纳全球人才更加开放便利的体制机制，打造国际人才高地。

三 以经济体制现代化构筑高质量现代化经济体系的制度保障

制度创新是建设现代化产业体系的重要动力。合理的产权制度通过产权关系和产权规则安排能够有效地降低交易费用，推动生产要素合力配置；有效的市场竞争机制，通过价格决定和市场准入规则，能够提升生产要素效率和激发企业活力；完善的知识产权保护制度是推动创新发展的基本保障，进而充分发挥技术进步促进产业体系升级作用；科学的生态文明制度可以引导产业发展与生态保护的平衡发展，同时也可以利用生态资源的经济属性，提供其经济价值实现路径。

在党的十九大报告中对于构建现代化产业体系特别提出"着力构建市场机制有效、微观主体有活力、宏观调控有度的经济体制"[①]，这一新时代我国建设现代化经济体系宏观目标的设定，不仅体现了我国经济体制改革的科学理论内涵，也是中国特色社会主义市场经济的实践经验总结。改革开放以来，深圳是我国社会主义市场经济体制改革的先行者，经过30多年的努力，形成了相对完善的市场经济体系，近年来，深圳大力推进"放管服"改革，其中"四证合一"等市场准入制度建立，有力激发和释放了市场活力。建设先行示范区现代化的产业体系更是需要着力营造稳定公平透明、可预期的国际一流法治营商环境。关于营商环境构建的内容在本书第三章会有全面论述，这里就不再赘述。

第三节 龙华打造高质量现代化经济体系的战略构想

一 龙华打造高质量现代化经济体系的现实基础

自2017年1月，龙华区正式揭牌成立以来，龙华区凭借其位于深圳地理中心和城市发展中轴的区位优势，加快实施经济发展由数量向质量转变的战略。

1. 经济实力显著提高，高质量发展形态正在形成

龙华区经济总量持续扩大，经济增长速度和各项指标保持良好态势。高质量发展态势正在形成。经济发展不断跃上新台阶。经济总量从2016年的1898亿元增加到2019年的2510亿元，年均增长7.16%，（见图3-1）规模以上工业总产值从2016年的3571亿元增加到2019年的5165.39亿元，年均增长13.1%；固定资产投资从2016年的494.82亿元增加到2019年的875.48亿元，年均增长20.9%；社会消费品零售总额、全口径税收收入、地方一般公共预算收入增速均居全市前列。质量效益持续向

---

① 《党的十九大文件汇编》，党建读物出版社2017年版，第21页。

好。百亿级企业、上市企业、总部企业数量持续增加，获批全省"工业互联网产业示范基地""人工智能产业核心区"。2019年，全员劳动生产率同比增长12.5%，人均可支配收入达55000元，城镇登记失业率0.66%，万元GDP能耗、水耗分别下降4.32%、6%，产业转型升级考核连续两年排全市第一。经济发展后劲不断增强，营商环境更加优化。在全市首创产业政策大数据平台，全年安排产业专项资金20.8亿元，减税降费超56亿元，新增产业用房100万平方米。推出"不见面"审批事项326项，全城通办事项246项，开办企业时限压缩50%，政务公开工作连续两年获评"金秤砣"奖。建立信用风险预警和分类监管制度，主动公示信用信息16615条。①

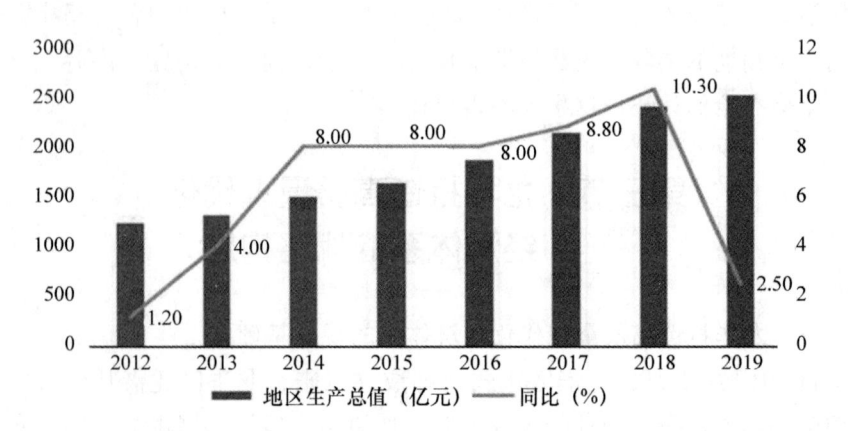

图3-1 2016—2019年龙华区经济增速和经济总量

2. 创新能力持续提升，创新活力充分释放

龙华区核心技术创新能力得到大幅提升，创新主体和创新人才实现加速集聚，创新创业新模式正在不断涌现，形成了具有较强竞争力的创新型企业集群。创新主体加快建设。到2019年底，累计新增国家高新技术企业1814家，增长240%；新增国家、省、市、区创新载体105家，新增创业孵化载体58家。深圳市第一个也是唯一一个国家级制造业创新中心——高性能医疗器械制造业创新中心落户龙华，广东省小分子新药创新

---

① 龙华区发展和改革局：《深圳市龙华区2019年国民经济和社会发展执行情况》，2020年。

第三章 率先突破建立现代化经济体系 建成高质量发展的数字龙华 / 69

中心以及广东省第三代半导体创新中心等广东省创新平台先后落地。创新政策持续优化。修订科技创新专项资金实施细则，制定重点研发机构、创新载体认定等配套政策，大力引进和培育科技组织、行业协会、科技团体和产业技术联盟。持续加大研发投入，2019年全社会研发支出占GDP比重达到2.92%，资助科技创新专项资金项目2364宗，科技创新专项资金增至6.5亿元。（见图3-2）人才集聚效应不断增强。全面落实创新人才和团队引进政策，优化人才服务机制。新引进和认定市级以上高层次人才204名。新引进院士2名、省市创新创业团队3个，立项人才个人创业项目9个。深入实施"龙舞华章计划"，构建"金字塔"形人才政策体系，累计认定龙舞华章计划高层次人才1040名，实现330%的高速增长，基础性人才增长了726%。依托南方科技大学、深圳大学等高校和科研机构，累计引进省市创新创业团队22个。[①]

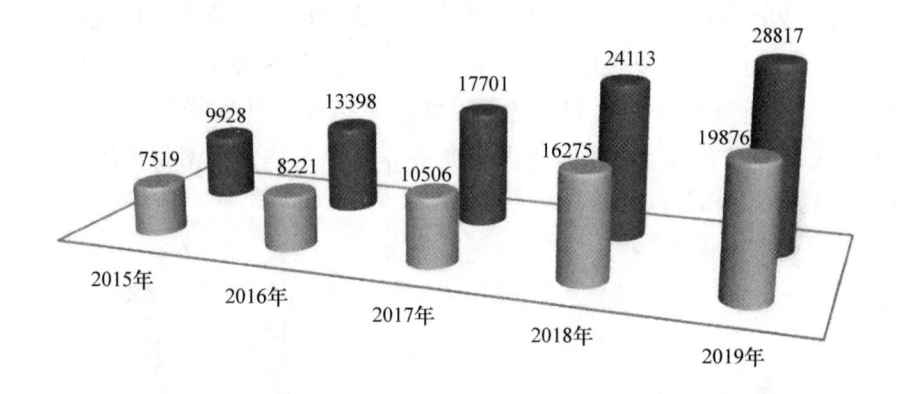

图3-2 2015—2019年龙华区专利申请和专利授权总量

（数据：2015年 专利授权量7519、专利申请量9928；2016年 8221、13398；2017年 10506、17701；2018年 16275、24113；2019年 19876、28817）

3. 产业结构不断优化，现代化产业体系初步形成

龙华区三次产业结构不断优化调整，第二产业初步形成了以电子信息产业为主导，人工智能、生命健康和时尚创意为支柱的产业体系，第三产业比重稳步上升，金融、现代物流、电子商务等现代服务业加快发展。

---

① 龙华区发展和改革局：《龙华区"十三五"规划纲要实施情况总结评估报告》，2020年。

(见图3-3)电子信息产业集群壮大。2019年电子信息产业总产值达4000亿元，形成了以富士康为龙头，顺络电子、利亚德、科达利等企业加快发展的格局，美团粤港澳大湾区新基地落户龙华。依托富士康工业互联网项目，与省、市经贸信息委共建广东省工业互联网产业示范基地。人工智能产业项目提速提效。获批广东省人工智能产业核心区、深圳市人工智能高端制造核心基地，吸引了深圳人工智能与数据科学研究院、三一智能制造创新中心、汇川技术总部等一批人工智能与智能装备制造项目先后落户。生命健康产业集聚效应凸显。生命健康产业领域形成了以医药制造为主，医疗器械逐渐集聚的发展态势。深圳数字生命研究院、罗兹曼国际转化医学研究院相继落户银星科技园，形成了生命健康专业化产业园。时尚创意产业迈向高端。1980油松漫城产业园等新一批文化创意产业园区建成，时尚创意谷、永丰源观澜瓷谷创意产业园加快建设，拥有观澜版画、观澜红木等传统文产品牌。新增4家市级设计中心落户设计产业园。现代服务业加快发展。初步形成以金融、现代物流、电子商务等为支柱的现代服务业体系。金融业增加值突破115亿元，引进深担保、君盛峰石等金融机构100余家。夏普科技、全棉时代电子商务等落户龙华，华南物流跨境电商展示交易中心顺利开业。①

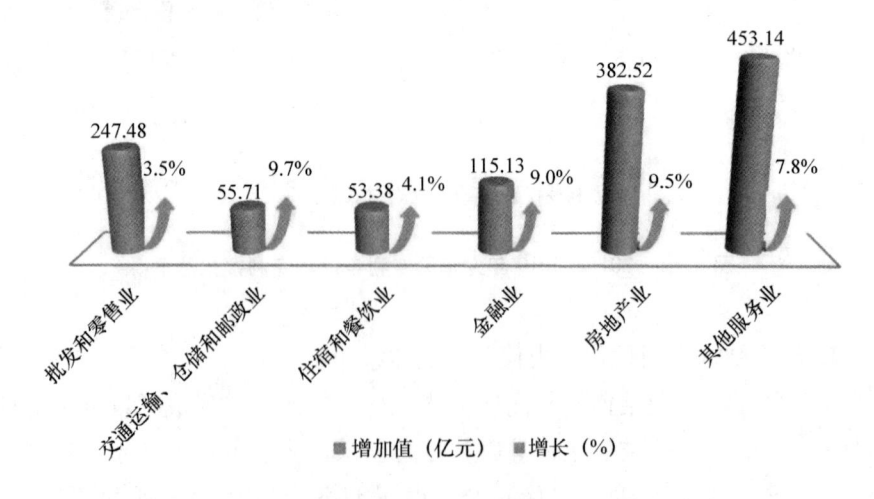

图3-3 2019年龙华区第三产业主要门类增加值和增速

① 龙华区发展和改革局：《龙华区"十三五"规划纲要实施情况总结评估报告》，2020年。

二 龙华打造高质量现代化经济体系的制约因素

1. 传统产业增长趋缓、动能减弱失速过快

以出口为主的传统动能一直是推动龙华区经济增长的重要动力，但近年来在国际国内宏观经济下行压力加大的背景下，龙华区企业经营成本不断上升，百强外企业增长乏力，区域经济对个别企业依赖过大，传统经济增长动能出现减弱。其中，规模以上工业总产值增速放缓，从2018年的17.9%降至2019年的-4.5%；进出口增速急剧放缓，进出口增速、出口增速、进口增速，分别从2018年的42.7%、34.1%、55%萎缩至2019年的-18.3、-26.4、-11.7%。[①] 传统产业增长动能失速过快也使得龙华区整体经济增长出现快速滑落。2019年龙华区GDP增速2.5%，较2018年10.3%增速下降了7.8个百分点。

2. 支撑产业发展的新动能不足。龙华区主导产业为电子信息产业，产业链较为完备，但主要集中于代工、制造、配套等环节，部分前沿产业链条仍不完善，竞争力不高，上下游企业无法高效协同发展。以富士康、泰衡诺为代表的代工生产企业占85%以上，整体附加值较低，研发、核心元器件制造企业较少。医药制造2019年产值约84亿元，总体规模小，技术含量较低，大部分以中成药、中低端卫药和化学药为主；人工智能主要集中在智能安防领域，在算法等基础层面处于空白；除富士康外，缺乏其他行业龙头企业，潜力大、成长性好的中小企业整体规模依然偏小，企业梯队尚未形成。[②]

3. 创新要素集聚效应较低。依靠创新引领发展是缓解经济下行压力和推动经济高质量发展的重要动力，但龙华区创新要素集聚度不高，集聚效应较低，还未构建国际化科研、机构管理制度，对外合作存在人员、物资、资金、信息等创新要素流动不便利的问题。这成为制约产业高端化的重要因素。2018年全社会研发支出占GDP比重为2.9%，不足全市平均水平的三分之二；创业资源稀缺，创业公司数量不及全市的5%，专利密度低、PCT国际专利数量少。企业研发动力不足，以富泰华（富士康企业）

[①] 数据来源：龙华区统计局。
[②] 龙华区发展和改革局：《龙华区"十四五"规划基本思路》，2020年。

为例，2015年、2016年及2017年3年研发投入占营业收入的比重分别为0.95%、1.43%和1.59%，远低于深圳市平均水平。科技成果转化和产业化的一些关键环节仍未打通，企业所需要的融资、法律、咨询、第三方评价等专业技术服务和生产性服务在龙华配套不足。①

4. 企业发展的要素供给瓶颈日渐明显。人才、土地、资金日渐成为影响龙华区产业发展的制约因素。在人才方面，技术技能型人才、高端人才开发与配置上较难满足企业发展需求，两院院士、国家"千人计划"尖端人才更显缺乏。在用地用房方面，龙华区占地面积10万平方米以上工业园区仅21个，5万平方米以上工业园区仅64个。大部分工业园区掌握在原村集体手中，以物业出租为主。除宝能、锦绣、银星等少数专业化园区外，大部分为传统园区，研发、办公、生活等配套设施不完善，无法满足高技术产业对园区的硬件及软件要求。② 在资金方面，企业贷款周期长，实际贷款利率偏高，未能有效解决融资贵的难题，一些企业面临资金流动性风险。

三 龙华打造高质量现代化经济体系的战略举措

1. 坚持数字化跨越发展，全方位打造数字龙华

坚持数字产业化、产业数字化、治理数字化、数字价值化理念，建设数字经济、数字城区、数字治理"三位一体"的数字龙华，全面打造数字经济先行区、未来城市试验区、智慧治理示范区。

一是打造数字经济先行区。按照"1+N+1"的思路，通过数字化改造和赋能，大力发展数字经济。确定1个数字经济先行区目标。围绕产业链部署创新链、围绕创新链布局产业链，前瞻布局战略性新兴产业，培育发展未来产业，加快发展数字经济，以先行区的担当作为，助力深圳打造数字经济创新发展试验区。打造N个数字经济产业区块。主要聚焦九龙山、时尚小镇、大浪、富士康、清湖、环鹭湖、君子步、文化小镇、银星、桂花、黎光、大富等12个产业区块。推出1个数字经济政策工具箱。加速空间、人才、科技、金融、信息、项目、平台等七方面政策支持，全

---

① 龙华区发展和改革局：《龙华区"十四五"规划基本思路》，2020年。
② 龙华区发展和改革局：《龙华区"十四五"规划基本思路》，2020年。

第三章 率先突破建立现代化经济体系 建成高质量发展的数字龙华 / 73

力构建资源整合、要素融通的数字经济生态。

二是打造未来城市试验区。树立全周期管理意识，以信息技术为支撑，强化人的体验、城的融合、产的协同，推进全过程全要素数字化，让城区运转更聪明、更智慧。

三是打造智慧治理示范区。探索最广泛连接、最精准算法、最立体应用，完善共建共治共享的社会治理制度，提升治理科学化、精细化、智能化水平。

四是建设数字龙华支撑体系。抓住综合改革试点契机，努力形成支撑数字化发展的可复制可推广的关于数字中枢、数字规则、数字标准。探索建立相关技术、统计分类、数据共享、数字公平、数字安全、数字信用等方面的制度创新成果。[①]

2. 深度参与综合性国家科学中心建设

创新要素的聚集化发展是当前世界科技创新的趋势和潮流，这种创新要素的集聚化，创新主体之间的技术扩散与外溢效应。深圳建设综合性国家科学中心是粤港澳大湾区国际科技创新中心的核心支撑。在深圳先行启动建设综合性国家科学中心，是以应用转化为导向，以科技创新和制度创新的双轮驱动。龙华区要紧抓深圳建设综合性国家科学中心这一重大机遇，全面提升创新引领的基础支撑，为高质量现代化经济体系建设提供引领发展的第一原动力。按照打造科学研究"硬环境"和营造制度创新"软环境"的发展思路，深度参与深圳综合性国家科学中心建设，成为粤港澳大湾区国际科技创新中心的重要一极。

一是要以产业需求为导向布局重大科技基础设施。推动重大科学基础设施和基础研究机构布局龙华，瞄准科技创新高地和新兴产业集聚区这一目标，高水平规划建设深圳国家高新区龙华园区。支持深圳第三代半导体研究院创建国家第三代半导体技术创新中心。充分发挥利用深圳第三代半导体研究院及开放研发平台已落户龙华，国内外相关领域一流领军科学家团队、创新型企业正加速向龙华聚集，龙华已具备承接第三代半导体产业"换道超车"和跨越式发展的优势条件，加速龙华以第三代半导体为核心

---

① 《中共深圳市龙华区委深圳市龙华区人民政府关于建设数字龙华打造"一圈一区三廊"区域发展格局的决定》，2020年。

的科技产业集群形成。

二是积极探索新型科研基础设施管理方式。参照国外先进国家管理经验和工作模式，探索新型科研基础设施管理方式，凭借核心软实力吸引更多科技基础设施落地龙华。采取"政府所有，委托运营"方式，组建龙华重大科技基础设施管理中心，代持重大科技基础设施资产，提升企业参与程度，促进提高设施运行效率和开放共享水平。

三是建设国际化新型大学和科研院所。引进香港优势学科重点实验室等研发平台，加快深圳计算科学研究院等基础研究机构建设，加快推动梅观产业创新走廊建设，打造支撑产业转型和高端发展的区域性创新走廊。以九龙山智能科技城为基础，规划建设一座综合型大学城，大力提升龙华产学研一体化水平，补齐原始创新短板。全力推进电子科技大学深圳高等研究院落地，引进清华大学深圳研究院产学研创新中心等知名高校和科研院所。

3. 建设国际科技成果转移转化先行区

打通产学研用协同创新通道是国际成功科技创新中心的重要经验，通过构建高效的科技成果转换平台，实现科学发现、技术发明、产业发展的联动。龙华需要健全以企业为主体、市场为导向、产学研深度融合的科技创新体系，全力构建国际科技成果转移转化先进区。

一是完善技术转移、成果孵化育成两大体系，健全科技成果转化机制。组建一批共性技术研发、测试、中试和应用功能性平台，开展实验室技术熟化、产业前沿技术研发和竞争前产品试制，发挥制造业基础优势及中小制造企业工艺技术优势，强化龙华区企业与深圳市及粤港澳大湾区各类高端创新要素的联通度，形成"创新投入不问出处、中试转化龙华集中"的格局。[1]

二是鼓励企业与科研院所、高校及其他组织联合建立研究开发平台、技术转移机构和技术创新联盟，推动科技创新成果转化应用。加强国际科技创新合作。主动与德国、日本等发达国家企业、机构进行项目合作，开展联合研究，鼓励创新主体对接国际资源。

三是支持深圳打造具有国际影响力的科技成果转化枢纽。聚焦龙华具

---

[1] 龙华区发展和改革局：《龙华区"十四五"规划基本思路》，2020年。

有优势的集成电路、OLED关键材料、柔性机器人、核心元器件等关键领域进行技术攻关，持续加强应用基础研究和关键共性技术研究。打造高质量的场景化工业服务平台，推动新场景、新经济的试点应用、孵化、加速，搭建场景实验室，形成对场景的有效供给。[①]加强深莞产业合作，充分利用周边资源，同东莞联动，打造"研发—转化—产业化"完善链条。

4. 构建高度国际化的创新环境

国际知名的科技创新中心都拥有开放包容的创新文化，与国际接轨的科技创新管理制度以及高度国际化的创新环境，集聚了大批全球创新人才。因此，龙华需要构建高度国际化的创新环境。

一是要以政府为主导推动公共服务平台建设。在产业集中度较高或具有一定产业优势的地区，构建为中小企业提供技术开发、试验、加工、检测等公共技术支持系统。依托深圳北站引进具有国际背景的企业和平台；打造深圳北站国际总部基地，建设国际高端专业服务业平台，打造国际青年创新创业中心，推动在更多领域更大范围的国际合作。

二是要探索科技成果转化新机制。加快构建以科技成果转化激励为导向的创新政策体系，实施首套设备、首项技术、首个专利等突破性成果奖励，加快技术转移机构组织化、专业化、市场化发展，实施技术转移经理人培育和引进计划，鼓励产业联盟或头部企业设立中试机构。

三是要打造知识产权强区。集合一批高质量产品检测和知识产权服务机构，探索建立覆盖知识产权申报咨询、交易服务、技术市场化预测评估、知识产权融资指导的知识产权服务中心。

四是完善科技金融服务体系。加快科技和金融结合试点建设，深化科技资源与金融资源有效对接机制，大力支持产业投资、创业投资、股权投资发展，引进海外天使投资人等国际创投资本和机构。[②]依托西丽湖国际科教城的科教创新资源与深圳北站商务中心的金融服务资源，打造科技与资本双引擎驱动的留仙创新走廊。围绕电子信息等高技术产业融资需求，打造大湾区高技术产业融资平台。

---

① 《龙华区贯彻落实中共中央国务院关于支持深圳建设中国特色社会主义先行示范区的意见争当建设中国特色社会主义先行示范区尖兵的行动方案（2020—2025）》。

② 龙华区发展和改革局：《龙华区"十四五"规划基本思路》，2020年。

5. 打造具有头部效应的先进制造业主阵地

围绕"国家制造业高质量发展试验区、粤港澳大湾区先进制造业发展示范区"目标，坚持以固本补链强群为主攻方向，推动制造业智能化数字化发展。坚持总部经济引领，围绕先进制造业、战略性新兴产业等重点产业，着力招引一批市场前景广阔、规模效益领先的航母级总部企业。实施产业链招商，着力引进头部企业和创新型企业，提升价值链层级，推动产业集群向研发设计环节延伸、向关键技术领域集聚。聚焦人工智能、工业互联网等领域，创建国家制造业创新中心。凭借具有良好产业基础的电子信息产业、生物医药、高端装备等优势产业，打造深圳前沿技术和新兴技术战略高地。不断夯实制造业基础地位。

一是做强世界级电子信息产业集群。聚焦通信终端设备、电子元器件、显示器件制造等领域，做强集成电路、5G和人工智能等核心产业。全力推进5G应用先行先试，加快建设5G产业集聚区。围绕8K、大数据、云计算、物联网等新兴领域，加快推进新型显示研发基地等项目落地。坚持以产业数字化、数字产业化为主线，着力构建数据资源丰富、基础设施完善、龙头企业集聚、创新能力突出的数字经济发展体系，打造国家数字经济创新发展试验区。探索区块链应用场景，推动"区块链+物联网"技术在政务服务、民生等领域广泛应用。

二是打造高端装备产业集群。打造以高端医疗设备、智能装备制造、智能汽车为核心的高端装备产业集群。依托银星科技园，大力发展医疗器械专业特色园区；加快"三一云都"、汇川技术等项目建设，打造智能装备制造示范园区；依托宝能汽车智能化转型，加快引进一批国内互联网汽车企业，以通信娱乐与车身电子、动力控制、安全控制等为方向，大力培育汽车电子产业，确立以智能网联汽车为方向的汽车产业发展战略。

三是构建世界一流生命健康产业集群。重点发展中成药、化学药品、生物药品、医疗器械制造等细分领域，培育基因治疗、细胞治疗、体外诊断、生物医疗大数据等新兴领域。支持深圳数字生命研究院等研究机构发挥平台效应，加速科研成果产业化。推动创立生命健康产业创新中心，积极争取国家级医疗器械制造业创新中心落户龙华。依托银星科技园等重要载体打造专业化生命健康产业园，加快建设生物制药、医疗器械两大产业基地。

第三章　率先突破建立现代化经济体系 建成高质量发展的数字龙华　/　77

四是推动工业互联网等物联网产业为传统制造业赋能。依托龙华作为广东省首批工业互联网产业示范基地优势，争夺主导权，打造工业互联网产业示范集聚区。出台《工业互联网平台企业培育规划》，明确工业互联网平台企业发展目标和发展路径，做好工业互联网平台发展的顶层设计。开展工业互联网标准研究，联合发起工业 APP 开发项目。打造广东省工业互联网创新中心、工业互联网标准研究院等平台。培育细分行业工业互联网平台企业。建立 1 至 2 个国家级跨行业、跨领域工业互联网平台，争夺工业互联网标准的主导权。以时尚制造和生物医药等优势产业为重点，培育服务于细分行业的工业互联网平台企业。培养工业互联网发展软环境。组织承办中国工业互联网高峰论坛、国际工业互联网创新发展大会、世界人工智能大会等国内外知名工业互联网会议、论坛。①

6. 形成支撑实体经济发展的现代服务业体系

支持发展法律咨询、会计审计、认证认可、科技信息服务、供应链管理、会议展览等专业服务业；支持发展与区域引导国内外创投基金在我区集聚，吸引有实力的金融机构落户龙华，形成以产业金融为主，股权基金为核心，担保、保险、保理等为辅的金融发展格局，提升金融服务实体经济的能力。强化深港物流合作，加快建成深圳国际黎光物流园，推动现代服务业与实体经济相融相长。

一是打造全球知名时尚高地。突破传统服装制造产业升级型的时尚产业发展路径，发挥深圳国际化大都市、国际时尚之都的品牌优势，以及毗邻香港时尚前沿的区位优势，以打造时尚文化、引领国际时尚潮流为核心，集聚国际时尚元素和时尚创新载体，以时尚创意和时尚设计等时尚服务带动时尚制造，形成时尚服务和高端时尚制造协同发展的时尚产业发展模式。构建具有龙华特色的设计密集型时尚制造产业集群，聚焦高端定位，打造高端服装制造、定制服装制造以及高端面辅料的研发实验基地；鼓励龙头服装制造企业建设定制化、柔性化、个性化的智能生产线；支持大数据、3D 打印等新兴科技与服饰制造深度融合，加快发展新一代智能纺织品、可再生纺织品、情绪感知纺织品、电子纺织品等时尚与科技融合产品。培育"科技""时尚"龙华文化，突破现有"大浪杯"中国女装设

---

① 龙华区发展和改革局：《龙华区"十四五"规划基本思路》，2020 年。

计大赛等小型设计比赛，对标德国"红点设计奖""IF 奖"，设立国际性的奖项，打造国际化、综合性的时尚设计大奖；引进国内外顶尖时尚企业、时尚教育机构，培养与国际接轨的一流时尚人才；推动龙华营造时尚的城市空间载体，将大浪时尚小镇打造为深圳市乃至粤港澳大湾区的时尚高地。①

三是建设更具国际竞争力的综合消费中心。依托北站国际商务区、龙华国际商圈等重点片区，强化商业资源互通，以地铁 4 号线为轴线，串联红山、龙华、观澜湖等核心商圈，打造"一带三圈"的商业布局。实施"百家名店"计划，构建地标性商圈、特色商街、旗舰店、工厂店等多层次商业网络。推动传统商业创新发展，引导大型商业综合体、购物中心向全渠道平台商、定制化服务商转型。持续扩大龙华购物节影响力，探索发展体验消费、定制消费等新模式。大力发展夜间经济，塑造一批夜间消费场景，打造大浪商业中心等一批高品质夜间经济示范点。积极引进商业平台型企业，加快布局智慧零售、跨界消费等商贸新业态、新模式，持续优化消费环境，不断激发消费活力。

四是着力构建优质企业梯队。培育一批规模大、实力强、示范和带动作用明显的龙头企业。新增一批总部企业、上市企业、"独角兽"企业和国内外 500 强企业，推动头部企业做大做强，支持"专精特新"企业加速成长，打造一批细分领域"单项冠军"和行业领军"小巨人"。推进国资国企综合改革试验，强化国有企业在产业培育引导、城市功能完善等方面的作用。强化社区股份合作公司扶持和监管力度，推动社区股份合作公司由租赁型向投资、服务、管理型转变。营造公平竞争的市场环境、政策环境和法治环境，依法保护民营企业和企业家合法权益，推动民营企业改革创新、转型升级、健康发展。②

---

① 龙华区发展和改革局：《龙华区"十四五"规划基本思路》，2020 年。
② 《龙华区贯彻落实中共中央国务院关于支持深圳建设中国特色社会主义先行示范区的意见争当建设中国特色社会主义先行示范区尖兵的行动方案（2020—2025）》。

第四章　率先营造国际一流法治化营商环境　建成法治建设先进区

《中共中央国务院关于支持深圳建设中国特色社会主义先行示范区的意见》对深圳提出的发展目标是：到2025年，深圳经济实力、发展质量跻身全球城市前列，研发投入强度、产业创新能力世界一流；到2035年，实现深圳城市综合经济竞争力世界领先；21世纪中叶，深圳成为竞争力、创新力、影响力卓著的全球标杆城市。虽然深圳的营商环境是国内佼佼者，但与国际领先城市相比还存在较大差距。要想发挥在粤港澳大湾区中的核心引擎作用，实现中国特色社会主义先行示范区和全球标杆城市的使命目标，必须着力"营造稳定公平透明、可预期的国际一流法治化营商环境"。

第一节　构建国际一流法治化营商环境的理论逻辑

一　营商环境的内涵属性

营商环境是一个区域的市场主体在运营过程中所面临的包括政务环境、市场环境、社会环境、基础设施环境等要素构成的综合发展环境，是政府与市场、社会三方共同提供的一种具有制度特征的特殊公共产品[①]。

1. 具备公共产品的属性

按照经济学界定，政府的一个主要职能是提供公共产品。在公共产品的诸多定义中，得到广泛认同的是萨缪尔森等人提出的"具有消费的非排

---

① 娄成武、张国勇：《治理视阈下的营商环境：内在逻辑与构建思路》，《辽宁大学学报》（哲学社会科学版）2018年第2期。

他性和非竞争性等特征的产品"。公共产品是相对于私人产品存在的，其主要供给者是以政府为代表的国家机构，其主要作用是用来满足社会公共需要，其主要产品形式是有形商品或无形服务，其价格是免费或者以极低的收费存在。营商环境是政府和社会组织（团体）、企业三方合作生产的产品，具有"公共性"的价值属性，本质上也是为了满足社会的公共需要。因此，从"满足社会公共需要"这一本质属性看，营商环境也属于公共产品，既具有基础设施等物质形态的有形产品，也具备法规政策等制度形态的无形服务。按照公共产品的特性，作为准公共产品的营商环境，其最主要生产者和建设的责任主体也应该是政府部门。

2. 承载系列制度的集合

政务环境是营商环境的重要组成部分，除了政府提供监管、服务等职能外，还包括约束特定区域内各种市场主体行为活动的法规政策等制度因素，是一系列制度的有机组合。制度有正式制度和非正式制度之分，正式制度是由政府等权威机构制定的制度，如法规、政策、条例等，正式制度是制度的主要组成部分；非正式制度是历史或社会形成的各种制度，如某区域的风俗习惯等。诺斯的新制度经济学认为，制度的建立是为了减少人们交易中的不确定性，再加上技术的采用，两者共同决定生产成本和交易成本。[①] 制度作为经济运行、发展中的内生变量，其主要作用是降低交易费用以优化资源配置，从而提高经济效益。此外，有学者指出，营商环境从本质上讲就是政府的管制环境。[②] 在世界银行组织的营商环境报告中，政府规制或者说政府管制也是强调最多的。规制作为政府机构的一种政策工具，也是政府介入市场领域的一种管理方式，是连接政府与市场微观经济主体企业之间的一个桥梁纽带。政府运用公共权力和具体规则等规制手段，约束企业的市场进入和退出，规范市场价格、产品质量、信息信用等市场行为，同时对安全生产、环境保护、国民健康等宏观领域的公共产品行为现象进行调整和限制。营商环境作为系列制度的集合体，既是各种正式制度和非正式制度作用效果的表现形式，又依靠制度保障营商环境的建设和改进，因此，制度的改革和创新是营商环境建设的关键。

---

① 参见［美］道格拉斯·诺斯《新制度经济学及其发展》，《经济社会体制比较》2002年第5期。
② 武靖州：《振兴东北应从优化营商环境做起》，《经济纵横》2017年第1期。

3. 体现政府治理的结果

营商环境在一定程度上反映了政府治理水平和治理能力的高低，因此具备政府治理的属性，即通过政府公共部门和市场、社会私人部门相互合作共同管理社会公共事务。营商环境体现在两个维度上。从空间维度来看，营商环境是从作为市场主体的企业视角来界定的，包括政务环境、经济环境、社会文化环境等整个社会的发展环境，是政府与市场、社会三者相互作用的结果。从时间维度来看，营商环境是市场经济自身发展完善的需要，是政府和市场以及社会组织的职能分工发展到一定阶段的产物，并且是动态变化的，随着政府与市场、社会等主体职能的完善而不断发展改进。营商环境作为一种特殊的公共产品，是以政府为主要供给者形成的一系列制度集合体，是政府治理活动的产物，因此，营商环境建设中最重要的责任主体是政府部门。特别在我国经济运行中，政府对营商环境的打造仍然起着决定性的作用。

4. 呈现参与主体的多元化

营商环境是包括政府、企业、社会组织等在内的多种社会主体共同构建的社会综合环境，从治理角度来看，属于公共治理活动，需要政府、市场和社会多主体构建高效的合作机制进行合作治理。虽然政府部门在营商环境建设中肩负着主体责任，但是作为市场主体的企业和社会公众等也是营商环境建设的重要参与者，对于营商环境建设必不可少。一方面，营商环境源自市场经济的发展完善，其主要作用是为了更好地促进企业发展和市场经济运行，因此，作为市场主体的企业是营商环境最直接的参与者和体验者，对营商环境的评判最有发言权。另一方面，消费者和社会组织等社会主体也是营商环境建设的参与者和利益相关者，社会主体的积极、有效参与对于提升营商环境建设的民主性和科学性大有裨益。

二 国际一流营商环境的主要特征

所谓国际一流营商环境，就是要打造世界排名前列的综合营商环境，使其具备便利化、法治化、国际化的属性特征，便利化、法治化、国际化是区域营商环境软硬件建设的最高标准。

1. 便利化

便利化是优良营商环境最本质的要求。即通过优化政府服务，建立便利度和开放度较高的实体投资环境和跨境贸易环境，营造便利化的政务环境。世界银行每年推出的《营商环境报告》是国际公认较权威的营商环境测评指标体系，包括开办企业、办理施工许可证、获得电力等十个方面测评指标。该报告对于营商环境便利化特征的测评从对十个指标需要办理的手续、所用时间及花费成本三个维度展开。需要办理的手续是指企业完成特定运营环节需要与政府部门进行互动的次数，需要办理的手续越少，说明该地区政府部门办事程序越精简高效，营商环境越优良。办理手续所用时间与营商环境优劣成反比，世界银行对办理手续的计算以天为单位，并且严格规定了对于时间计算的起止点，其中办理破产指标测量的起止点分别是公司违约时间和其拖欠银行的款项部分或全部偿付时间，还包括了各方可能提出拖延时间的申诉或延期申请等因素。企业各测评指标所花费的成本对于企业运营至关重要，根据交易成本理论，任何制度的运行都需要成本，因此营商环境便利化的一个重要测评维度就是能否合理控制制度成本。花费成本与营商环境优劣成反比，企业办事需要花费的金钱成本越低，营商环境越优良。

2. 法治化

法治化是营商环境的核心要义和优化保障。打造法治化营商环境的一项重要工作就是推进改善监管法规，即建立一套包括具体法律、法规、监管及执法的制度与程序，从而加强监管、打造法治化的竞争环境。监管法规的优良与否，取决于两方面因素，一是制度是否完备，规则是否透明、可执行；二是监管程序是否高效。制度规则层面主要衡量区域法律法规的完善程度，包括企业获得信贷、保护少数投资者、执行合同和解决破产等指标；监管层面主要衡量政府在企业全生命周期中监管程序的公正程度。特别要指出的是，监管法规的数量和监管实施的质量同样重要，缺乏相关法规或者有法规但执行不到位都是需要改进的，而且对于保护少数投资者等法治化指标，监管的严格、完善程度与营商环境优劣成正比。因此，法治化的营商环境需要具备两个条件：一是要建立有利于市场交易和保护市场主体利益的法律法规；二是要具备低成本、高效的监管程序。同时，法治化营商环境除了提供良好的兼管规则外，还要保持企业活力，既不能不管，也不能管得太死，保持两者动态平衡，特别对于新产业新业态要探索建立审慎包容的监管制度。

3. 国际化

国际化是营商环境的对接需求。即通过简政放权打造国际化市场环境，建立符合国际惯例和世贸规则的市场经济运行机制和体系。营商环境的国际化属性主要体现在惯例、规则的可比性和便于各国贸易的对接性上。可比性要求营商环境的制度、惯例、规则指标经过选取、量化后，在各个国家之间具有可比性，因为各经济体的企业在实际运营中都会经历各自生命周期的指标阶段。技术性的国际借鉴对于改善营商环境具有重要意义，可以跨越国家之间政治经济体制和实际操作内容规定等的差异。对接性要求营商环境的指标体系相关数据公开透明，便于各国贸易。如跨境贸易，任何商品的跨国交易都需要首先在国内获取单证（以电子或者书面方式呈现的与货物相关的所有信息），并在港口或边界装卸以及报关报检过程中提交单证，以完成商品的跨境交易[1]。各国相关指标时间和成本的数据公开，对于提高跨国交易效率、减少国际贸易摩擦将起到有利的促进作用，加速经济全球化进程。

三 构建国际一流法治化营商环境的理论逻辑

1. 营商环境背后的制度逻辑是政府职能的转变

营商环境的前身是招商引资工作打造的招商环境。有学者将我国招商引资工作的发展历程划分为三个阶段：一是 1978—1992 年招商引资初创探索阶段，深圳等经济特区受优惠政策的影响，经济水平超高速发展；二是 1992—2003 年招商引资快速发展阶段，招商引资相关理论进入中国，有力指导了政府战略制定和政策实施，地方政府也相继成立了招商局、经济发展局等招商引资机构，招商引资指标成为衡量地方政府绩效的重要标的；三是 2003—2013 年招商引资调整优化阶段，由于钢铁、水泥等行业投资过热，部分地方政府出现恶性竞争，导致中央政府宏观调控失灵，中央政府开始调整招商引资结构，拓展招商引资的深度和广度。[2] 可以说，招商引资政策在改革开放前 30 年对于带动经济产业发展、创造就业机会

---

[1] 宋林霖、何成祥：《优化营商环境视阈下放管服改革的逻辑与推进路径》，《中国行政管理》2018 年第 4 期。

[2] 宋林霖、何成祥：《优化营商环境视阈下放管服改革的逻辑与推进路径》，《中国行政管理》2018 年第 4 期。

发挥了积极作用。但由于招商引资政策是政府主导型的经济行为，产生了过度追求招商数量、政府官员借此"寻租"等诸多问题。从招商引资向优化营商环境的转变，正是实现政府角色从主导型向辅助型转变的过程，价值目标从过去的以项目为核心、唯 GDP 论转向营造政策软环境、政策环境至上的价值导向，政府与企业的关系从以特殊优惠政策吸引、亲商难清转向以优良营商环境吸引、既亲又清的政企关系。

2. 优化营商环境的思想根源是"以人民为中心"的发展思想

善治是政府治理要达到的最佳状态，是公共利益最大化的过程，是政府与公民对社会政治事务的协同治理①。在善治的合法性、效率、责任性等诸多价值目标中，公共利益即社会的公共需要是善治（政府治理）的本质追求。党的十九大指出，我国社会主要矛盾已经转化为人民日益增长的美好生活需要和不平衡不充分的发展之间的矛盾。正如马斯洛需求层次理论所述，人民对美好生活的需要内容更加广泛、层次逐步提升，不仅对基本的物质文化生活提出了更高要求，而且扩展到民主、法治、公平、正义、安全、环境等更高层次需求，这无疑增加了政府治理的难度。优化营商环境作为一项政府治理活动，其直接目标是为了吸引更多的区域内外投资，给企业营造良好的生产经营环境，而本质上实现这一目标是通过制度创新激发市场的活力和创造力，促进整个社会生产力的提升，从而满足广大人民群众日益增长的"美好生活需要"，真正实现"平衡""充分"的发展，践行"以人民为中心"的发展思想。

第二节　构建国际一流法治化营商环境的实践要求

营商环境是新时代我国深化机构和行政体制改革的重要内容。习近平总书记强调，"中国将继续针对制约经济发展的突出矛盾，在关键环节和重要领域加快改革步伐，以国家治理体系和治理能力现代化为高水平开放、高质量发展提供制度保障。中国将不断完善市场化、法治化、国际化的营商环境，放宽外资市场准入，继续缩减负面清单，完善投资促进和保

---

① 郭道久：《协作治理是适合中国现实需求的治理模式》，《政治学研究》2016 年第 1 期。

护、信息报告等制度……完善知识产权保护法律体系"①。这为我国进一步深优化营商环境指明了方向。当前，贯彻落实《优化营商环境条例》，深化"放管服"改革，源自新时代的实践要求。

一 国际竞争形势加剧的客观需要

营商环境集中体现和反映了一个国家或区域经济社会发展环境的优劣。具备优异营商环境的国家或区域有利于吸引国际高端要素资源流入与集聚。因此，近些年来，营商环境建设日趋成为国家之间、区域之间角逐的核心和竞争的焦点，营商环境的优劣成为提升区域国际竞争力的重要抓手。世界银行的《营商环境报告》显示，21世纪以来，全球130多个国家和经济体进行了政府改革以改善营商环境，其中一些国家如格鲁吉亚等改进幅度非常大。格鲁吉亚经过改革，极大地提升了企业开办便利度，全国统一"一个政府、一个时间"，开办企业仅需三步，企业仅需提交一次材料，1个工作日即可完成，资料、数据由政府部门内部协调共享。通过持续的营商环境改善，格鲁吉亚营商环境排名进步巨大，从2005年全球第112位上升到2014年全球第8位。发达国家的营商环境改革主要聚焦在简化企业开办手续和减税等方面，如美国众议院于2017年12月通过税改法案，将企业税率从35%降到21%。

深圳是国内营商环境最优越的城市之一，但与国际一流营商环境相比差距较大。根据科尔尼2019年初发布的《全球城市营商环境指数》，深圳营商环境位列全球第58位，北京和上海均进入了全球前50，香港排名38；深圳不仅总体排名没有进入前50，营商环境细分指标排名也没有在全球领先的（表4-1，表4-2）。纽约、东京、旧金山等全球标杆城市的发展经验证明，国际化是世界顶尖城市发展的必由之路，透明化、便利化、法治化、国际化的营商环境是纽约等城市成为全球标杆的重要因素。深圳要想发挥在粤港澳大湾区中的核心引擎作用，实现中国特色社会主义先行示范区和全球标杆城市的使命目标，必须着力营造稳定公平透明、可预期的市场化法治化国际一流营商环境。

---

① 《习近平谈治国理政》第3卷，外文出版社2020年版，第212页。

表 4-1　　2019 年科尔尼《全球城市营商环境指数》百强名单

排名	城市	排名	城市	排名	城市	排名	城市
1	纽约	26	哥本哈根	51	圣地亚哥	76	马尼拉
2	伦敦	27	都柏林	52	迪拜	77	重庆
3	东京	28	达拉斯	53	吉隆坡	78	约翰内斯堡
4	巴黎	29	温哥华	54	布宜诺斯艾利斯	79	南京
5	旧金山	30	马德里	55	阿布扎比	80	新德里
6	新加坡	31	蒙特利尔	56	多哈	81	无锡
7	波士顿	32	西雅图	57	圣保罗	82	大连
8	芝加哥	33	迈阿密	58	深圳	83	瓜达拉哈拉
9	苏黎世	34	大阪	59	伊斯坦堡	84	安卡拉
10	柏林	35	费城	60	墨西哥城	85	长沙
11	阿姆斯特丹	36	杜塞尔多夫	61	圣彼得堡	86	武汉
12	洛杉矶	37	巴塞罗那	62	杭州	87	宁波
13	悉尼	38	香港	63	曼谷	88	马斯喀特
14	斯德哥尔摩	39	名古屋	64	利马	89	蒙特雷
15	慕尼黑	40	凤凰城	65	广州	90	青岛
16	华盛顿	41	北京	66	苏州	91	突尼斯
17	墨尔本	42	米兰	67	科威特城	92	贝洛奥里藏特
18	多伦多	43	罗马	68	里约热内卢	93	开普敦
19	法兰克福	44	布拉格	69	利雅得	94	西安
20	日内瓦	45	台北	70	成都	95	郑州
21	首尔	46	莫斯科	71	波哥大	96	阿雷格里港
22	休斯敦	47	华沙	72	孟买	97	卡萨布兰卡
23	维也纳	48	上海	73	麦纳麦	98	班加罗尔
24	亚特兰大	49	布达佩斯	74	吉达	99	累西腓
25	布鲁塞尔	50	特拉维夫	75	天津	100	雅加达

资料来源：科尔尼 2019《全球城市营商环境指数》。

表 4-2 2019 年科尔尼《全球城市营商环境指数》细分指标排名领先城市

细分指标	领先城市	细分指标	领先城市
商业活力总指标	纽约	居民幸福感总指标	日内瓦
商业活力分指标		居民幸福感分指标	
财富500强企业	北京	稳定性和安全性	多伦多
领先的全球服务企业	香港	医疗发展	多个领先城市
资本市场	纽约	文化体验	伦敦
人均GDP	休斯敦	基尼系数	多个领先城市
航空货运	香港	环保表现	日内瓦、苏黎世
海运	上海	基础设施	多个领先城市
ICCA会议	巴黎		
创新潜力总指标	旧金山	行政治理总指标	新加坡
创新潜力分指标		行政治理分指标	
人均专利数量	旧金山	政府治理质量	多个领先城市
私人投资	伦敦	信息流通度	巴黎
校办孵化器	莫斯科	经商便利度	新加坡
高等学府	波士顿	透明度	哥本哈根
知识产权保护	多个领先城市		
高等学历人口	东京		

资料来源：科尔尼 2019《全球城市营商环境指数》。

二 国内城市竞争新优势的有力抓手

营商环境就是生产力。40年的改革开放历程，地方政府在经济发展中呈现出良性竞争的显著特征，通过"放管服"改革，不断提升地方竞争新优势。营商环境优良的城市，会对投资者产生集聚效应，从而带动地方经济发展水平不断提高、就业水平不断改善，这也正是"营商环境就是生产力"的应有之义。当前，我国各城市竞争的焦点已经从过去的基础设施等硬环境建设逐步转向制度、监管等营商软环境建设，形成以营商环境为核心的区域竞争新优势。

营商环境改革始于经济发达地区。党的十八大以来，以广东、浙江、江苏等为代表的东部沿海发达省份率先开展了优化营商环境改革。2012年

10月，广东省出台并实施《建设法治化国际化营商环境五年行动计划》，努力建设法治化国际化营商环境，经过五年的调整改进，广东省营商环境得到了极大提升，经济飞速发展，GDP总量从2012年的5.7万亿增加到2016年的近8万亿。浙江省营商环境侧重制度建设，重点推出一系列清单，包括权力清单、责任清单、负面清单、服务清单等，依托浙江政务服务网为载体运行；2017年浙江省在全国率先实施"最多跑一次"改革。江苏省出台了一系列政策，全力打造审批事项最少、办事效率最高、创新创业活力最强的营商环境。我国的中西部地区像陕西等省不甘落后，也相继开展了营商环境建设，力争营商环境和竞争力指标能够向发达地区水平看齐。总体而言，我国各城市、区域之间通过"放管服"改革营造国际一流营商环境，已经成为势不可当的发展方向。

三　经济高质量发展的有效保障

经济基础决定上层建筑，上层建筑反作用于经济基础。经济发展的不同阶段，需要与之相匹配的差异化制度安排和政策法规。中国特色社会主义建设进入新时代的当下，经济发展已经从过去速度至上、追求总量的增长转变为结构调整、追求质量的提升，客观上要求通过体制机制变革，深化"放管服"改革，强化区域吸引力和竞争力。因为在高质量发展阶段，企业经营面临着内外双重压力和挑战。从企业内部发展来看，消费者的需求越来越个性化、多样化，对品质的要求日趋提高，这对企业生产经营提出了较高的要求。从企业外部环境来看，政府的发展导向由满足人民群众基本物质文化生活需要转变为满足人民日益增长的美好生活需要，因此加大了环境保护力度，提高了产品质量监管标准，不可避免地提高了企业生产经营成本，影响实体经济发展壮大。因此，随着我国经济步入市场经济发展的更高阶段，必须正视企业生产成本不断提高的现实，通过深化"放管服"改革，优化营商环境，降低企业制度性交易成本，增强实体经济吸引力与竞争力，促进经济高质量发展，保障我国现代化进程的顺利推进。正是基于这样的理论认识，从中央到地方政府才将营商环境作为一号工程，多措并举深化简政放权、放管结合以优化政府服务，通过减税降费、优化融资环境等降低企业的经营成本，打造支持民营企业健康发展的良好营商环境。

四 建设中国特色社会主义先行示范区的重要内容

习近平总书记强调,"北京、上海、广州、深圳等特大城市要率先加大营商环境改革力度"。落实总书记的要求,是深圳先行先试肩负的光荣使命,是一项重大政治任务。优化营商环境是一项系统性工程,需要持续发力。营造稳定公平透明、可预期的国际一流法治化营商环境,是深圳建设中国特色社会主义先行示范区的重要内容。先行示范要求深圳发挥标杆作用,以可复制可推广的经验做法辐射带动其他城市,这就意味着深圳必须以更大的力度进行自我革命,认真分析并果断清除影响营商环境的体制机制障碍,协同高效推进营商环境改革。

第三节 龙华打造国际一流法治化营商环境的战略构想

一 龙华打造国际一流法治化营商环境的现实基础

"十三五"期间,龙华区加快政府职能转变,持续推进简政放权、放管结合、优化服务,提高行政效能,激发市场活力和社会创造力,破解新区体制机制制约瓶颈,形成系统完备、科学规范、运行有效的体制机制,为建成法治建设先进区打下了坚实的基础。

(一)以"放管服"改革为抓手持续优化政务环境

1. 以简政放权放出活力和动力

第一,持续精简行政职权事项。自2018年以来,共取消8项非行政许可审批事项,承接了4项上级政府下放的行政审批事项。根据《深圳市建设项目环境影响评价审批和备案管理名录》规定,龙华区一部分有污染物排放的项目继续施行环评审批,一部分无工业废水、无工业废气产生的项目施行报告表告知性备案,原来属于登记表类的项目直接豁免,60%以上的项目从审批管理中解放出来,持续简化环境影响评价审批和备案管理。

第二,持续开展"优流程、压时限、减材料"行动。一是持续推动326项事项实现"不见面审批",群众可通过网上全流程办理、网上提交电子化材料、核验现场时提交纸质申请材料等方式申办业务。着力推动98项"主题办"、125项"一件事一次办"事项落地实施,实现了多个事项一次申办、并联审批，开办企业时限压缩50%。推动167项审批服务事项实现"容缺受理"，深化"最多跑一次"。目前，龙华区90%以上事项实现"零次跑动"，整体实现全部事项最多跑一次。二是2019年实现所有政务服务事项在法定承诺时限的基础上压缩62%，其中行政许可事项办理时限压缩73%。推出150项即来即办事项，即来即办率达26%，其中行政许可事项即来即办率达37%，即办率一次性提高10%以上。三是推动275项事项589个申请材料关联电子证照免重复提交。

第三，缓解中小企业融资难贵问题。制定《龙华区产业发展专项资金金融业分项实施细则》，鼓励银行服务实体经济。2019年受理金融产业发展专项资金申请8宗，累计拨付资助资金2280万元。向区内中小微企业发放首笔信用贷款、开展应收账款和存货抵质押融资的银行提供风险代偿，以政策红利推动辖区银行机构开发匹配中小微企业的贷款产品，降低区内中小微企业融资成本。

第四，持续开展减证便民行动。对涉及群众办事的各种申请材料和证明材料进行集中清理，凡是没有法律法规规章依据的一律取消，能通过个人有效证照证明的一律取消，能够采取申请人书面承诺方式解决的一律取消，能通过部门之间信息共享解决的一律取消，着力提高减证便民水平。

2. 以创新监管管出公平和秩序

第一，全面实施"双随机一公开"监管。2019年完成双随机任务13350个，统筹组织13家区属执法单位开展双随机抽查2000余次，联合行动10次，实现"一次抽查、全面体检、综合诊治"。大力推广"双随机"抽查，公平、有效、透明地进行事中事后监管，完善行政执法随机抽查事项清单，并严格按照法律法规开展工作。2019年共抽查了5家企业，跨部门抽查企业1家，均未发现明显违法违规行为。落实异常名录制度，载入经营异常名录企业15942家，被标记为经营异常状态的个体工商户10365家，列为严重违法失信企业6465家。联合辖区有关部门实施失信联合惩戒，处理企业信用评价文件84件，对企业出具评价意见8232个。落实"宽进严管"要求，加快建立"僵尸企业"强制退出机制，2019年共批量吊销15862家长期停业未经营企业及1556家未纳税登记个体工商户，通过管制一批、规范一批、吊销一批，引导企业守法经营，净化市场环境。

第二，加强"互联网+监管"系统体系建设。目前龙华区"互联网+监管"系统共收录15个区直部门和1个驻区单位（龙华公安分局）的监管事项，其中监管事项主项有185项，涉及的监管事项子项总计225项。同时，为了更加规范、高效地将监管事项数据对接"互联网+监管"系统，建立了数据"综合采集系统"，目前共报送行政检查行为信息、行政处罚行为信息等8类监管数据，共计3711条，为提升政府监管的规范化、精准化、智能化水平筑牢坚实基础。

第三，强化对类金融商事主体严格把关。严格落实"控新增、限迁入"的有关要求，加快构建权责明确、公平公正、公开透明、简约高效的事中事后监管体系，对跨区变更到龙华的类金融商事主体，需先取得市金融办联合评审会审批同意地址迁入批文后再予以办理迁入变更登记，有效防控金融风险。2019年共严控类金融企业新设立、跨区迁入业务申请400余家，促进提高市场主体竞争力和市场效率，推动经济社会持续健康发展。

第四，创新城管执法视频巡查模式。目前龙华区6个街道执法队均已完成视频巡查设备及办公场所建设和调试，进入试运行阶段，以实现视频巡查在城市管理综合执法中的应用，推进"龙华区城管视频执法系统"建设。同时，建立视频勤务督导机制，定期对视频巡查落实情况进行督导通报，各街道执法队建立视频巡查信息研判机制。

3. 以优化服务服出便利和品质

第一，全面优化提升政府服务水平。一是运用智能技术促成办事"零见面"。2019年网上申办业务比例上升至70%。以提升审批效能为重点，搭建龙华"秒批"平台，实现"三秒"服务（即自动填表人工补充的"秒填"、不经人手自动证明的"秒证"、无人干预自动审批的"秒批"）。二是推动窗口前移促成办事"零距离"。全市率先建成"1+6+50"龙华自助服务终端体系，120余项公共服务事项实现"家门口"办事；创新30余项业务实现"电话预约—申请受理—上门办理"；区内通办事项总数增至431项。三是优化审批流程促成办事"零顾虑"。为740余家重点企业提供"四专"（专线、专窗、专员、专办）服务；全市率先推出"政务+民生"集成、"政务+税务"携手、"政务+金融"联动服务，进一步便民利企。

第二,着力研究解决企业发展困境和难题。一是打造全市首个"一站式"产业政策查询平台,梳理推送省市区各级政策820条,实现惠企政策"一站尽知"。二是切实解决企业诉求,建立健全市—区—街道—园区四级服务体系。三是积极推进清理拖欠民营中小企业账款工作,督促区内欠款单位偿还欠款92.73万元,实现拖欠账款"全清零"。四是提升金融服务实体经济能力,开发"金融超市"平台,促进金融机构与实体经济精准对接。五是深入开展转供电环节收费清理规范,总退费金额和户均退费额均排全市第二,工商业用户终端平均电价由原来的1.2元/度降低至约1元/度,每年为终端用户企业节约成本费用约5亿元。

第三,提供针对性强的科技创新支持。大力培育高新技术企业,组织国高申报专题辅导会。2019年新增国高企业340家,数量增至2570家,总数和增量继续保持全市第三。着力实施科技金融政策,切实降低企业融资成本,2019年备案72家企业,备案贷款金额超3亿元,同比增长超100%。多措并举支持高层次人才团队创业,累计引进省市创新创业团队22个,立项人才个人创业项目9个。

第四,全面推进"信用龙华"建设。编制印发社会信用体系建设工作要点,全面部署各领域重点工作,明确2756个行政事项公示内容,主动公示信用信息8529条。组织辖区共220家企业主动公示信用承诺书,组织卡尔丹顿等11家诚信典型企业作出信用承诺。深入开展"诚信建设万里行"等系列主题宣传活动,受益群众2万余人次。

(二)以"执法利剑"为保障持续强化民主法治建设

1. 坚守民生底线,安全监管迈上新水平

龙华区始终把保障食品、药品、特种设备安全作为履职重点,坚持问题导向,强化底线思维,积极争先创优。

第一,固守食品安全重地。龙华区于2017年提前完成《深圳市食品药品安全"十三五"规划》目标:食品抽检覆盖率达到4.5批次每千人,重点食品监测合格率达到96%以上;餐饮服务单位全面实施量化分级管理;A级餐饮服务单位食品安全管理员持证率达到95%;实现学校食堂量化分级优良比例(A级+B级)100%;学校食堂实施"明厨亮灶"比例达到100%;食品药品监督抽检后处理率达到100%。2019年食品安全工作实现"四个率先"。率先在全市提前一年完成农贸市场升级改造。清湖农批市场获批成为全市唯一省级食用农产品溯源系统试点市场。率先在全市实现熟食中心街道全覆盖。将全市"一区一中心"要求扩展为"一街道一中心",形成了"一区六街、多点布局、均衡发展、业态融合、各具特色"的集群效应,目前全区6个熟食中心加工经营总面积达14600平方米,可解决近2万人的用餐需求,试营业期间用餐人数达12000人。率先在全市超额完成"互联网+明厨亮灶"任务,全区953家学校幼儿园食堂、中型以上餐饮单位全部实现现场查看和后厨远程监督,超额完成原定941家的任务数量。率先在全市实现多项考核指标第一,"社区食品安全社会共治建设"、食品安全满意度、2019年龙华区"食品安全状况"绩效指标考核均排名全市第一。

第二,打造药品安全高地。一是从严落实药品药械生产监管。对药品生产环节全过程监管,严格按照药品生产GMP的要求,重点对原料购进、处方投料、生产流程、中间产品、检验放行、仓储管理、批生产记录等重点环节进行全面监管。对医疗器械生产企业进行专项检查,重点检查是否按照经注册或者备案的产品技术要求组织生产、生产条件是否持续符合法定要求。对药品、医疗器械生产企业专项监督抽检。二是流通环节监管不放松。日常监督检查,落实监督责任,开展各类药械保化流通环节专项行动。制定翔实的抽验计划,以季节性强、群众举报药品、多次出现不良反应以及临床发生严重不良反应的药品为重点进行抽验。三是严厉打击涉药违法犯罪行为,与公安部门建立无缝对接办案模式,发挥"两法衔接"执法优势。开展打击保健食品非法营销专项行动。联合公安、街道办、社区工作站和药品行业协会开展保健食品风险隐患排查。严格监管保健食品广告活动,打击广告违法行为,加强对保健食品直销企业、生产经营和网络销售的监管。四是推进社会化监管新模式。联合药品行业协会开展行业督导,重点检查药品经营企业虚假地址、生产不规范等行为,发现问题及时通报监管部门。2019年龙华区"药品安全状况"绩效考核指标在全市排名第一,实现二连冠。

第三,坚守特种设备安全阵地。一是建章立制促进责任落实。制定重点任务分解表及检查计划,通过定计划、定目标,将责任分解落实到人。每季度通报工作进度,并对各单位工作落实情况进行督导,确保年度重点工作按时保质保量完成;落实企业安全主体责任,制定《特种设备安全工作会议制度》，定期召开特种设备生产、使用单位工作会议。二是扎实开展隐患排查整治。开展特种设备安全生产大检查行动、标本兼治遏制重特大事故工作、涉危涉爆介质特种设备专项整治、特种设备安全"双随机"等隐患排查。三是推动解决老旧电梯安全问题。开展老旧电梯安全评估工作，要求使用单位落实安全主体责任，进一步排查、消除老旧电梯运行风险。四是提升应急救援处置能力。完善特种设备事故应急预案体系，制定《龙华区特种设备事故应急预案》《龙华区特种设备应急预案简明操作手册》《特种设备实战盲演工作指引》《特种设备突发事件应急处置工作指引》等制度。引导企业从"要我安全"向"我要安全"转变，龙华区特种设备定期检验率长期保持在99.7%以上，稳居全市前列。

2. 用好"执法利剑"，监管执法工作取得新战果

第一，建立"龙华亮剑"综合执法统一行动机制。将必要的专项执法任务进行汇总分析，每周确定一个主题，由局领导轮流带队，业务科室和六个监管所共同参与，同一时间在六个街道统一开展专项行动，合力击破，以执法促监管。改变分散、交叉、重叠的办案模式，实施集中执法办案，统一监管所内部设置，有力提升了执法规范化、专业化水平，执法"拳头"与"利剑"作用得到全面强化。

第二，率先搭建行政执法公示平台。推动行政执法公示、全过程记录、重大执法决定法制审核三项制度落地；在全市率先开通行政执法投诉专线及邮箱，严格执行按时办理、准确转办、及时反馈。积极搭建全区法律援助网络，提升法律援助的广度深度和便利度，累计设立法律援助工作站（点）17个，在富士康福城厂区设置了深圳市首个开设在企业的法律援助窗口、试点全国首台法律援助机器人"龙华小法"，搭建线上法律咨询平台。

第三，创新"两法衔接"工作机制。严格落实案件移送查办制度，加强与公安、检察院的沟通联系，建立互派交流学习、定期沟通座谈、食品药品刑事案件备案回转、食品药品领域"检察+行政"工作互助等八大机制。对达到移送标准的案件坚决移送，决不以罚代刑。

第四，做好扫黑除恶斗争专项工作。完成涉黑涉恶线索全核查全办结，实现两个百分百，即办结率100%、核查反馈率100%。重点加强职业索偿人、食品、保健品三大领域整治，推动"以案促治""以案促建"，

切实维护市场公平竞争秩序。

3. 实施"三大战略",护航高质量发展取得新成效

龙华区着眼产业特点,大力推进知识产权、品牌、标准化"三大战略",促进产业转型升级、经济提质增效。

第一,知识产权工作稳中有进。开展了保护知识产权系列专项行动,2018年商标及特殊标志违法行为双随机抽查工作;打击使用未注册商标违反《商标法》禁用条款行为的"净化"专项行动;商标侵权案件线索"溯源"专项行动;落实深化电子商务领域知识产权保护专项整治工作;开展展会知识产权保护,完成对深圳文博会龙华分会场等展会知识产权保护方面的指导和建议。进一步完善落实知识产权资助政策,加大资助力度和范围,主要包括国内发明专利申请和维持,小微型知识产权优势企业,获得国家、省、市级的专利奖,落户龙华区的高端知识产权服务机构,知识产权案件维权等方面的内容。知识产权保护力度有效增强,我局查办的"空气冷凝器"外观设计专利侵权纠纷案,依法适用专利侵权判定中的"禁止反悔"原则,历经三年最终获得胜诉判决,入选2018年度全国专利行政保护十大典型案例,成为全省获此称号的唯一案例。2019年龙华区发明、实用新型、外观三类专利申请量以及授权量实现双增长,分别增长19.51%和22.13%。截至2019年底,龙华区发明专利拥有量6430件。

第二,质量品牌建设扎实推进。举办新版质量管理体系宣贯培训会和企业首席质量官任职资格培训,培训200余家企业管理人员,培育出一批企业首席质量官。开展大浪品牌示范区质量品牌提升工作,巩固全国时尚服饰产业知名品牌示范区创建成果,促进龙华大浪时尚服饰区域品牌建设工作。经过努力,示范区品牌数量进一步增加,质量品牌意识得到提升,时尚品牌影响力不断扩大。

第三,标准化战略有效实施。落实质量品牌和标准化资助政策,优化受理流程,由行政服务大厅统一受理后移交业务科室开展后续工作,全年受理、分批审核发放资助。落实标准自我声明和公开等制度,2019年全区共有803家企业在深圳市标准信息平台进行自我声明,标准数达1774项,企业数和标准数分别占全市的14.4%和14.2%。发动辖区45家优秀企业参加对标达标和深圳标准认证,其中全棉时代和长江家具获得"深圳标准认证",发动3家企业在国家标准信息平台争上企业标准领跑者排行榜。

（三）以"智慧龙华"为品牌持续推进数字政府建设

1. 加强顶层设计，夯实三层架构

完善"全区一体化"的"智慧龙华"三层架构，推行"大平台，厚服务，强应用"建设模式，所有新建系统基于平台开发，避免各部门各自为政重复建设，克服烟囱林立的发展困局，为跨部门协同和多业务联动提供支撑。

第一，统一基础设施，稳固发展根基。实现政务外网、政法专网、医疗专网、视频专网、教育专网"五网合一"。建成国家 A 级 2009 ㎡ 模块化大数据中心机房，与区委中心机房互为备份，全面实时监测管理机房运行状态。搭建了 211 个机柜、200 台服务器规模的云集群，完成 117 个系统迁移上云，"龙华一片云"初具规模。

第二，统一基础平台，筑牢中台服务。统一 GIS 时空云平台，统一数字底图服务，实现一图查看海量资源。统一身份认证和单点登录，省、市、区不同系统之间访问互认。统一工具服务，"全区共用一套"通用工具。

第三，统一应用门户，提供支撑平台。统一居民、企业访问门户，完成社会公共服务平台招投标，全区所有互联网移动应用、web 端提供统一的后台支撑和服务管理。统一指挥门户，打造一体联动的"1+6+N"的城市运营指挥体系。

2. 项目多点应用，成效逐步显现

第一，全力推进建设，助力系统运行。截至 2020 年 4 月 30 日，"智慧龙华"建设已立项项目共 120 个，总投资额约 28 亿元。其中，80 个项目已完成初设，75 个项目已签订合同，50 个项目已完工，27 个项目已完成竣工验收。

第二，营造智慧生态，应用效果凸显。建成了一批示范性重点项目：产业政策查询平台智能匹配并精准推送政策信息；全国首创数据账户平台提供"一站式"信息查询；在北站试点打造"党建+科技+治理"龙华模式，推进国家治理体系和治理能力现代化；智慧环水是国内首个采用 NB-IoT 数据传输模式的前端感知设备，在全市率先实现覆盖全区的高密度空气质量网格化监管。

第三，加强市区共建，力争先行示范。建设市政府管理服务指挥中心

"智慧龙华"门户，已开发龙华特色应用首页，集成物联感知平台、交通管控平台等九个特色应用对接市指挥平台。二是深化协同联动，高质量完成市级物联感知试点，接入空气、水、消防等十大类超23万个设备，总数达全市第一。

3. 打通数据孤岛，加强数据汇聚共享

第一，统一归集数据，提升数据质量。编制系列数据标准文件，在数据源头通过物联感知设备、AI智能分析等智能化工具采集；对人工填报的数据实行智能校验，提高采集效率。

第二，加强数据共享，探索数据开放。建成龙华区大数据平台和数据共享交换平台，充分获取物联网、互联网、视频专网大数据，目前已汇聚市区两级数据数十亿条，龙华大数据湖初具规模。构建全区统一的人口、法人等五大基础库，以及城市部件、物联设备、Wi-Fi等12大主题数据库。向各业务部门提供数据接口服务，打破信息壁垒，统筹利用资源。

第三，强化数据应用，实现数聚赋能。统建视频共享平台，依托平台12800余个监控点，智能视觉应用探索实现"检测感知—上报处理—核查比对"的城市治理全流程闭环；将城中村视频门禁、明厨亮灶、公园监控等视频资源接入共享平台，政府各部门可按需授权使用，实现"多部门共建，全区复用共享"。

二 龙华打造国际一流法治化营商环境的制约因素

（一）行政审批难点亟待突破

1. 即来即办存在难点。首席代表未进驻，或者现场公章未放置在行政服务大厅，如果群众办理的事项需当场出具结果，无法做到立即出证；电子印章未得到广泛应用，实现即来即办存在一定的难度。

2. "不见面"审批存在难点。部分垂直系统暂未实现和一窗综合受理平台对接，事项办理流转不顺畅；部分事项材料复杂，如城市更新和土地整备局业务必须到现场提交纸质材料，群众办事需再跑动；根据有关法律文件规定，部分申办材料必须现场提交核验申请人身份信息方可办理，暂无法实现"不见面"审批。

3. 事项通办存在难点。通办实际审批权限未完全打通，办理形式仍为异地受理、属地办理，群众办事实际等候时间过长。

4. 容缺办理存在难点。目前容缺收件形式虽然便利了广大人民群众办事，但是行政审批过程中仍需群众通过补交或转递所需的申办材料，审批时间过长。

5. 业务系统方面存在难点。业务系统不够完善，客观上限制了业务工作的进一步推动落实，如目前的"一件事一次办"系统存在入口单一、分类不明、展示不简洁、后台系统操作繁琐等诸多问题，未能切实方便办事群体进行"一件事一次办"；业务系统时常出现不稳定的问题，导致业务信息无法及时推送。

6. 电子证照应用存在难点。广东省政务服务事项管理系统中电子证照关联权限未完全开放，下属单位无法完全关联；电子证照库应用存在数据不全、数据更新不及时的问题。

（二）政务服务主动性、精准性、公开性水平有待提高

1. 主动服务水平有待提高。目前普遍的业务办理模式为申请人找服务、窗口工作人员等待服务申请人的被动服务，服务供给侧无法精准定位需要服务的对象和服务内容。工作人员主动服务意识还不够强，习惯于"服务找我"的工作模式，群众寻找服务的途径不多，只能"我找服务"，无法获得"服务找我"的体验感。龙华在区、街道、社区形成了三级一体化的政务服务网点，但目前社区权责清单仅有34项政务事项，服务事项不够多，办理业务仍需到区行政服务大厅进行办理，政务服务的便利性有待进一步提高。

2. 精准服务水平有待提高。目前咨询渠道较为单一，主要以电话咨询和现场咨询相结合的模式。电话咨询仍存在等待时间较长、无法面对面沟通的问题。而现场咨询虽然解决了无法面对面沟通的问题，但需群众多跑动一次，费事又费力，增加了业务办理成本。

3. 政务公开水平有待提高。一是思想认识不到位。部分单位对政务公开工作重视程度还不够，"应公开尽公开"仍不到位。二是公开质量有待提高。政务公开的信息供给与市民群众的新期待新需求在一定程度上还不相匹配。行政机关一般公开内容只是宏观性的、比较浅显的信息，与群众切身利益的信息公开不及时、不具体，缺乏互动性。三是队伍建设有待加强。一些单位对政务公开工作不够重视，未指定工作人员固定负责政务公开工作，人员变动频繁，业务素质参差不齐。四是政务公开标准化规范化

第四章　率先营造国际一流法治化营商环境　建成法治建设先进区　/　99

工作有待进一步深化细化。部分单位公开内容还停留在静态信息层次上，缺乏实时性。或避实就虚，对群众反应强烈和敏感的问题以及关键信息藏而不露，公开程序、标准、形式有待进一步规范。

（三）数字政府建设任重道远

1. 政务服务智能化水平有待提高。目前龙华区事项的办理主要采取网上办理和窗口办理模式，无论哪种模式，均需填写业务表单、提供纸质或电子版材料进行核验，尚未实现电子证照的自动核验、表单信息的自动填充、业务办理的自动审批，数据应用和智能化水平有待进一步提高。

2. 数据安全面临新挑战。首先，缺乏完善的个人信息和重要数据安全保护机制。我区大数据平台目前已汇集24亿余条数据，包含人口、法人、房屋、地理信息等重要信息数据，但《龙华区个人信息和重要数据安全管理规定》尚未印发，数据全生命周期安全防护机制有待完善。其次，急需探索信息安全防护新技术运用途径。随着我区"智慧龙华"和"数字政府"建设不断深入，信息安全防护难度加大，传统的技术防护手段已无法完全满足未来的需求，急需寻求新技术运用途径，提高信息安全防护智能化水平，从技术层面夯实我区信息安全防护基础。再次，个人信息和重要数据安全应急处置能力有待提升。虽已建立龙华区网络与信息安全突发事件应急响应机制，但是针对个人信息和重要数据安全方面的应急处置经验和能力不足。

三　龙华打造国际一流法治化营商环境的战略举措

聚焦市场化、法治化、国际化营商环境目标，针对营商环境中的"堵点""痛点""难点"，深化"放管服"改革，持续以市场主体期待和需求为导向，以企业办理业务全流程便利度为衡量标准，从程序、时间、成本、法治等方面打造稳定可期、公平透明的营商环境政策，有力促进经济社会持续健康发展，形成可推广、可复制的龙华经验。

（一）遵循原则

建设中国特色社会主义先行示范区，要求构建优化营商环境的长效机制，明确责任主体、协作机制、核心抓手及评估标准。

1. 以政府作为责任主体增强营商环境优化意识

营商环境建设作为一项公共治理活动，需要多元主体的共同参与。其中，政府作为责任主体，要扮演好规划者、组织者、引导者、监管者及服务者的多重角色，以发挥政策引领、实施主导作用。同时，要增强营商环境优化意识。营商环境已经成为国家和区域间竞争的重要内容，区域经济社会发展水平反映了营商环境建设水平的高低，而营商环境的建设水平是评判政府治理能力和治理水平的重要标准，因而有必要将营商环境优化作为政府参与公共治理的重要内容。

2. 以政府、市场、社会多元协作机制提升营商环境建设能力

政府能否与市场、社会构建良性协作机制是决定公共治理成功与否的关键。协作是比合作更高级别形态的组织间关系，所有的参与主体地位平等、共同行动，而且多元主体中不排斥实际领导者存在。当前我国政府正从全能型、管制型向管理型、服务型、法制型转变，社会组织、企业、公民都是社会治理的主体，但政府在其中扮演的角色仍然是其他主体无法替代的，因而协作治理更有可能带来良好的治理效果①。应该明确政府和其他主体在营商环境建设中的平等、合作、协商关系，同时也应该明确政府"领导者"的角色。政府、市场、社会三方主体在平等协商的前提下理清边界，构建协作治理机制，以提升营商环境建设水平。

3. 以"放管服"改革为核心抓手推动营商环境建设制度化

优化营商环境的关键是转变政府职能、提升政府治理能力。以"放管服"改革为核心抓手，通过一系列的体制机制创新提升政府治理能力，是优化营商环境的最佳路径。要明确政府的职能边界，"更好发挥政府作用"并不是不发挥作用，而是通过政府职能转变以弥补市场失灵、提供公共服务。政府的放权是要以制度变革提升政府的行政效率、监管能力和服务水平，通过权力清单、责任清单、负面清单等一系列清单式管理，实现政府对市场适度而有效的干预，以释放市场和社会的发展活力。

4. 以"让人民满意"为营商环境建设最终评判标准

营商环境的概念来源于市场经济，其建设的目标是为市场主体创造良好的外部发展环境，因此市场主体对营商环境的评价最具有发言权。推动营商环境建设，从根本上说是通过一系列制度供给和政策创新，激发市场的活力来提升整个社会的生产力，从而最大限度满足人民群众的公共需要。营商环境的建设必须始终把公共利益和人民需要作为出发点和落脚

---

① 郭道久：《协作治理是适合中国现实需求的治理模式》，《政治学研究》2016 年第 1 期。

点，通过制度保障人民参与改革发展进程、共享改革发展成果，才能最大限度地保障改革动力。市场主体和社会公众的满意度是判断一个区域营商环境好坏的最佳标准。营商环境优化的短期效果可以由企业进行评判，而从长远发展来看，市场和公众会选择"用脚投票"，营商环境的建设水平将由人民直接体验、亲身感受并最终评判。①

（二）建设营商环境改革创新实验区，提升便利化政务环境

1. 多措并举推进简政放权

第一，深化行政审批和商事制度改革。简化优化审批事项，全面清理证明事项，持续开展"减证便民"行动，减少奇葩证明、循环证明、重复证明。深化行政审批中介服务改革，全面梳理、公开政府部门实施审批过程中保留的行政审批中介服务事项清单，建立健全我区中介服务超市运营管理机制，推进中介服务超市上线应用。深入推进主题办、"一件事一次办"改革。推动即办件授权改革，依托三级人员一体化管理优势，按照"简单事项立即办、复杂事项限时办、特殊事项紧急办"的要求，不断推动简易事项实现即来即办。深入推进商事登记制度改革，着重做好"一照一码""简易注销""商事主体名称自主申报登记"及全流程网上商事登记业务推广工作，提升政务服务水平。

第二，持续发力推进政务服务便民利企"微改革"。继续深化"五服"政务（实时咨询服务、在线预约服务、精准推送服务、帮办代办服务、双邮服务）改革，着力聚焦企业和群众办事实际需求，进一步内部挖潜，整合资源，以"微改革"助推群众、企业办事实际体验和政务服务工作水平"大提升"。持续发力"三秒"审批（以自动填表人工补充的"秒填"、不经人手自动证明的"秒证"、无人干预自动审批的"秒批"），进一步推进减材料、优流程、缩时限，打造以大数据、人工智能为支撑的高效透明便捷的政务环境。

第三，以政务服务"前移"为突破口推进政务服务便利化。探索政务窗口"前移办"，从"人找服务"转变为"服务找人"。一是社区服务"前移办"。以北站社区为试点，利用智慧龙华成果，梳理高频政务事项，

---

① 娄成武、张国勇：《治理视阈下的营商环境：内在逻辑与构建思路》，《辽宁大学学报》（哲学社会科学版）2018年第2期。

对不同特定政务事项人群精准定制套餐服务，通过"电话申请—上门服务—快递送证"新模式，让政务服务资源更好、更及时地衔接、匹配有需要的居民。二是园区服务"前移办"。立足园区企业需求，定期开展"政务服务送上门排忧解难促发展"活动。通过设立集中政务便民服务点提供业务咨询、办理服务，主动将政务服务直通车开进辖区重点园区，把政务窗口延伸到园区企业，最大限度减少企业跑动次数，提高办事效率。三是商区服务"前移办"。以方便群众为立足点，定期开展"政务进商场家门口服务"活动。依托大型商场平台，在节假日和商场举行大型活动时设立政务便民服务点，现场提供业务咨询、办理服务。

2. 全面加强事中事后监管

第一，加强事中事后监管清单管理。编制和公布事中事后监管清单，实现监管清单全覆盖，建立健全事中事后监管清单动态管理机制，根据法律法规、职能变化等实际，适时调整完善清单内容。

第二，深化"双随机、一公开"工作。动态更新"一单两库"，根据法律法规及规章，调整双随机抽查事项和检查人员库。强化跨部门联合抽查，实现"一次抽查，全面体检，综合诊治"的效果。突出风险导向，对风险高的行业及抽查对象，提高抽查的比例和频次，对风险较低的行业适当降低抽查比例和频次。

第三，加快完善社会信用体系建设。依托信息化手段进一步加强层级监督，强化信用信息开放共享，编制龙华区信用目录，搭建龙华区信用信息平台。推进信用监管改革，探索以信用为基础的新型监管模式，进一步健全守信激励和失信惩戒机制，加快建设信用示范城区。

第四，刀刃向内推进审批监管服务一体化。一是促进结果同步推送。推进审批、监管和信用等系统互联互通，实现行政审批结果同步推送至相关职能部门，为企业和个人及时提供精准服务。二是促进统一纳管。加强各部门联合监管，并将监督检查结果纳入信用体系，向业务审批部门开放共享，形成审批、监管、服务数据共享应用闭环。三是促进服务增效。通过加强监管和信用体系建设，探索推进告知承诺、容缺办理等改革，进一步提高审批、监管和服务效能。

3. 大力优化提升服务水平

第一，率先开展政务服务"六零行动"。全力推动无感申办和"秒批"

改革，让群众办事"零等待"；持续深化行政审批制度改革，继续推动"一件事一次办""指尖办"，努力实现政务服务"零障碍"；推动政务事项"前移"上门办理，多措并举助推"零跑动"；深化自助办、园区办、就近办等便民举措，持续开展政务服务进社区、园区、商区行动，力促政企、政民沟通"零距离"；落实"一口受理、互相衔接、联审联办、限时办结"四个要求，实行告知承诺和容缺后补审批模式，力争政务事项"零积压"；持续完善区、街道、社区三级政务服务标准化体系建设，努力实现群众体验"零差异"。

第二，推进政务服务主动性。拓宽咨询渠道，建立网上智能客服平台，组建线下业务咨询专责小组，打造线上、线下一体化咨询服务模式，逐步将线下咨询向线上转移，形成线上咨询为主，电话咨询为辅，现场咨询为补的咨询服务模式，确保业务问题及时得到解答，线上业务指导成为现实。开发预约服务功能，分为预约上门主动办理和预约至大厅现场办理，缩减群众等候时间。将预约服务功能嵌入办事指南页面，在查询业务资料的同时可进行业务办理预约。引入办事小助手，全程陪同已预约到现场办事群众完成业务办理，按"抵达前—抵达—呼号办理—离厅（办结）"等节点主动提供导航、咨询、预审、送达（告知）等线上个性化服务。

第三，推进政务服务精准性。加强政民互动，实施精准推送服务。为用户提供针对政务服务意见建议反馈、投诉、评价、征求意见、投票等沟通平台。根据社区功能定位，梳理个人全生命周期政务服务事项，利用数据账户信息、历史办理业务，结合用户浏览痕迹、业务受理条件，制定个性比对规则，主动推送用户满足办理条件的事项，实现政务服务的精准推送。对于用户浏览查询但暂未具备办理条件的事项清单，自动比对告知暂不具备办理的条件。

第四，推进政务服务公开性。创新政务公开工作体系。推动公开事项标准化、公开流程规范化和公开手段信息化"三化并进"；探索启动政务公开白皮书发布工作，推进政务公开上台阶。扩大政务公开范围。绘制"民生资源地图"，整合民生资源类项目和设施，便于公众及时、准确获取信息；加大社会救助、就业创业、住房租房、教育、医疗卫生和扶贫政策等信息公开力度，及时回应民生重点关切；强化生态环境信息和政策的公开，不断提升环境质量；建立信息动态化公示平台，提升政务公开便民利民效能；持续优化升级产业政策查询平台功能，强化产业政策解读和回应，实时更新产业政策规则，并引入社会企业诚信平台将市场主体行为纳入诚信信用库。优化政务公开方式。打造"线上+线下"相补充、"内媒+外媒"相结合的政务公开渠道；利用大数据分析应用，准确预测群众的政务服务需求，实现精准推送。

第五，探索"跨界"政务合作，打造协同政务"生态圈"。从政务民生、数字政务出发，聚焦深圳建设先行示范区的政务需求，不断拓宽合作范围，围绕金融、交通、医疗、民生、教育等重点领域开展深度务实的政务合作，探索"跨界合作"政务服务新模式，打造协同政务"生态圈"，延伸政务服务渠道，提升利企便民服务水平。

（三）建设民主法治创新试验区，打造法治化竞争环境

1. 着力强化法治理念，创建民主法治创新试验区

积极参与特区立法工作，加强先行性、实验性、创新性制度研究论证，积极提出立法建议，及时形成立法需求清单，主动对接上级有关部门，建立健全改革决策与立法决策相衔接的工作机制。推行重大行政决策目录编制和发布机制，完善重大决策风险评估机制。坚持和完善中国共产党领导的多党合作和政治协商制度，构建程序合理、环节完整的协商民主体系。搭建律师行业交流平台；建成深圳民法公园、民法博物馆；全面构建"家、站、点"人大代表服务体系，拓宽立法意见征集渠道。深化拓展"委员之家"和委员联络站建设，打造"委员议事厅""委员之声"等特色品牌。

2. 着力强化培育帮扶，持续夯实产业发展根基

聚焦疫情冲击影响、企业生产经营困难、辖区产业结构特点，重点发挥质量奖、品牌战略、知识产权专项资金资助对优质潜力型企业的引导激励作用。

第一，开展区长质量奖评选工作。完成质量奖评选及《管理办法》修订工作，开展质量奖、质量进步奖评审工作，召开全区质量奖励大会，强化政策协同，科学设定评选范围、指标、周期，重点向先进制造业、实体经济、现代服务业倾斜，在龙华区全面打响产业基础高级化产业链现代化攻坚战中发挥市监力量。继续深入实施"龙华品牌"战略，完成《龙华区实施知识产权、品牌、标准化战略的若干措施》修订工作，新增深圳市团

体标准资助和质量示范企业资助等内容，加大标准资助力度，开展龙华区质量示范企业评选，创造更多"龙华品牌"。

第二，严格知识产权保护。进一步深化知识产权保护机制改革，探索建立知识产权保护评估和通报制度，建立"行刑衔接、信息共享、部门联动、点面结合"的知识产权保护机制。发挥市、区、街道三级联动执法优势，实现重点园区知识产权检察室100%覆盖，加大知识产权案件查处力度，健全知识产权审判"三合一"机制，缩短办案时间，提高违法成本。围绕"4.26"世界知识产权日活动，开展知识产权进园区、进企业活动，发布知识产权公益广告，做好重点企业跟踪服务，营造重视知识产权、保护知识产权的良好氛围，提高企业核心竞争力。

3. 着力强化安全监管，牢牢守住民生安全底线

第一，打造龙华实施食品安全战略新品牌。重点筹建好市级食品药品科普教育基地。加快推进"智慧农贸"需求分析、硬件配置、系统建设、入网验收、操作培训等工作，探索新农贸智慧监管从可视化向智能化转型，以信息化手段提升市场管理效率，以智能化设备应用与追溯体系建设为消费者提供舒适安全的交易环境，同时进一步加强活禽、限塑、野生动物、文物市场等领域专项整治行动，维护市场良好秩序。加大食品安全专项治理力度，针对网络订餐、集体食堂、农贸市场等重点领域开展食品安全专项行动，开展重点餐饮单位质量提升，进一步推动食品生产企业开展追溯体系建设和危害分析关键控制点体系（HACCP）认证。积极创建一批食品安全示范街，全力打造龙华实施食品安全战略新品牌。

第二，加强民生安全领域监管。大力推进老旧电梯更新改造，建立完善电梯安全监管长效机制。加强重点产品质量监管，聚焦儿童用品、纺织服装、家居用品等与人民群众生活密切相关的产品，强化产品质量安全监测评估和监督抽查。进一步强化疫苗监管，优化流通配送，保障疫苗接种冷链系统运转，严厉打击违法违规行为，确保疫苗安全高效。进一步强化祛痘、面膜、祛斑等高风险和特殊用途化妆品质量监管。针对执业药师"挂证"现象，继续推进药师在岗网上监测项目，建设零售药店执业药师在岗电子监测系统，实施人脸识别自动监测考勤，逐步减少"挂靠证"行为，打造"不见面""智慧化"监管品牌。开展医疗器械"清网"整治行动，以及植介入、无菌等高风险医疗器械监督检查专项行动。推进"美丽

田园"建设和高标准基本农田建设,形成立体监管,推动农业向科技、观光、休闲一体发展。开展"比较试验+社会监督"以及"农贸市场消费评价指数"推广活动,促进消费提质升级,助力经济高质量发展。

4. 着力强化集中办案,积极提升监管执法效能

突出对恶意扰乱市场秩序等行为的严查重处,形成更实的执法措施、更多的执法品牌、更大的执法成效。

第一,发挥"拳头"作用。提升执法办案规范化和专业化水平,争取查办更多新型案件以及有社会影响力的大案要案,树立执法权威。重点开展打击微商、电商领域销售"两品一械"违法专项行动。加大涉黑涉恶线索的深挖摸排力度,重点开展保健行业、食品安全、职业索偿三大行业治理工作。

第二,打造执法品牌。围绕辖区经济、民生领域热点难点问题,开展季度综合执法专项行动,严打严查区域性、行业性的市场违法行为,凸显集中执法的优势和声势。以"双随机、一公开"为契机,进一步完善跨部门联合执法模式,形成监管合力。探索建立综合执法机制,以"一次到企、全检到位"为主要目标,进一步提高综合执法效能。扎实开展"三级联动执法"试点,理顺各级执法边界。

第三,完善考评机制。针对当前基层执法办案中存在的突出问题,从数量、质量、效能、时限等多个维度综合分析研判,探索建立一套简便易行、务实管用的执法办案考核评价指标体系,解决文书不规范、程序不严谨、延期随意性大等问题。

第四,强化法制保障。深入梳理案件办理和败诉判决中存在的重大疑难和定性争议问题,通过"以案释法""以案带学"等活动,形成统一规范的办案指导意见,提升办案水平。落实行政执法公示、执法过程全记录和执法决定法制审核制度,建立行政复议诉讼事中事后指导机制。

(四)打造数字政府"龙华样本",优化国际化市场环境

1. 深化信息化建设"供给侧"改革

第一,夯底筑基聚焦基础平台建设。坚持"统筹集约,共建共享"原则,运用5G、边沿计算等前沿技术升级完善云计算平台、大数据平台、物联感知平台、移动政务平台。通过新建智能运算平台、公共服务平台、运维管理平台和安全管控平台等,构建"数字政府"技术"底座",实现跨

网络、跨区域、跨平台融合集成，打牢应用开发支撑平台和应用门户，实现同城内应用级容灾。全面打破系统壁垒和信息孤岛，夯实"全区一体云、条块一体化"新格局。

第二，谋划未来聚焦数据驱动发展。数据是新时代的石油，是最为珍贵的财富。在推动信息化及系统建设的同时，应更加注重数据的有效管理和高效利用。统筹建设完善政务大数据中心，推行服务化开发模式，降低技术门槛和开发成本。通过数据平台，实现数据的定义、生产、汇聚、治理、运算、服务、归档等全生命周期管理，以数据压实责任、以数据阳光政务、以数据驱动改革，助力迈向"数据驱动"发展新阶段。

第三，探索全面高效的信息安全管理新方法。制定数据资产分级分类管理制度，定期进行数据资产盘点和分级分类，全面掌握数据资产情况。探索4A（账号管理、认证、授权、审计）技术、零信任技术在个人信息和重要数据安全管理中的应用。加强应用系统访问控制，基于最小权限授权原则，实行严格的访问权限管理。

2. 深化数字政府改革推动政务服务智能化

第一，深入推广"互联网+"智慧政务建设。加快大数据、人工智能、5G、区块链等先进技术深度应用，推进政务数据归集、开放和共享。推行"取消复印件""指尖办理""刷脸办事""无感申办"，加快实现政务服务"一网通办、跨层可办、掌上可办"。打造"政务1厅"项目，实现"主动、精准、整体式、智能化"的VIP政务服务体验。力争实现90%的法人事项及100%个人事项"指尖办"，推动120项事项实现"无感申办"，可通办事项突破500项。

第二，建立证照管家，实现智能化申办。利用区大数据平台，向市大数据平台订阅办理事项证照信息，通过数据清洗及分类处理后，推送至用户账户，形成个人证照库，便于用户随时查看调取。通过个人数据账户信息及现有证照情况，实现业务申办时表单的自动填表、证照材料的自动获取、业务办理的自动审批。

第三，以数字政府建设促进智慧城市发展。依托"智慧龙华"统一平台，建设一体化政务数据中心和政府管理服务指挥中心，打破数据壁垒，强化城市数据实时汇集、分析和应用能力，打造"城市大脑"。探索"区块链+"，推动政务服务改革。推进"智慧龙华"标准体系建设，深化市区两级百亿级数据资源共享及应用。

3. 深化对外开放和国际合作

第一，构建国际创新网络。通过加大政策力度、创新合作模式等，充分发挥各类科技服务平台连接国际创新要素与产业化创新活动的桥梁作用，提高龙华区企业与粤港澳大湾区及国际创新平台和要素的联通度，促进区外创新成果在龙华区实现产业化。积极引进或设立全球创新城市联盟、联合国工业组织等国际枢纽型组织或分支机构。通过产学研共治联盟等非官方渠道，定期举办产学研沙龙、校友沙龙等活动，使龙华区逐步成为深圳乃至大湾区创新网络中受科研人员认同的产业化创新核心节点。

第二，扩大现代服务业对外开放。探索建设"大湾区（龙华）现代服务业扩大开放试验区"，加强与前海深港现代服务业合作区的合作和"前海模式"跟踪研究，进一步放宽现代服务业外资市场准入限制，加大对粤港澳大湾区服务业资本的开放力度。拓展境内外技术合作新空间，聚焦产业链关键核心环节、关键零部件环节，探索完善生产性服务业支持政策，加大对跨国公司转让至境内的知识产权的保护力度。

第三，融入国际资本市场。充分利用香港、深圳的资本市场和金融服务功能，合作构建多元化、国际化、跨区域的科技创新投融资体系。鼓励境外私募基金参与龙华区创新型科技企业融资，鼓励符合条件的创新型科技企业赴港上市。

第五章　率先塑造现代城市文明　争创文化创新引领区

根据《中共中央国务院关于支持深圳建设中国特色社会主义先行示范区的意见》，深圳先行示范区建设有五个战略定位：高质量发展高地、法治城市示范、城市文明典范、民生幸福标杆、可持续发展先锋，其中第三个目标对城市文明提出了明确要求："践行社会主义核心价值观，构建高水平的公共文化服务体系和现代文化产业体系，成为新时代举旗帜、聚民心、育新人、兴文化、展形象的引领者"。

改革开放40余年的高速发展，深圳已跻身全球城市之列，龙华区位于城市的中轴线上，作为人流、物流、商流的重要枢纽，文化与文明领域的跨国家交流、跨民族交流、跨地域交流都日益丰富，率先突破塑造现代城市文明，争创文化创新引领区，既是龙华大发展的重大机遇，同时对龙华未来的产业转型、城市发展都意义重大。龙华区地处深圳市中北部，南接福田中心区，西连南山、宝安、光明，东邻龙岗，北与东莞市交界，总面积175.58平方公里，下辖观澜、福城、观湖、大浪、龙华、民治六个街道。龙华区人文底蕴深厚，客家文化、红色文化、时尚文化交汇，拥有白石龙中国文化名人大营救旧址，观澜原创版画和永丰源"国瓷"两个国家级"文化产业示范基地"，中国首个专业版画博物馆——中国版画博物馆，入选国家级非物质文化遗产名录的大船坑麒麟舞等一大批传统文化项目。

第一节　关于城市文明及文化建设的理论逻辑与实践要求

一　关于"城市文明典范"的理论思考

从战略上看，先行示范区建设到21世纪中叶的目标是全球标杆城市，在城市文明发展方面要对标顶级全球城市，需要符合全球城市及世界级城市的一般要求。"全球城市"，是指在社会、经济、文化或政治层面能直接影响全球事务的城市。作为全球城市，不仅物质极度丰富，更是人类文明的集中体现和象征。纵观全球，国际公认的"全球城市"概念，均是国际文化交流传播的中心，集世界文明成果及人文精神的城市。但另一方面，中国特色社会主义先行示范区更要彰显中国文明的本质和特质，同时也是宣扬中国文化的国际纽带。

（一）体现全球城市世界文明中心的功能

国际上公认的全球城市，如纽约、伦敦、巴黎、东京、新加坡、北京、香港等，不仅是物质创造的领先者，更是全球文化交流、互动及融合的大熔炉，世界文化技术创新和创造的发源地，人类文明的诞生、储存、消费、交流与传播中心。总体说来，其文化具备如下属性：

1. 多元文化共生、互动、融合的开放空间

从人口构成上看，全球城市集聚了世界人才，移民的数量众多。如纽约的移民占人口比重达到近四成，使用的语言多达800余种。人口构成的全球性，决定了文化、风俗甚至是城市品质的多元性。正如刘易斯·芒福德所言，"最初城市是神灵的家园，而最后城市本身变成了改造人类的主要场所，人性在这里得以充分发挥"。在城市与不同的人口、文化的互动和相互影响中，城市成为一座多民族、多语言、多习俗、多信仰的开放多元熔炉。而多彩的文化，轻松的氛围，自由的发展，相互尊重的态度和开放包容的性格等等又加剧了城市的全球吸引力，进一步增加城市的多元性及创造性，提升城市本身的世界文化文明中心的地位和功能。

2. 人类文明的发源、储存与传播中心

全球城市不仅是市民的生存、居住空间，更是彰显人类文明的核心区域。作为最发达的地域，全球城市是最新的人类智慧、人类文明和科技创造成果的发源地，不断创造文化产品、提供高水平文化服务、开展个性化文化消费，满足市民多元化文化需求。城市也是人类文明的储存地，以其颇具特色的建筑、文化馆和博物馆等储存和记载着人类发展的历史轨迹、古老文明和文化积累，体现城市发展的厚度和底蕴。全球城市以其国际交通枢纽的区位优势和全球影响力，以交流会、展览、演出等多种形式，汇集并向全球传播人类文化理念、文化创意及产品、文化时尚艺术，是全球

文化和文明交流和传播的枢纽和中心。

全球城市需要具备以上文化属性，同时高度发达的城市文明也是城市提升吸引力、软实力、创造力的重要依托。

（二）连接中国与世界文明的纽带

全球化过程中，文化与文明在碰撞与冲突中互相渗透和影响，文化的融合和冲突两种趋势不断加强，不可逆转。亨廷顿认为："在新的世界中，最普遍、最重要和最危险的冲突，不是发生在阶级之间，富人与穷人之间，或其他从经济上定义的群体之间，而是发生在属于不同文化实体的人们之间。"[1] 当前，东西方的文化与文明冲突是文化冲突的最重要表现形式，而我国作为世界少数的社会主义国家，经常受到文明歧视甚至文明敌视。这时，如果我们缺乏文化自信、妄自菲薄，很容易在物欲横流的环境中，走入迷失和迷茫之中，小到影响个人发展，大到影响国家安定。

习近平总书记在党的十九大报告中指出："文化是一个国家、一个民族的灵魂。文化兴国运兴，文化强民族强。没有高度的文化自信，没有文化的繁荣兴盛，就没有中华民族伟大复兴。"[2] 文化能为人民提供强大的精神力量、丰富的灵魂和道德滋养，文化不仅能引领社会思潮，同时对经济、政治、社会和生态文明均有正向的促进作用。

文化是软实力。它深深地蕴含在民族的生命力、创造力、凝聚力和影响力之中，漫长的人类史证明，一个国家如果没有自己独特而繁荣的文化，不可能长久地屹立于世界民族之林。中国是一个历史悠久、文化积淀深厚的世界大国，随着国力提升，中国文化也应具有更强大的世界影响力。近年来，逆全球化及地方保护主义、民粹主义的抬头，国家间的竞争越来越激烈，其本质是以文化为背景的综合国力竞争。因此，加强文化建设不仅可以提升我国综合国力和国际地位，同时可以增强我国的竞争优势和文化吸引力。

同时，文化也是硬实力。在物质相对富足的当今社会，文化消费已然成为消费的新亮点和增长点。"国家统计局数据显示，据对全国规模以上

---

[1] 颜晓峰：《全球文化的融合与冲突》，《理论参考》2005 年第 7 期。
[2] 习近平：《决胜全面建成小康社会 夺取新时代中国特色社会主义伟大胜利——在中国共产党第十九次全国代表大会上的报告》，人民出版社 2017 年版，第 40—41 页。

文化及相关产业5.9万家企业调查，2018年上半年，上述企业实现营业收入42227亿元，比上年同期增长9.9%，继续保持较快增长，高于上半年国内生产总值6.8%的增速。"① 文化及相关产业已经成为一支独立的产业力量，在稳就业、稳预期、促消费等方面发挥积极作用，同时文化的创造力也在推动其他产业创新的发生。

文化载体建设是文化建设的基础。一是巩固文化的理论研究和宣传阵地。二是改革和完善文化管理体制和文化生产经营机制，推动社会主义文化繁荣发展。三是健全现代文化产业体系和市场体系，加快发展现代文化产业。四是加强文化宣传对网络媒体、新型社交平台等新阵地的覆盖。

社会主义核心价值观是文化建设的主题。习近平总书记在党的十九大报告中指出："发挥社会主义核心价值观对国民教育、精神文明创建、精神文化产品创作生产传播的引领作用，把社会主义核心价值观融入社会发展各方面，转化为人们的情感认同和行为习惯。"② 文化建设的主题就是将社会主义核心价值观的宣传工作，以鲜活的形式融入各类文化载体中。

"四个自信"是文化建设的目标。全球化背景下，各类思潮的冲击不断，有些人在物欲横流下，信仰迷茫、精神空虚，唯有做到四个自信，方能做到不忘本来、吸收外来、面向未来。文化建设的重要目标就是让每一个市民都能坚定道路自信、理论自信、制度自信、文化自信。

"以人为本"，服务人民是文化建设的根本目的。文化建设以维护人民群众的根本利益为本。先进文化应当是反映民心、顺乎民意的文化，是保障人民群众根本利益的文化。二是要以满足人民群众日益增长的物质和文化生活需要为本。人民群众的物质和文化生活需要，是人民群众的根本利益所在，也是社会主义的价值目标所在。

综上，全球城市的城市文明，不仅是中国的，更是世界的，要有"全球范"。同时，中国特色社会主义先行示范区也要有"中国范"，是向世界彰显中国文化的重要窗口。

---

① 《放大"文化+"对中国经济的助推作用》，光明网（http://epaper.gmw.cn/gmrb/html/2018-08/08/nw.D110000gmrb_20180808_1-15.htm）。

② 习近平：《决胜全面建成小康社会 夺取新时代中国特色社会主义伟大胜利——在中国共产党第十九次全国代表大会上的报告》，人民出版社2017年版，第42页。

二 全球城市文化建设的经验

在全球城市崛起的过程中，其文化建设及文化产业发展路径具有很多共同点，总结如下。

1. 注重文化基础设施建设

全球城市的文化基础设施种类、数量诸多。纽约是美国文化、艺术、音乐和出版中心。在纽约，有两百多家博物馆、四百多家剧院、十几座大型音乐厅、七百余家艺术画廊、两百多处音乐表演场地，每年举办电影节数量也近百场。巴黎有一百多家博物馆、三百多家剧院、十几座大型音乐厅、上千家艺术画廊、四百多处音乐表演场地。伦敦有一百多家博物馆和公共美术馆、两百多家剧院、三百余座图书馆、三百多个商业美术馆、近三十个艺术中心、千余个音乐场馆。此外，纽约的大都会艺术博物馆不仅是美国最大的艺术博物馆，它是与英国伦敦的大英博物馆、法国巴黎的卢浮宫、俄罗斯圣彼得堡的艾尔米塔什博物馆齐名的世界四大博物馆之一。

2. 提升国际交通便利化

全球城市以其文化魅力推动了各地旅游业的发展。无论从国际文化交流还是旅游的需求来看，国际交通的便利性成为必须。纽约有三个机场，其中，肯尼迪机场国际网络覆盖范围最广（通航国际机场133个）。伦敦有六个机场，其中希思罗机场是世界主要航空枢纽，2018年旅客吞吐量8010万人次。东京有两个机场，合计乘客吞吐量上亿人次。

如图5-1所示，从机场连接国际城市数量看，伦敦的国际航线通航城市有320个，纽约122个，新加坡139个，香港146个，东京102个。深圳只有52个，不仅少于北京、上海、广州，也少于成都。旅客吞吐量也有限，不利于国际经济文化交流，对国际人才的吸引力也受到影响。

3. 以会展中心提升地区影响力

当前，全球城市均建有大量的国际会展中心，高频率地举办大型国际会议、展览活动，在增强经贸合作与交流的同时，促进城市经济、科技、文化的发展，提高城市知名度，拉动城市建设，改善投资环境，大大提高了举办城市的综合竞争力。从国际会展中心数量来看，纽约有近一百五十个，伦敦有三百余个，巴黎和东京的国际会展中心也超过两百个。相对来说，深圳只有四个国际会展中心，不仅数量有限，所举办的有国际影响力

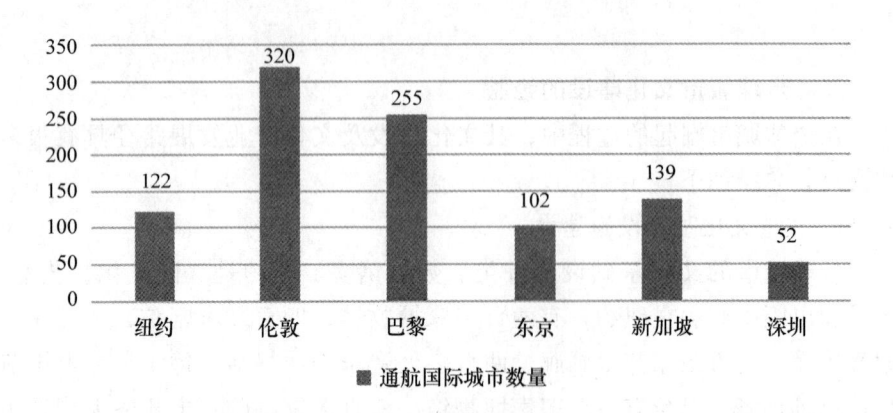

图 5-1 国际城市通航情况

城市	通航国际城市数量
纽约	122
伦敦	320
巴黎	255
东京	102
新加坡	139
深圳	52

的会议和展览活动也较少。

4. 文化产业成为新经济的主导

文化产业是以文化知识和智慧创意为主要内容的产业，凭借其对市场的巨大推动和综合实力的提升得到了前所未有的发展活力。当前，全球城市兴起了以文化产业为主导的发展热潮。纽约是世界文化产业的中心地之一，集聚了美国三大广播电视网和一些有影响的报刊、通讯社的总部，戏剧业、服装设计等也相当发达。"2018年占全部从业人员的比重达到2.63%。2006—2016年十年间，纽约市创意产业的年均增速高达12%，高于金融保险业0.1%的增速。"[1]

近年来，文化创意产业在世界范围内迅速兴起并发展。当前，伦敦已经成为全球的创意中心，被公认为是全球三大广告都城之一，2/3的国际广告公司将它们的欧洲总部设在伦敦。紧随纽约和洛杉矶之后，伦敦是世界第三大影片制作中心，2/3的英国电影制作专职岗位集中在这里，平均每天有27个摄制组在伦敦街头取景拍摄。伦敦的设计业国际知名，拥有世界级的教育机构和设计单位。[2]

5. 重视发挥文化空间和文化设施的统筹规划

从东京都及纽约的文化设施的空间分布来看，其统筹规划的思想史，

---

[1] 数据来源：美国劳工统计局。
[2] 王琪：《世界城市创意产业发展状况的国际比较》，《上海经济研究》2007年第9期。

图书馆、文化馆这类必要的公共文化设施体现的是均等化、广覆盖的公共服务理念，目的是更好地提升文化惠民的广泛效益，而博物馆、美术馆、剧场等数量相对有限，考虑到辐射力和可达性，其空间分布主要体现的是"集群化"。另外，科学合理的文化空间规划，有助于协调统筹文化设施与公共空间、住宅小区、商业楼宇和地下空间的功能分布等，并在各类空间注入文化元素，融入展览展示、演艺、阅读等功能，营造城市浓郁的文化氛围。

6. 以产业集聚促进文化产业发展

产业集聚是国际文化产业发展的重要经验。以英国为例，其文化产业集群性特征非常明显。"2011年，35.5%的文化产业集群分布在伦敦，50%的音乐视听产业集聚在伦敦，23.6%的软件创意产业集中在东南部。时至今日，伦敦被公认为是全球三大广告都城之一，三分之二的国际广告公司将它们的欧洲总部设在伦敦；伦敦是世界第三大影片制作中心，仅次于纽约和洛杉矶。"[1]

英国文化产业集群的发展，并不是固定在某一个"园区"的发展，相比地理上的集群优势，英国的经验在于——创新性的知识在集群中能够流畅地传播更为重要。在伦敦，创意产业属于成熟的市场化操作，并不希望政府干预太多，只希望政府协助建立优质健康的环境，帮助产业的未来发展。创意产业企业选择在哪里开公司，属于各自的商业行为，政府并不能要求他们扎堆在一个院子里或者一个园区里。英国政府推进创意产业的举措主要集中在倡导创意产业的概念，培养公民创意生活与创意环境，发掘大众文化对经济层面的影响力。"[2]

综上，全球城市必定是文化之都。龙华的历史悠久，早在新石器时代就有人类在这里繁衍生息。"龙华人文底蕴深厚，客家文化、红色文化、时尚文化交汇，拥有白石龙中国文化名人大营救旧址，观澜原创版画和永丰源'国瓷'两个国家级'文化产业示范基地'，中国首个专业版画博物馆——中国版画博物馆，入选国家级非物质文化遗产名录的大船坑麒麟舞

---

[1] 尚雅楠：《英国文化产业集群创新机制研究及对中国的启示》，硕士学位论文，山东财经大学，2013年。

[2] 尚雅楠：《英国文化产业集群创新机制研究及对中国的启示》，硕士学位论文，山东财经大学，2013年。

等一大批传统文化项目。"① 因此，凭借良好的基础以及相应的制度安排，龙华具有率先突破塑造现代城市文明，争创文化创新引领区的底气。

三 龙华构建现代文明体系的战略要点

如何发挥现有优势和基础，将龙华的文化品牌和文化产业做强做大，让龙华人有着更高品质的文化体验和文化生活，已经在全区上下形成共识。未来，以先进城区精神体系为统领，公共文化服务体系和现代文化产业体系为根本，以打造优质文化品牌为抓手，成为龙华区争创创新引领区，率先塑造现代城市文明的技术路径，如图5-2所示，以先进的城区精神体系建设为高阶目标，统领公共文化体系、文化品牌及现代文化产业体系构建。具体来说，战略重点如下。

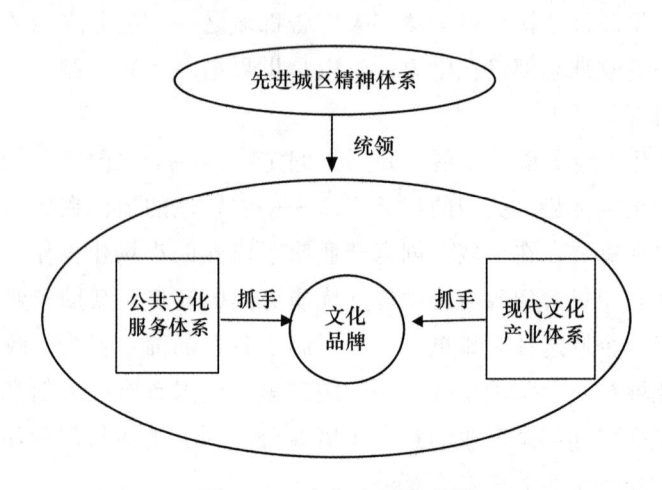

图 5-2 文化建设思路图

资料来源：作者自绘。

公共文化体系的主要抓手有：一是公共文明的提升。如健全市民道德荣誉体系，完善公共文明促进机制等。二是文体设施的建设。如推动体育馆、美术馆、图书馆、文化馆、大剧院等文化设施和场馆的改造和增加。

---

① 深圳政府在线：《龙华区概况》（https://baike.baidu.com/reference/20135397/0c9dqUuS01Pfx5o8ZmtUhNFx_MRGkrg5ZbEyROZ8cCiSPhDFWL7Z046G0qZixvBNGJsDZpK55Lsh55m783xPx-mylB_PkqcIq-dNMtv_r4ubcJvFxhGEtFmwXgDl）。

三是文化活动的丰富。如音乐节等、重大体育赛事等多彩的文体活动。

文化品牌方面：一是巩固大浪时尚小镇、大浪观澜版画基地等已形成一定影响力的文化品牌；二是继续挖掘和培育新的文化品牌，打响国际影响力。

第二节 打造奋斗城区精神，增强社会凝聚力

一个国家要想强大，必须有伟大的民族精神作为支撑，同样，一个城市也需要有自己的独特的城市精神，进而形成一种人与人之间的隐形的契约关系。"城市精神是一座城市的灵魂，是一种文明素养和道德理想的综合反映，是一种意志品格与文化特色的精确提炼，是一种生活信念与人生境界的高度升华，是城市市民认同的精神价值与共同追求。"[1]

截至 2018 年底，龙华的常住人口达到 167.28 万人，人口密度为 9527 人/平方公里，仅次于福田区和罗湖区，人口密度位列全市第三。但与福田区和罗湖区不同的是，龙华的人口倒挂情况严重，常住人口中，非户籍人口与户籍人口比例达到 3.9∶1，远高于全市平均水平 1.86∶1。人口密度大，外来人口多，龙华新区管理面临较大难度。除了常规的城市管理的举措，更需要一种根植于内心，从思想上将所有龙华人凝聚成一条绳的精神力量，也就是说龙华的城市精神。

表 5-1　　　　　　深圳分区土地面积、人口及人口密度

地区 Region	土地面积（平方公里）	年末常住人口（万人）	常住户籍人口	常住非户籍人口	人口密度（人/平方公里）
全市	1997.47	1302.66	454.70	847.97	6484
福田区	78.66	163.37	104.22	59.15	20769
罗湖区	78.75	103.99	60.64	43.35	13205
盐田区	74.99	24.29	7.54	16.75	3239

---

[1] 韩非：《打造城市精神，共建和谐锦州》，《锦州日报》2006 年 4 月 26 日。

续表

地区 Region	土地面积 （平方公里）	年末常住人口 （万人）	常住户籍人口	常住非户籍人口	人口密度 （人/平方公里）
南山区	187.53	149.36	92.16	57.21	7965
宝安区	396.61	325.78	57.29	268.49	8214
龙岗区	388.22	238.64	72.78	165.86	6147
龙华区	175.58	167.28	34.10	133.19	9527
坪山区	166.31	44.63	7.40	37.22	2684
光明区	155.44	62.50	7.74	54.76	4021
大鹏新区	295.38	15.30	3.88	11.42	518
深汕特别合作区		7.51	6.94	0.57	—

资料来源：《深圳统计年鉴（2019）》

一 龙华城区精神的内涵

城市精神对城市的发展有着巨大的精神支撑作用，他凝聚着一座城市的思想灵魂，包括历史传统、道德风气、价值观念，当然也包括思想传承。一座没有精神品格的城市，就仿佛失去了灵魂的行尸走肉，更谈不上奋勇争先的精神动力源泉。龙华只有打造出自己的城区精神，才能对外树立形象、对内凝聚人心，使全区上下团结一致、共谋发展、共创未来。

1. 龙华人眼中的龙华精神

2016年底，龙华区综合办、文明办等联合发起倡议，向社会各界征集"龙华精神"表述语，吸引社会各界踊跃参与，共征集表述语近千条。参与者来自各行各业，涵盖多个年龄段，有在校学生、企业员工、机关干部，也有退休老师、自由职业者等社会群体，大家结合自己对龙华历史传统、人文精神、经济社会发展特点的认识和理解，进行总结和升华，提炼心中的"龙华精神"。

那么，人们心中的龙华精神是什么样的呢？

30后：在民治居住20多年且已年过八旬的黄某说："龙华人是热情、向上的，每个人为实现自己的梦努力着，我年纪虽然大了，但一样要求进步，要为龙华的新面貌出一份力。"

第五章　率先塑造现代城市文明 争创文化创新引领区 / 119

70后：居住在龙悦居小区（深圳市保障性住房）的杨某认为："无论你来自哪里，是什么文化背景，从事什么行业，只要你肯拼搏，在这里都有机会发展，也能找到同伴，不同文化在此融合碰撞。"

90后：刚就职于龙华一家创新型企业的大学毕业何某则表示，自己的家乡是河源紫金，是龙华对口扶贫的地方，过去几年，扶贫工作的开展让家乡面貌有了相当大的变化，内心对龙华有着一份特殊的感情，也促成他毕业后来龙华发展。他说："我来了一年多，龙华的创新氛围十分感染我，很有活力，这也坚定了我在此继续发展扎根的信心。"

可见，城市精神在每个市民心中是如此的具体和生动。每个人对城市精神的感悟也是不同的，正是这些构成了城市精神的一个个面向。

2. 构建龙华精神的原则

那么如何构建一个龙华城区精神的整体框架，将人们心中的各种具象、感官的印象，凝练成思想共识，彰显龙华特色风貌，引领龙华未来发展？研究认为打造龙华精神，必须遵循以下几点原则。

植根历史、基于现实、紧跟时代、引领未来。城市精神是在城市的发展和运作过程中自然形成的，贯穿龙华的过去、现在与未来。既体现深厚的历史积淀，又符合鲜活的现实，并且紧跟时代，做到承前启后、引领未来。

知行合一、相得益彰。龙华精神的定位一定要准确，与龙华的发展现状、人口结构、风俗民情客观环境相符合，与龙华的外部形象相贴合，与发展要求相适应，使城区精神的无形与城市本身的实体和谐统一、相辅相成，从而相得益彰的效果。

独树一帜、突出特色。各大城市均有自己的城市精神，比如北京精神：爱国、创新、包容、厚德；上海的城市精神：海纳百川、追求卓越、开明睿智、大气谦和，杭州的城市精神：精致、和谐、大气、开放。可见，由于历史传统、地域环境、思想文化、发展水平等方面的差异，每一种城市精神都是与众不同且为城市所特有。打造龙华城区精神一定要注重挖掘并彰显龙华的个性，展现城市的独特魅力。

二　龙华城区精神的定位

（一）体现深圳精神

龙华是深圳的一个行政区，因此，深圳的城市精神理应是龙华的城区精神的重要内容。那么深圳的城市精神是什么呢？作为经济特区，深圳的城市个性和特点主要体现在市场经济、改革开放、文化多元等方面。自20世纪90年代初开始，深圳进行了多次关于深圳精神的讨论。21世纪初，深圳将自己的城市精神即深圳精神，提炼概括为"开拓创新、诚信守法、务实高效、团结奉献"[①]。这四句话、十六个字是对当前深圳城市精神的高度凝练，是凝聚深圳人心，是推动深圳持续快速、健康发展的秘密武器和内在动力。

（二）吸收深圳十大观念

在深圳经济特区建立30周年之际，市民与专家共同推选出的"深圳十大观念"，不仅在深圳，推广至全国，引发热烈讨论。

1. 时间就是金钱，效率就是生命

这是1979年诞生于深圳蛇口工业区的宣传语，这个冲破旧观念的口号，使市场经济的"效率"概念进入人心，敲响了深圳人轰轰烈烈干事业的信心。

2. 空谈误国，实干兴邦

敢想更要敢干，否则一切停留在妄想之中的抱负和理念都会是白纸一张。改革开放40余年，深圳的发展取得举世瞩目的成就，这是深圳人扎扎实实干出来的、拼出来的，是对实干兴邦的最佳诠释。

3. 敢为天下先

改革开放总设计师邓小平曾说过，"深圳的重要经验就是敢闯"。据不完全统计，40年来，深圳创造了1000多个'中国第一'和120多项世界首创。畏首畏尾就没有今天的深圳。敢闯敢试敢为天下先是深圳解放思想，担当作为的勇气和智慧。

4. 改革创新是深圳的根、深圳的魂

市场经济体制改革、大部制改革、监管改革、商事登记制度改革，不见面审批改革等等，深圳改革创新的步伐从未停歇。在深圳没有什么是不变的，唯有改革创新永不变，改革创新始终是深圳闪亮的名签。

5. 让城市因热爱读书而受人尊重

2000年11月深圳开展首届深圳读书月活动，在全国率先提出"实现

---

① 中子：《用新的深圳精神引领城市发展》，《深圳特区报》2016年4月13日第A2版。

市民文化权利是文化发展根本目的"的理念。深圳人在读书上可谓硕果累累，连续26年人均购书量排全国第一，市民人均日阅读时间超一小时。2013年，联合国教科文组织授予深圳"全球全民阅读典范城市"称号。

6. 鼓励创新，宽容失败

这是深圳精神、深圳力量的体现。改革开放初期，正是凭着这种精神和理念，深圳方方面面都敢做"第一个吃螃蟹"的人。也正是因为长期形成的宽容失败的环境，全国各地的人才以深圳为试验田，播种创新的种子，才成就了深圳创新之都的美名。

7. 实现市民文化权利

改革开放后的很长一段时间里，深圳被一些人视为"文化沙漠"，与经济成就相比较，文化方面的建树确实略显暗淡。但深圳非常尊重公民的文化权利，兴建图书馆、博物馆、科技馆等文化基础设施，如今遍布各地的24小时自助图书馆等科技赋能下，深圳慢慢形成自己的文化基因，文化成为深圳人的精神家园。

8. 送人玫瑰，手有余香

在深圳，各种组织和活动中，必不可缺的就是红马褂。任何一个人都可以作为志愿者，为这座城市贡献一分力量，于平凡中见真情，于无声中献爱心。因此，深圳也被称为志愿者之城，送人玫瑰，手有余香的志愿者是新时代雷锋精神在深圳的充分体现。

9. 深圳，与世界没有距离

这是申办世界大运会的口号，来自一位普通市民的创意。作为改革开放的窗口和试验田，深圳担负着古老中国通往世界排头兵的历史重任。从主动融入世界产业链条，不断提升国际化水平，不仅呈现出深圳向世界敞开胸怀，保持与世界零距离的理念，更是深圳以新的姿态展现在世界舞台的机遇。

10. 来了，就是深圳人

深圳是一座因人才而兴、而胜的城市。改革开放以来，源源不断的来自祖国甚至世界各地的人为深圳注入了发展的生机和活力，在深圳鲜有本地人和外地人的区分，"来了，就是深圳人"，一句看似简单质朴的招呼语，却深刻展示出深圳的包容性格以及移民城市的独特气质。

从深圳十大理念可以看出，这座城市正在积极塑造自己独特的文化和精神。十余年后再反观当时提出的思路，有些是当时提出的发展目标，但如今早已成为对深圳的精准描述，这充分说明了城市精神对于城市发展的引领和带动作用，同时也说明城市精神在一定程度上是可以塑造的。

（三）凸显龙华的奋斗特色

2011年12月30日，龙华新区正式成立，由原宝安区龙华镇变成功能区，为当时的深圳市四个新区之一，是《深圳市城市总体规划（2010—2020）》中的举措之一。2016年10月，国务院批复广东省人民政府，同意设立深圳市龙华区，以观湖、观澜、福城、龙华、民治、大浪6个街道的行政区域为龙华区行政区域。2017年1月7日，深圳市龙华区举行揭牌仪式，正式成为行政区。五年来，党建引领的奋斗文化构筑了龙华精神内核，涌现出全国自强模范张莹莹、鹏城工匠杨飞飞等一大批奋斗先锋，谱写出20名技工千里驰援火神山医院建设等奋斗故事，成就了这座激情燃烧的奋斗之城。

奋发图强，凸显年轻的朝气。准确说来，龙华正式诞生至今不过五年多，作为一个后起之秀，龙华需要有年轻人的朝气，敢做一些年轻人的事儿。思想不能被老一辈思想作风所束缚，守住底线不怕改革创新会出错，以奋发图强的精神撸起袖子加油干，继续杀出一条血路。

力争上游，凸显拼搏的决心。作为一个新的行政区，龙华的基础条件并不好。但龙华全区上下均不甘于现状，以追赶原特区的干劲和大展拳脚的抱负，使龙华的发展在短短几年内发生翻天覆地的变化。一栋栋商务大楼耸入云端，一家家商场琳琅满目，一条条马路鳞次栉比，一座座公园鸟语花香，龙华的居民从发展中得到了实实在在的幸福感。未来，龙华需要以力争上游的志气和决心，继续干事创业、改革创新，将龙华推向更高、更远、更大的世界舞台。在经济建设、社会民生、科技创新等领域全面比较深圳最领先的行政区，甚至要朝着比肩国际一流城区的发展目标继续努力。

厚积薄发，凸显发展的节奏。好高骛远、好大喜功往往会破坏城市的发展节奏，影响可持续发展路径。当前，时逢"双区"叠加的重大利好释放期，龙华迎来了前所未有的发展机遇，各大企事业单位都摩拳擦掌跃跃欲试，这种形势下龙华更要控制好发展的节奏，做好经济社会发展的规划和战略，有所取舍，才能让投入（比如土地、资金等）更加有效，换来加倍所得。抓住关键要素消减木桶效应，如人才、教育、交通等短板已经制约产业创新和创新潜力，只有将这些基础打好，才能本固枝荣、根深蒂固。未来，龙华需要以厚积薄发的严谨和蓄势待发的心智，做好拉长板补短板的准备，既做有准备的人，又做抓住机遇的人。

自我实现、自我成就，体现作为龙华人的主人翁的认同感以及个人代入感。主人翁意识下，人不仅关注自己及家人，还会关心和关爱周围的一切，形成"人人爱龙华，龙华是我家"的社会氛围，形成个人的利益和整个龙华的经济发展是一致的思想，全力打造龙华共建共治共享的社会治理格局。在社会认同感新时代下，"大众创业、万众创新"成为新势态，创新创意成为当代龙华人最需要的品格，龙华人需要特立独行和自我实现的精神。在龙华形成彰显和培训个性的文化和社会氛围，是激发创新创意的原始动力。

城市精神是时代精神的体现，它是具体的、形象的，也是动态演进的。以习近平新时代中国特色社会主义思想为指导，全面贯彻党的十九大和十九届二中、三中、四中全会以及中央经济工作会议精神，深入学习贯彻习近平总书记对广东、深圳工作的重要讲话和指示批示精神，全面贯彻落实《粤港澳大湾区发展规划纲要》《中共中央国务院关于支持深圳建设中国特色社会主义先行示范区的意见》精神，结合龙华的战略定位和新的使命，龙华精神不断丰富、不断扬弃、不断更新。因此，有必要充分利用媒体，包括电视、电台、书籍、杂志、报纸等传统媒体，以及网络媒体，包括微信、微博、直播、短视频等等，做好舆论宣传，向全社会征集新时代龙华精神的表述语。

三　进一步凝心聚力打造龙华奋斗精神的举措

（一）打造奋斗党课

以"四史"学习教育为重点，推出"红船精神"党课、"向奋斗人致敬"党课、"三代人共忆初心"电影党课、音乐党课、长征精神党课、中国文化名人大营救情景党课、"百年铸伟业 奋斗绽芳华"舞台剧党课等特色党课，教育引导全区党员树立奋斗意识，积极投身"奋斗之城"建设。

（二）建设奋斗物理文化空间

打造"一街道一奋斗者广场"、奋斗文化圈、奋斗文化记忆馆、奋斗者影像馆、"大国工匠"博物馆群、市人才研修院龙华分院，塑造有理论学习、有沉浸体验、有生动实践的奋斗物理文化空间，充分发挥空间的政治导向、价值引领和情感熏陶作用，持续提升党员党性修养。

（三）打造奋斗教育体系

采用专题电视片、口述史、奋斗课程等多种形式打造全方位奋斗教育体系。一是高标准配合市委组织部拍摄建党100周年宣传视频，展现1921年至今100年来党的奋斗历史，创新历史呈现方式，以情感唤起共鸣，让观众在潜移默化中接受党史洗礼。二是拍摄一系列"奋斗者说"口述史，用系列专题片，充分展现新时代龙华党员干部的担当与使命，以奋斗者引领更多的奋斗者。三是打造"奋斗者广场""奋斗者学堂"，把区基层治理学院作为改革开放干部学院特色分院，开发个性化、差异化课程体系，针对干部、人才、产业工人，不间断开展奋斗者培育工程。

（四）开展"为民""便民""安民"奋斗惠民工程

实施"为民计划"。为民服务，为民解忧，聚焦群众最关心的、最需要的用工招聘、社保医保、安全隐患排查、反诈骗宣传等民生项目，开展"党徽耀龙华，为民办实事"主题活动、党员志愿服务、新型民生微实事、为民服务"双问行动"等系列服务。

实施"便民计划"。智慧便民，用好"i社区码上办"、龙小智掌中宝、美团生活智能服务供需地图等线上系统，绘好党群服务热力图。阵地便民，在全区建成100个党群服务V站，为快递小哥、环卫工人等群体提供"歇脚屋"；用好深圳北站国际人才驿站，为人才提供更多便利服务。设施便民，建设10个暖心柜、10个关心下一代小书库，成立暖心基金。

实施"安民计划"。深化与深圳市委党校心理能力提升中心、市心理卫生健康中心合作，在区党群服务中心建设安心学院，在各街道、社区党群服务中心建设安心驿站，在党群服务V站搭建安心小屋，配备一批心理咨询师。

（五）开展奋斗破难"双百行动"

结合建设数字龙华、区一届五次党代会报告主要任务，开展"学史力行，党建与业务双融双促优秀案例评选"，梳理100个工作任务清单，组建100个攻坚小组，逐一揭榜挂帅，以"双百"攻坚解百难、破百难，挖掘培养一批冲锋陷阵的"闯将""尖兵"，切实为群众办实事解难题。

第五章　率先塑造现代城市文明 争创文化创新引领区 / 125

（六）开展"同追梦·共奋斗"结对共建

举办"中国品牌社区论坛"。深化社区成长伙伴计划，邀请武汉东湖新城社区、北京朝阳安华里社区等，围绕"党建引领、社区治理"主题，共同举办"中国品牌社区论坛"。配合举办"扶贫工作论坛"。高标准建成开放式扶贫街区党群服务中心，围绕"乡村振兴"主题，推动龙华与东兰、凤山等地区结对共建，举办"扶贫工作论坛"。

（七）打造奋斗IP

打造高铁"奋斗者"号，发布一批凸显汉深双城联动、携手奋斗的公益广告、公益广播。打造有轨电车"奋斗者"号，在车厢、接驳站灯箱等设计制作"奋斗"主题宣传，营造浓厚奋斗文化宣传氛围。

（八）推出《奋斗》党建刊物

聚焦党建引领奋斗文化之城建设主题，以线上线下相结合的方式策划制作系列刊物，着力打造全新的奋斗文化党建宣传阵地。

（九）开展奋斗文化课题研究

深入开展"大学习、深调研、真落实"，系统梳理和总结党建引领的奋斗文化，完成"党建引领奋斗文化实践与探索"课题调研，以适当形式发布。

（十）开展"致敬奋斗者"主题活动

推出"胜利碑下忆初心"情景剧，举办奋斗者广场集中启用仪式，以集中启用仪式开启"新奋斗"。以区委组织部庆祝建党100周年方案为核心，18个基层党（工）委围绕以"致敬奋斗者"为主题，开展建党100周年系列活动，形成"1+18+N"建党100周年活动清单，适时开展评比活动，以评促建，营造浓厚庆祝氛围。

第三节　打造优质文化品牌体系，提升城区知名度

一　让大浪时尚小镇美出新风采

（一）发展现状

大浪时尚小镇的规划面积为11.97平方公里，核心区用地面积3.79平方公里。突出时尚特色功能，加快建设城市客厅、城市驿站等项目，建成

中国服装品牌街区，打造奥特莱斯式直营购物街区和市级夜间经济示范街区，办好全球纺织服装供应链大会、中国女装设计大赛等国际时尚活动，打造国际知名的"原创之都、时尚高地"。截至2019年，小镇已累计引入时尚及配套企业533家，汇集了华兴、梵思诺、卡尔丹顿、奔霓诗等11家总部企业，超百家服装鞋帽等时尚品牌企业。

作为传统服装制造业，大浪时尚小镇不断从低技术含量、低附加值、出口加工型向高技术含量、高附加值、自有品牌型模式转变，现已成为集产、学、研、政、商、行业协会管理于一体的现代制造业基地和绿色制造示范基地。2019年，经广东省发改委推荐，国家发改委将大浪时尚小镇在传统产业转型升级新路径上的经验作为典型案例在全国推广。

（二）面临的最大问题

第一，城市发展空间愈发"捉襟见肘"，可供开发的土地非常有限，受城总规、生态控制线等影响，一些重大产业项目和基础设施难以落地；如二期产业用地，拟开发建设时尚产业总部企业基地。但因现有地块面积较小，受制于基本生态控制线、水源保护线、生态红线等多条控制线限制，多线交叉、用地零散难以规划，无法满足小镇产业落地要求。

第二，城区公共服务仍存在不少短板，教育、卫生、文化、交通等基础设施建设与群众期望还有差距。小镇前身以劳动密集型产业为主，医疗、教育、人才公寓、时尚学院、展馆等项目的规划建设未能满足小镇企业发展需求。

第三，亟须改善交通出行环境。目前，小镇内外交通不便，公共交通运力不足，道不连续，支路较缺乏，内部道路东西联系不畅；已严重制约小镇的发展。为此建议加快机荷高速浪荣路出口的改造、龙华胶轮有轨电车、地铁6号线支线、地铁25号线等项目的建设，打通小镇与福龙路、龙大高速的接口，对德政路宝安石岩段进行道路升级改造，提高小镇对机荷高速、德政路快速出行能力，强化内外部交通的衔接。

第四，产业用地急需释放。自2009年后小镇区域未出让过一宗产业用地，大量优质企业未能如愿落户小镇。期盼市委、市政府支持，启动总部用地规划调整，用于总部企业建设，为特色小镇提供更广阔的产业发展空间。

第五，充分发挥产业政策资助导向。园区企业总体数量及增量较为理想,但呈现"多而不强"的局面,需要发挥产业政策扶持力度和产业引导作用,形成良性循环。

(三)打造先行示范区的大浪路径

根据《龙华区贯彻落实中共中央国务院关于支持深圳建设中国特色社会主义先行示范区的意见争当建设中国特色社会主义先行示范区尖兵的行动方案(2020—2025年)》,作为龙华区乃至全市的文化名牌,大浪时尚小镇的目标是:"打造全球知名时尚高地。聚焦时尚设计、数字创意等领域,在全球范围内引进时尚企业总部、设计学院、创意机构,积极承办国际时尚赛事,建设国际一流时尚企业总部集聚区、时尚创意人才集聚区、时尚创新中心、时尚发布中心和时尚消费中心,不断扩大时尚创意产业影响力"。对标全球城市的典型案例,如美国纽约第五大道、法国巴黎香榭丽舍大道等,打造具有全球知名度和影响力的时尚小镇。

1. 积极拓展产业空间

按照城市设计要求,尽快启动时尚之心、二期产业用地的设计和项目建设,打造时尚企业总部基地和综合服务中心;全力推进梵思诺、卡尔丹顿、飞影思、柏堡龙、诗恩(影儿二期)、万众城、台茗、曼其、淑女屋项目建设,争取三年内建成,为时尚产业集聚提供发展空间;引导产业园区升级改造,重点推进石凹第二工业区更新改造项目建设,与时尚之心用地整体规划,整体统筹,为总部企业进驻和商业配套提供空间。加快同富邨工业区、康发工业区、下岭排工业区、新围第三工业区等旧工业区的更新改造,形成服装设计的策源地和服装艺展区域。

2. 打造知名品牌消费中心

根据市、区打造商业旺区和发展夜间经济的总体要求,小镇围绕打造"时尚消费中心"的目标,通过时尚品牌商圈、特色商业街、旗舰店、直营店、工厂店、"百家名店"等多层次的商业网络,形成以浪静路和浪荣路为中心的奥特莱斯式直营购物中心及时尚品牌商业街,以"时尚之心"综合体为依托的会员街,以浪逸路和浪峰路为流线的山前特色街,以大浪河为轴的时尚、休闲、生态景观街,以新围村手工订制为特色的潮流街,持续引进国内、国际知名品牌入驻小镇。

近期优先启动浪静路沿线及其周边现有产业园区改造,与中国服装行业协会、中纺联品牌办等单位广泛开展合作,拟遴选超过一百家中国时尚品牌和配套企业入驻，开设具有中国文化特色、现代时尚的奥特莱斯式直营购物街区。

3. 打造山、水、城相依的宜游环境

深入挖掘小镇文化底蕴、时尚资源、生态资源，大力发展以时尚和生态为主题的绿色创意旅游，将小镇打造成望得见山、看得见水、记得住乡愁的旅游特色小镇。围绕"四大自然聚落"的总体布局，推进大浪运动公园、自然时尚公园、石凹水库公园、茜坑双秀公园建设，打造绿城融合的都市后花园。推进小镇外围花街生态景观休闲步道工程建设，打造小镇外环生态休闲体验环。高起点规划建设大浪河两岸景观提升工程，使大浪河成为小镇的生态休闲活力轴和3A级景区的时尚中心地域。

4. 完善时尚配套服务

尽快启动时尚学院的规划建设，引入国际一流办学主体，使其成为培养设计师的摇篮。落实酒店项目建设，尽快启动土地出让程序，争取项目早日落地和建设，使其成为游客和客商休闲的场所。落实综合医院项目用地，尽早规划，尽早建设，为小镇居民和产业园区人员提供就近就医的便利条件。加快小镇客厅、图书馆、小镇驿站项目建设，为小镇居民及游客提供良好的文化场所。

5. 改善小镇交通出行环境

强化区域联动发展，发挥辐射带动作用，形成大片区协同发展态势。通过25号线和33号线城市轨道、云巴等大容量交通系统建设，提升小镇与城市核心区的联系。完善主次干道路网系统，优先打通华宁路西段、观天路西延段、石龙仔路西段、悦兴路西延段，强化片区东西向联系；加快下岭排路、大浪北路、华宁路市政化改造；结合云巴在小镇范围内的布线和建设，同步实施沿线道路的改造，提升南北向通达性，形成三横四纵主次路网体系；打通小镇道路微循环系统，形成小镇内循环交通网络；规划建设小镇外围自行车+人行慢行系统以及小镇主干路自行车路网系统。构建小镇"公交+自行车+步行"的出行模式。

二 让观澜文化小镇亮出新味道

观澜文化小镇的规划面积9.33平方公里，核心区用地面积2平方公里。突出历史文化、工艺美术和体育休闲功能，加快"一核两廊"规划设计，建设文化小镇公共服务平台、版画基地等市级特色文化街区、鳌湖艺术村等特色村落，保护性开发观澜古墟、贵湖塘老围，高水平举办国际版画拍卖会、中国版画大展等品牌活动，打造具有国际影响力的文化特色小镇。

（一）发展现状

深化城市设计，规划统筹小镇建设。截至2019年底，观澜文化小镇城市设计中期成果、小镇核心区域城市设计规划已完成。城市设计导则及政府行动方案等一系列成果。完成总设计师组建工作，为城市规划建设提供全方位技术保障。加强对观澜古墟的规划引领，起草《观澜古墟特色历史文化街区创建实施方案》，构建"一心两轴三街六墟"空间布局。

筹办深港城市\建筑双城双年展观澜古墟分展场。深港城市\建筑双城双年展观澜古墟分展场将于2019年底至2020年初举行，目前已明确策展方案，本次观澜古墟分展场将以"双向维度：记忆与更新"为主题，设置多种形式、活动丰富的高质量展览，聚焦传统客家文化非物质文化遗产传承发展，促进广大市民游客了解熟悉客家传统文化，培养粤港澳青年文化认同感、归属感。

加强宣传推广，打造系列文化活动品牌。积极打造名家书画邀请展、深港城市\建筑双城双年展观澜古墟分展场、国际版画双年展、观澜版画光影综艺秀、全国红木设计雕刻大赛等品牌活动。发挥小镇康体特色，持续开展深圳龙华国际网球公开赛、"观澜文化小镇杯"系列网球赛等品牌赛事活动，立足小镇自身优势资源，让观澜文化小镇迸发出新的能量。

（二）发展面临的主要问题

一是小镇范围内空间不足、拓展难度大，观澜文化小镇属于高建成度的存量开发区域，建成度约为53.16%，且小镇总面积的50.14%（467.80公顷）在生态控制线内，开发利用难度大，潜力地块土地权属问题复杂，国有用地仅464.86公顷，项目推进难度较大；二是基础设施和公共服务设施设备不足，公配用地少，小镇公共管理与公共服务用地仅70.85公顷，道路交通建设滞后，规划水平低，路网结构不合理，观澜文化小镇范围内幼儿园8所，小学、九年一贯制学校、普通高中各2所，部分区域中小学服务半径覆盖率不全，学位不足，无综合性医院，仅5个社区健康服务中心。旅游配套设施存在日常维护不善、设施老化的问题，品质亟待提升；三是文化企业总体发展水平相对较低，文化品牌市场化程度低，未能盘活现有文化资源，小镇内部文旅产业协同发展作用弱。

（三）打造先行示范区的大浪路径

1. 扎实推动小镇建设工作与时俱进创新发展

观澜文化小镇建设管理中心将继续坚持高标准设计、高质量建设，完成小镇城市设计，建设公共服务平台和规划展厅，加快推进观澜古墟—贵湖塘老围保护性开发，推动鳌湖艺术村改造提升，办好国际版画双年展、深港城市\建筑双城双年展、"观澜文化小镇杯"系列网球赛等文体活动，打造具有国际影响力的文化小镇。

2. 加快推进观澜古墟特色历史文化街区创建工作

遵循"都市风情、文化内涵、产业特色、市场需求"的原则，进一步完善创建实施方案，推动观澜古墟特色历史文化街区改造提升，力争将观澜古墟—贵湖塘老围片区建设成为主题鲜明、文化氛围浓郁的历史文化特色街区，促进客家文化、中国传统文化与现代文化多元融合，在2020年通过深圳市首批街区评估授牌，成为市级特色历史文化街区。

3. 引入专业团队对观澜古墟片区进行统一运营

目前，已通过公开招标方式，签约深圳一九七九古墟发展有限公司对片区进行整体运营。按照计划，将于2020年底前高标准启动古墟运营，着重发挥专业团队优势，合理布局业态类型，保证文化类业态占比达60%以上。

4. 开展观澜文化小镇产业定位、规划和招商研究

目前观澜文化小镇产业定位、规划和招商研究工作已立项，接下来将委托社会代理机构编制招标文件并开展相关招投标工作，通过专家评审，选取一家专业机构开展相关研究工作。全面梳理观澜文化小镇物理空间情况，摸清小镇空间特点、产业环境等基本信息，对观澜文化小镇空间产业情况进行全面调研，制定观澜文化小镇空间产业定位、发展规划，在此基础上制定招商方案及实施细则，引入优质企业，优化产业链，不断增强产业竞争力和发展力，为粤港澳大湾区发展探索产业发展提供新路径。

5. 制定文化产业发展规划及扶持政策

梳理小镇现有产业发展现状与产业特征，结合国内成功经验案例，因地制宜，制定观澜文化小镇产业扶持政策及产业发展专项资金扶持政策，

并提出落实到企业层面的具体实施细则。同时立足小镇特色休闲体育资源，充分挖掘小镇内古寺、碉楼等历史人文资源，促进观澜文化小镇文体旅游产业融合发展。

三　让观澜版画基地画出新天地

观澜版画村，深圳十大客家古村落之一，位于中国新兴木刻运动的先驱者、著名版画家、美术理论家陈烟桥的故乡——深圳市龙华区观澜街道牛湖社区。其建筑风格为典型的客家排屋形式，是深圳乡村与民俗旅游的热点。2019年，观澜版画基地被列为"深圳市十大特色文化街区"，获深圳市文化广电旅游体育局颁发的"深圳市市级文化产业园区"。

观澜版画村总规划面积达140万平方米，其中中心区面积31.6万平方米。版画村和客家古村落融合，将客家文化主题目融合到现代景观元素中。建立相对完善的市场化运作机制，是一个配套设施完善、环境优美、具有良好社会、经济效益的国家级文化产业示范基地。它把现代版画工坊与客家古村落结合起来，形成了别具特色的文化元素，也给艺术家的创作提供了思想的源泉。

仅2019年一年时间，由版画基地（博物馆）主办、承办的展览共18个，其中在本馆举办展览14个，赴外联合办展4个；举办各类讲座、论坛、研讨会等学术交流活动23场；接待国内外入驻艺术家46位，开展国际交流联络5000余次。接待游客约60万人次，接待团体及游客体验约5000人次。

观澜版画基地已成为国际版画艺术家广泛关注和重视的版画交流创作中心，但与美国纽约切尔西区这样堪称世界最艺术的街区相比，仍有不小差距。为打造世界级版画中心，仍需采取以下积极措施。

（1）推进重点项目建设，提升园区环境和配套设施。高质量推进版画基地一期改造提升项目，加快推进观澜国际版画学院前期筹建工作。版画学院作为版画基地实现"产学研"一体化发展的重要组成部分，是版画基地确立为世界版画学术中心的重要支撑，是国际版画繁荣发展的强劲动力。

（2）整合资源，加快建设全球版画艺术原创中心。提升工作标准，深挖潜力，提高学术水准和层次，引进国外优秀版画家入驻创作交流。加强德国纽伦堡、比利时安特卫普、荷兰阿姆斯特丹等地的交流计划，进行版画项目合作交流，与相关艺术机构、院校签订展览合作意向。

（3）科学统筹，创新思路，举办高端展览。积极举办和承办中国青年版画大展、双年展主题展等国际化、国家级品牌展览，集中展示出我国当代版画艺术家的文化自信与当代中国版画的最新面貌和学术水准，成为行业办展的标杆。

（4）用好文博会观澜版画基地分会场，推动版画基地产业化进程。积极应对城市文化艺术繁荣与经济发展相互融合的挑战，寻求版画艺术和文化产业融合的方案和出口，版画基地（博物馆）将整合资源，联合国际版画艺术家和国内外专业机构，创新活动形式，拓宽参与幅度，办好文博会观澜版画基地分会场、中国（观澜）版画原创交易会等活动，打造国际版画学术交流和版画交易盛会，探索产业化运营体制，建设产权交易平台，发展衍生产业集群。

（5）加强宣传阵地建设，镌刻"观澜版画"的品牌印象。2020年，版画基地（博物馆）的宣传工作将以"品牌打造、形象质量"为核心要求，进一步加强信息化、网络化、数字化的手段应用，提升宣传策划水平。通过动图、动画、短视频等多元化手段丰富线上推送内容的形式，提升推送内容的质量，同时积极发展线下衍生品户外广告，吸引更多市民群众关注"观澜版画"，镌刻"观澜版画"的品牌印象。

（6）加强收藏学术研究工作，增强文化惠民力度。对重点艺术家及大师名作提前准备收藏计划，同时积极完善捐赠系统和程序，建立一流的版画收藏、研究、展览、交流、修复平台，建立中国版画博物馆系列专题收藏项目，向拥有国际一流版画收藏的目标前进。丰富版画公教体验、推出节庆专题系列的普通市民均可参与的版画交易会，增强文化惠民力度。

四　继续打造有影响力的文化品牌的设想

文化品牌是一个城市形象的内在体现，龙华现有文化品牌已打下良好基础，未来主要应从两条线路打造有国际影响力的文化品牌工程。

（一）现有品牌做精做强

第一，国际化，就是要求现有的文化品牌从各个方面都要达到国际化水准，加强国家间的交流，扩大和强化中国文化在国际上的地位和影响。

第二，现代化，就是要求现有文化品牌要具备现代化的理念、现代化的机制和现代化的运作方式，将特色不断放大，更好更快地发展。

第三，便利化，就是不断完善配套基础设施，尤其沟通便利性，相关品牌的网站、园区标识语等应做到多语种，提升国际交流的便利性。

(二) 新文化品牌的孵化成长

不断培育、扶持和发展文化品牌，力争每五年打造一个新的文化标的物。

首先，为了推动龙华文化创意产业的发展，可考虑出台系列可行性的政策措施：如设立龙华文化战略委员会，负责规划、协调和发展龙华区的各类文化机构，并制定实施龙华文化发展的战略；广泛与民间进行合作，收集社会上与文化创意产业有关的各种建议，并提出具有针对性的措施；设立"创意之区基金"，为有价值和有创意的个人提供资助，激发创意潜力，服务于龙华的经济和社会发展。

其次，搭建文化产业新型融资平台。文化创新往往属于无形资产，由于缺乏合理的定价评估和交易机制，文化创意型企业在发展中经常会面临资金短缺、研发投入不足等问题。因此，文化产业融资问题成为制约文化创意产业发展的重要问题，创建文化产业新型融资平台，为重点扶持的有发展潜力的文化品牌提供资金扶持，成为当务之急。

再次，坚持龙头企业和中小企业并重的发展战略。重点发展龙头企业还是中小企业一直是产业发展中的关键问题。龙头企业具有中小企业难以匹敌的影响力、知名度和经济效益，也有雄厚的实力进行重大的基础研发和科技创新。但中小企业更具灵活性、时效性、创意性。因此，新的文化品牌的培育应重点关注中小型企业，从产业规划、未来文化需求以及全球发展趋势方面综合考虑，选定相应的产业类型，在政策导向、金融融资等方面给予极大的扶持和便利，给文化产业集群的创新型发展提供更多的空间。

最后，促进辖区文化需求升级，适度开拓海外文化市场。拥有良好的文化消费市场，才是企业发展、持续投资与创新的动力，以及增强产业市场的竞争力。龙华的人口倒挂严重，人口素质有待提升，这样的消费市场不利于文化产业及品牌的转型升级。高品质的公共文化服务和设施与人均收入的上升是突破龙华文化消费瓶颈的前提和关键。此外，应鼓励龙华企业借用国外知名文化产品，使国际化内容与中国化相结合，降低文化出口过程中的"文化打折"，尽快打开国外市场，在此基础上再回归自主文化产品及品牌的拓展。

第四节　健全公共文体服务体系，打造文化强区

一　公共文体服务体系初步建立

（一）公共文体服务迈向全覆盖

近年来，龙华高度重视公共文体服务体系建设。相继出台了《龙华区构建现代公共文化服务体系及推进基层公共文化服务中心建设行动方案》《龙华区足球场地设施规划建设实施方案》《龙华区投放共享运动器材实施方案》等。在深耕文化惠民活动、夯实文化品牌基础的同时，龙华也在加速文体设施建设，健全公共文化服务体系。落实全民健身实施计划，加快文体场馆设施建设，建立国民体质测定与运动健身指导站。充分利用互联网＋运动模式，积极引进共享运动器材等几个重点工作任务，实现街道、社区综合性文化服务中心100%覆盖。截至2019年，人均文化设施面积0.49平方米，人均体育场地面积2.27平方米（数据截至2019年底），平均每万人拥有足球场地设施不少于0.6块，全区社会体育指导员"六街道五十社区全覆盖"。浓厚的文化活动氛围，充足的文化基础设施，滋养着人们的多彩生活，让龙华居民幸福感、获得感不断增加。

（二）公共文体服务进入智能化

2016年12月正式开通区文体旅游微信公众服务平台，推动公共文体服务智能化、便捷化发展。2019年建成全市首个数字化公共文体服务平台——"龙华文体云"，打造集文体资讯、服务点单、场馆预定、互动体验等便捷服务为一体的信息服务平台，实现龙华智慧文体服务新突破。试点推行公益体育设施一体化智慧管养新模式，开展全区公益体育设施统一管理维护工作，借用互联网新技术充分调动多元力量推进文体设施有效管理，建立公益体育设施管理维护长效机制。

（三）公共文体服务进入社会化

出台《龙华区关于促进社会力量参与公共文化服务的若干措施》，鼓

励企业、社会组织和个人等多元力量参与公共文化服务。"十三五"时期成立了龙华区"文化星火"志愿服务队，共发展约3200名文化志愿者，建成24个文化志愿服务队。目前已建成1个区级体育社会指导员服务总站、6个街道社会体育指导员服务站和18个社会体育指导员服务点，共培训社会体育指导员超过2800名，招募体育义工422人，为进一步推动全民健身运动和构建健康龙华提供科学、有效的服务指导。累计培育成立42个文化社会组织，106个体育社会组织，社会力量不断发展壮大。

（四）文化遗产保护工作成效显著

2019年印发全国首个聚焦文化遗产保护利用扶持的地方规范性文件——《龙华区文化遗产保护利用扶持办法》，实现对文化遗产扶持的全覆盖，确保各类文化遗产的保护资助有法可依。印发《龙华区文化创意产业发展专项资金管理实施细则》，支持引进、挖掘优秀非物质文化遗产资源，对国家、省、市、区级别产业化效果良好的非遗项目给予资金扶持，进一步加强非物质文化遗产保护政策保障。完成167处文物点的重新挂牌工作；抢救一批非遗重要资料，共遴选出13项非遗项目，推动形成"国家—省—市—区"四级非遗保护名录体系；制作9部"龙华瑰宝"系列纪录片，实现非遗文化传播方式视觉化，扩大受众面、提升影响力；通过开展非遗进校园、举办"非遗周"龙华分会场系列活动、微信公众号宣传等方式，营造良好的保护、传承氛围。

二 公共文化服务面临的主要挑战

（一）城市文化气质有待提升

龙华作为以制造业为主的产业大区，经济实力不断增强、人口日益增加，但文化建设存在一定的滞后性。城区整体建成度高，工居混杂、新旧建筑交织，公共文化空间不足，整体文化活力不够，影响城市整体文化气质。

（二）公共文体服务供给不足

龙华区人口基数大，部分区域公共文体设施数量少，特别是大规模、综合性、地标性文体设施数量偏少，对大型高端文体活动支撑不足，文体活动品牌与影响力不够。

（三）文体设施运营管理不够精细

大型文体设施的运营管理尚处于摸索阶段，基层综合性文化服务中心覆盖全区各个街道社区，但存在闲置率高、服务效能低的问题，仍需进一步提升运营管理水平，促进资源高效利用。社区文化活动室、公益性体育设施等日常运营管理模式较为粗放，区级监管力度不够、精细化水平有待提升。

（四）文体服务智能化水平尚待提升

"龙华文体云"智能服务平台建设尚处于起步阶段，功能布局、服务水平有待进一步提升。平台现有信息共享不充分，内容不丰富，数字文化资源数量少、质量低，利用大数据精准挖掘居民服务需求工作较为滞后，文体场馆的智慧化建设工作仍需进一步加强。

（五）文体服务的社会化水平仍需提升

文体领域社会力量较为薄弱，文体社团、行业协会等尚处于培育期，文体志愿服务核心力量不足。企业、社会组织、个人参与公共文体服务的机制、渠道尚需进一步改善，共建共治共享的公共文体事业格局尚需进一步构建。

（六）文体人才仍需进一步扩充

龙华目前文体人才队伍不足30人，其中文体名人（引入+本土）仅占六分之一，高端文体人才数量少。文体从业人员以本科及大专等学历为主，硕士等高学历人才数量少、专业人才少。文体人才引进方式过于单一，政策体系不够完善。

三　完善公共文化服务体系的具体举措

（一）差异化布局六大文化功能片区

坚持因地制宜、突出比较优势、挖掘区域文化底色，打造区域文化品牌，合理布局龙华六大文化功能片区，发挥重点区域带动作用，推动整体开发，全面激活龙华文化活力，提升龙华文化气质。

1. 打造观湖公共文化服务区

高标准推进区大剧院、文化馆、图书馆规划建设，持续完善"区三馆"周边交通设施，推进轨道交通22号线路建设，不断提升片区餐饮、酒店等商业配套建设水平。依托"区三馆"高品质文化阵地丰富各类文化

第五章　率先塑造现代城市文明　争创文化创新引领区　/　137

活动、文化产品供给，充分利用公共开放空间，引入丰富多彩的街头文化艺术，增强公共文化服务能力、辐射能力，将观湖打造成为便捷可达、汇集人气的公共文化服务区。

2. 打造民治深港文化交流区

发挥轨道交通优势，对接香港西九文化艺术区，开展深港文化交流月、深港青年文化交流节等活动。依托市第二图书馆、市美术馆新馆、中国文化名人大营救纪念馆组织深港美术作品展览、深港中小学美术作品交流、深港青年美术作品交流、深港红色文化交流等活动，涵养深港同宗同源文化底蕴。将民治打造成乡情乡谊凸显、两地互动频繁的深港文化交流区。

3. 打造龙华高端文化消费区

依托壹方天地、九方购物中心、上塘荟购物中心、星河ICO等商业空间，打造具有文旅特色的高品质步行街、文化消费空间，将文化消费嵌入各类商业空间，推动传统商业综合体转型升级为文体商旅综合体，建成群众身边的文化消费网点。开展文创产品交易、文艺展览、创意集市以及文艺演出等各类文化消费活动，丰富文化消费产品供给，不断满足市民丰富的高品质文化消费需求，打造龙华文化消费区。

4. 打造大浪文产融合区。发挥大浪时尚创意产业集聚的优势，完善文化创意产业链条，支持大浪女装设计作品参与深圳设计周、中国设计大展、国际时装周等国际顶级创意活动，推动服饰产业与文化产业进一步深度融合，全面提升时尚产业知名度，建成全国知名、世界瞩目的文化产业融合区，将大浪片区打造成引领国内潮流、具有全球美誉的"原创之都、时尚硅谷"。

5. 打造福城青工文化活力区

立足富士康青工群体，实施青工文化塑造"四个一"工程。充分挖掘现有空间，通过改建、拓展等多种方式，建成青年主题广场等一批青年运动场地。坚持"传统＋现代"，在歌曲、舞蹈等传统文化品牌活动的基础上，结合时下热点，围绕年轻人关注点、需求点、兴趣点，引入滑板、攀岩、跑酷、电子竞技时尚运动，打造一批青年人喜闻乐见的文体活动。开展"青工才艺计划"，充分挖掘青工文艺人才，培育一批青工文体队伍，创作一批青工主题文艺精品。坚持文体服务"从青工中来，到青工中去"，以文体服务促进社会融合，全面激活青工文化活力，将福城打造成为青工文化活力区。

6. 打造观澜文化旅游休闲区

深度挖掘观澜版画基地、观澜古墟、大地生态艺术园、高尔夫、山水田园等文化旅游资源，完善酒店、民宿等商业配套建设，新增一批特色酒吧等文化消费场地，开发一批特色旅游线路，促进文化、体育、旅游深度融合。建成位于深圳地理中心的都市休闲区，将观澜片区打造成全球知名的文化旅游休闲区。

（二）构建"一环一带六核多点"运动休闲格局

树立体育就是民生的理念，着力打造最便捷、最利民的体育运动设施体系，促进龙华森林、公园、绿道、河流等生态资源与体育运动相融合，大力发展生态体育，高标准推进大型体育场馆建设，不断完善基层体育设施网络，构建"一环一带六核多点"运动休闲格局。

1. 建成环城绿道运动休憩环

依托龙华百公里环城绿道建设，充分挖掘环城绿道沿线生态资源、文化资源，推动"绿道+文化""绿道+生态"等"绿道+"工程建设，建成主题绿道段。依托环城绿道开展多种多样运动休闲项目，组织环城绿道徒步、环城绿道马拉松、环城绿道骑行赛等一批绿道为主题的运动项目。

2. 打造观澜河体育休闲带

实施观澜河分区改造提升计划，立足观澜河不同节点特色资源，打造自然野趣段、文化体验段、城市活力段、生态科普段、科技展示段特色鲜明的滨水空间。改善沿河慢行系统，因地制宜建设小型运动场地，投放一批运动器材，强化滨水运动空间。积极引进水上运动项目，依托观澜河开展龙舟、皮划艇、游泳等活动，打造极具活力的滨河运动休闲带。

3. 打造六大体育服务核心

加快推进龙华文体中心、观澜体育公园、大浪体育中心、简上体育综合体、民治体育公园、新彩极限运动公园等6个大型体育设施建设，不断满足居民对高品质体育场馆的需求。探索大型体育场馆科学运营模式，坚持"市场+政府"多元协同，进一步推进体育场馆免费开放，兼顾场馆运营的经济效益与社会效益。引入群众喜闻乐见的大型体育竞赛，为辖区居民提供高品质体育盛宴，将六大综合体育场馆打造成集运动、锻炼、培训、娱乐等于一体的体育服务核心。

4. 促进社区体育设施多点建设

实施基层体育设施星罗棋布计划，进一步完善基层体育设施网络，不断探索城市社区运动场地设施建设的"龙华模式"，建成十分钟体育圈，实现处处有场地、出门可运动。依托社区闲置土地、边角地建设社区运动场地，继续推进公园体育化工程，探索办公楼配建运动场地，不断开展公益性体育设施投放工作。推动观澜街道、福城街道等龙华北部地区体育设施建设，推动体育设施向外来人口聚集的城中村地区覆盖，促进公共体育服务便捷化、均等化。

（三）实施城市文化气质塑造工程

实施城市文化气质塑造工程，发挥龙华优势文化资源打造颇具特色的城市文化空间，开展对外文化交流，不断增强龙华文化辐射力、竞争力，挺起深圳中轴文化脊梁。

1. 强化四大文化品牌建设

落实龙华建设富有历史文化底蕴的特色城区要求，促进龙华历史文化资源保护利用，做好大水田古村、鳌湖村、观澜古墟、俄地吓村、樟坑径上围村等历史风貌区的保护，在全市率先开展历史风貌区保护规划研究，凸显龙华历史文化内涵，打造客家文化品牌。做好中国文化名人大营救纪念馆文物保护专项规划，积极开展村庄建筑风貌塑造、空间品质提升、文化 IP 塑造等工作，将白石龙村建设成深圳一大红色地标，打造红色文化品牌。进一步提升大浪时尚小镇特色街区建设水平，塑造时尚打卡点、推出更多时尚地标，高标准举办"大浪杯"中国女装设计大赛，进一步擦亮时尚创意品牌，打造时尚文化品牌。持续开展民治、观澜湖国际化街区建设，设立"龙华国际周""龙华国际文化交流日"，举办国际美食、才艺、服饰等交流节，营造浓厚国际化氛围，形成国际文化品牌。

2. 全力建设书香龙华

实施公共图书馆提升计划，提升街道图书馆、社区图书馆建设水平，进一步盘活现有图书馆资源，提升服务效能。推进"图书馆＋"战略，充分挖掘企业、园区、小区、商场、网吧、书吧、咖啡馆、创客空间等社会休闲消费空间，通过政府主导、社会参与因地制宜建设龙华城市书房，建成图书馆+网咖、图书馆+早茶餐厅、图书馆+面包屋、图书馆+奶茶店等多种形式的阅读休憩空间，力争"十四五"时期建成城市书房20个，营造"人人想读书、人人愿读书、转角遇到书"的阅读环境。围绕"4.23世界读书日"、深圳读书月等重要节点，开展时节性阅读活动，同时常态化开展"对话大家"阅读分享活动、"读者之家"进社区系列活动等龙华区品牌阅读活动。结合时下阅读热点、抓住居民需求痛点，引进少儿阅读、亲子阅读、职场阅读等领域专家人员，不断拓展参与主体，创新活动形式，提升活动质量。

3. 塑造龙华标识体系

围绕龙华特有文化要素，推出代表龙华形象的LOGO标识体系，创作一批具有龙华标签的文创作品，打造龙华文化IP。推出汇聚龙华大型文体场馆、基层综合性文化服务中心、历史风貌保护区、博物馆、特色街区、旅游景点等各类文化资源的线上线下文化龙华全景图。推广文化进地铁、进公交、进街区等，实现龙华文化元素遍布城市各个角落。推动龙华元素、龙华地标融入国内、国际知名影视作品。借用微信公众号、抖音等各类互联网平台开展城市文化宣传，打造线上线下文化传播阵地，展示城市文化内涵，促进龙华名片全国知名、全球知晓。

4. 加强对外文化交流

实施品牌文化"走出去"工程，加强龙华品牌文化与深圳市的友好城市之间的文化交流，积极参与国家"一带一路"文化交流合作平台，加强与"一带一路"沿线国家和地区的文化交流合作。持续发挥深圳国际红木艺术展、文博会、中国·观澜国际版画双年展等平台的品牌效应，进一步增强版画、红木、国瓷永丰源等文化名片国际影响力。

（四）建设高质量公共文化服务体系

1. 打造三级文化服务圈

依托区、街道、社区三级文化设施网络，构建三级文体服务中心，打造三级文化服务圈。推动深圳市美术馆新馆、深圳市第二图书馆、深圳市文化馆新馆等市级重大文化设施落地，加快建成观湖文化艺术中心、区三馆、大浪文化艺术中心等大型文化设施，做强片区文化服务中心。以6个街道综合性文化服务中心为主阵地，结合居民需求优化功能设置、空间布局、服务模式，做实街道文化服务中心。探索社区综合性文化服务中心的有效辐射范围，推进社区综合性文化服务中心均衡布局，不断提升社区综合性文化服务中心服务效能，实现社区综合性文化服务中心建设100%达标，打造社区公共文化服务有力载体。不断完善图书馆、文化馆总分馆体系，促进各级文化资源、文化服务、文化产品互联互通、协作共享，助力公共文化服务效能提升。

2. 强化文化品牌活动打造

持续开展龙舟文化艺术节、龙华区文化音乐节两大品牌活动，围绕龙华特色文化元素，推出客家文化艺术节、版画文化艺术节、时尚文化艺术节、红色文化艺术节、京剧文化艺术节等系列节庆活动，充实龙华文化内涵。持续开展惠民文化活动，紧抓世界读书日、世界地球日、春节、端午节、中秋节等重要时间节点，常态化开展文艺演出、展览、阅读、周末文化讲堂、公益培训、公益电影等惠民文化活动。

3. 推出一批有影响力的文艺创作精品

开展创作选题规划，有序推动文艺精品创作。围绕龙华客家文化、时尚文化、红色文化、青工文化历史含蕴，依托党的二十大、中国共产党成立100周年等重大节点创作文艺作品，塑造本土文艺精品龙华品牌。积极链接外部资源，提升创作质量。以孟广禄及其团队为依托提升京剧创作水平，加强与市歌剧院深度合作，积极引入省级、国家级文艺团队开展创作指导，提升龙华文艺创作质量。力争到2025年，实现龙华文艺精品市级奖项达250项，省级奖项达50项，实现世界级奖项零突破，全面提升龙华本土文化作品的国际影响力。

4. 创新公共文化服务模式

推动数字文化设施建设，以智能化、数字化、标准化建设数字文化设施，促进博物馆、美术馆、文化馆、图书馆开展数字化转型，高标准推进"云上中国版画博物馆"，力争"十四五"时期有序推动建设一批云上展览馆、文化馆，让文化资源触手可及。打造全国领先的智慧服务平台，创新文化服务供给模式。探索文化供给O2O模式，推动公共文化服务供给侧改革，充分利用龙华文体云等多种方式开展"文化大调研"，精准分析辖区居民文化兴趣点，推动文化服务精准供给，做到普惠文化活动真正惠群众，营造全民参与的文化活动氛围，提升龙华文化"内生力"。

（五）构建融合型全民健身体系

进一步完善全民健身服务体系，树立体育融合发展理念，推动全民健身与全民健康融合发展，充分利用互联网技术，促进全民健身智能化发展，培育体育文化，推动全民健身习惯养成。

1. 促进全民健身与全民健康融合发展

优化全民健身指导服务。推动建设群众身边的体育指导员服务站，积极支持社会体育指导员服务站、社会体育指导员服务点参与建设评估，提升建设水平。丰富体育指导员类型，加强对各类体育指导员的培训，强化医疗知识储备，提升专业能力，让居民在家门口就能享受实惠便捷的专业体育运动指导与服务。构建国民体质监测三级网络体系。依托区大型体育场馆、基层综合性文化服务中心、社区文化活动室、社康中心等，建成一个区级国民体质测定与运动健身指导站，投放一批智能国民体质测定设施，构建起区、街道、社区"国民体质监测三级网络体系"，促进国民体质监测和科学健身指导进社区，增强居民体质监测与科学健身意识，持续拓宽体质监测覆盖面，促进体质监测与全民健身相结合。打造协同共享的体医融合数字化平台。对全区国民体质监测数据进行系统化管理，建成智慧化市民体质测定平台，联合区卫生部门，开展体育、医疗信息融合共享，推动国民体质测评平台、社区健康服务信息平台信息协同，将居民体质监测数据纳入居民电子信息档案，形成居民体质大数据、健康大数据，打造健康体育云平台。

2. 推动互联网与体育融合发展

充分利用先进互联网技术，促进全民健身智慧化发展，建设智慧体育场馆，充分利用互联网、云计算等先进信息技术，高标准推进龙华文体中心、大浪体育中心、简上体育综合体等一批大型体育场馆智能化建设，引入智慧管理、智慧服务系统，促进体育场馆活动预订、赛事信息发布、经营服务统计等整合应用。试点建设智慧社区健身中心，发掘公配物业、社区闲置空间、老旧厂房等空间，联合社会力量，打造价格亲民、活动便利、服务智能的社区健身中心，突出"社区体育+社区健康+社区养老+社区康复"的创新服务模式，打造市民身边智能化、便捷化的高品质公益健身场所，力争在"十四五"时期建成xx个智慧社区健身中心。建设智慧社区运动场地，开展室外健身器材提档升级工程，建设一批智慧健身路径、健身步道，打造集体质监测、健身指导、健身教学、科学锻炼、一键报修于一体的智能健身场地，为居民提供更高档次、更优质的全民健身服务。打造全民健身智慧服务平台，推出体育设施"一张图"，开发全民健身地图，将公园、绿道、全民健身路径、健身房、体育馆等各类体育场地、体育设施100%纳入健身地图，并提供导航、信息查询、场馆预定、活动预告等各项服务。

3. 推动健身文化与体育运动融合发展

培育全民健身文化，促进养成全民运动习惯，推动健身文化与体育运动融合发展。广泛开展群众体育活动。持续办好全民健身日系列活动、继续开展"体彩杯"机关群众体育系列赛事，优化提升"与有轨电车同行"马拉松，鼓励各个街道打造街道级全民健身活动，形成"一区一品牌"格局，以丰富的群众体育活动培育运动文化、运动习惯。建立全民健身鼓励机制。联合龙华文体中心、观澜体育公园、大浪体育中心及社会各类健身场馆，探索具有龙华特色的全民健身激励机制。将居民行走步数、在体育场馆的运动时长与体育场地折扣、体育消费挂钩，以运动换折扣，增强运动的积极性。探索建立全民健身示范社区，表彰先进，带动全民养成健身运动习惯。实施"家庭体育工程"，打造家庭体育消费场所，开展家庭体育活动，以家庭为单位促进各年龄段运动习惯养成，实现老、中、青各类人群共同运动的良好局面，培养运动意识、运动习惯。

(六) 促进体育产业高质量发展

1. 优化体育产业结构

在做强做大体育制造业的基础上，不断拓展体育服务业，探索体育产业发展新业态，构建良好的产业结构。出台产业扶持政策，培育基础实力雄厚的本土体育企业，开展龙头企业引进工作，发挥优势企业带动作用，探索建立大浪体育服务制造基地，促进体育制造业做强做大。依托一批大型场馆开展体育场馆的运营，开展体育竞赛表演，充分发挥后发优势，提升体育服务业整体实力。探索体育产业发展新业态，探索"体育+旅游""体育+文化""体育+健康"等各类"体育+"行业，促进体育产业融合发展。

2. 打造特色体育产业园

进一步推进观澜湖体育产业园发展，促进体育与运动、休闲等领域融合发展，提升体育健身休闲业发展水平。在现有体育企业聚集区探索体育产业园建设，出台体育产业园建设政策支持，推动传统工业园转型升级，充分发挥龙华制造业强大优势带动体育产业发展。

3. 加快出台产业发展规划

落实深圳市《加快体育产业创新发展若干措施》，积极开展借助社会力量开展龙华区体育产业发展研究，出台龙华区体育产业发展规划及年度计划，探索体育产业发展新路径，促进体育产业高质量发展。

（七）推动公共文体服务共建共享

完善政策引导机制，创新各类社会力量参与公共文体服务方式，不断培育文体社会组织，大力提升文体服务的社会化水平，实现文体服务共建共享。

1. 引导社会力量参与文体场馆建设

引导社会力量在工业园区、人口密集的城中村建设智慧健身中心、智慧健身馆。开展文创产业园区转型工程，鼓励区文化产业园区结合园区特色文化元素开展特色图书馆、博物馆、文化馆等文化设施建设，积极开展园区文化活动，争取"十四五"时期实现公共文化设施示范点建设覆盖实现21个文化产业园。

2. 鼓励文体设施开放共享

研究制定文体设施开放共享工作管理政策文件，在确保安全的前提下，鼓励党政机关、事业单位、国有企业等实施文体设施开放共享。在已建成的各中小学探索"晚+周末"文体设施开放共享模式，充分利用互联网途径，提升管理服务水平。在规划建设的各学校中落实文体设施开放共享理念，采用文体设施区与教学管理区互分互离等模式，推进后期开放共享落地实施。

3. 实施文体社会组织培育工程

培育文体社会组织发展，加强对文体社会组织政策、资金等全方位支持，增强文体社会组织参与文体服务的能力。加强管理，持续开展社会组织党建工作，引导各类文体社会组织规范化运营，力争"十四五"时期新增25个文化社会组织，体育社会组织达到136个，实现体育社会组织数量达到每万人0.68个。

4. 夯实文体志愿力量

加大文体志愿服务精神宣传力度，拓展居民参与文体志愿服务路径，搭建轻松、便捷、高效的志愿服务平台。广泛吸纳业余文体骨干以及热心公益文体事业的团队和人士，积极开展培训工作，进一步培育一批文体志愿者中坚力量、稳定力量，打造一支分类清晰、分级合理、分工明确、满足我区基层文体服务工作需要的文体志愿者队伍。

（八）加强文化遗产保护与活化利用

坚持创新理念和科技思维，做好物质与非物质文化遗产的挖掘、保护、传承与利用工作，全力保好家底、用好家产、留好文脉。

1. 强化文化遗产保护顶层设计

发挥《龙华区文化遗产保护利用扶持办法》的引领作用，编制六个区级文物保护单位保护总体规划，明确文物保护和活化利用方向。以城市更新为契机，逐步建立全区统一的文物保护补偿机制，解决因绝大多数文物为私有产权而难以开展文物保护的困境，实现全区不可移动文物可持续保护。

2. 夯实文化遗产保护利用基础

立足深圳规模最大的碉楼群，开展统筹规划研究，推进碉楼集群的整体保护、文化挖掘和功能提升，打造碉楼文化、碉楼记忆、碉楼艺术集中展示体验地。创新"科技+"保护模式，运用无人机、激光扫描、VR技术等高科技手段，推进碉楼、宗祠等不可移动文物活化利用。加强对文化遗产保护工作者、非物质文化遗产传承人、志愿者队伍的培训力度，吸引、培养、建立文化遗产保护专业人才，讲好龙华非遗故事，推动龙华非遗活起来、传下去、出精品、出名家。

3. 擦亮龙华文化遗产名片

进一步挖掘、整理全区文化遗产资源，推出一批精品文化遗产打卡点，搭建文化遗产展示平台，通过举办展览、论坛等活动，推动文化遗产"引进来"和"走出去"，在汲取其他地区优秀文化的同时，让我区文化遗产走出去，提升知名度和影响力。在重要传统节日等节点，充分利用"龙华文体云"等新媒体平台开展宣传推介，叫响龙华文化遗产品牌和名号。

（九）加强文体人才队伍建设

1. 持续引进文体名家

持续开展文体名家引进计划，结合龙华现有基础、坚持目标导向，拓展文体名人引进方式，精准引进一批国内外知名的文体名家，发挥文体名人工作室"明星效应"打响龙华文体名号。力争"十四五"时期文体名家数量达到10人。

2. 增强体育后备人才储备

增强体育后备人才储备。进一步完善体育后备人才培养机制，充分发挥区业余体校与社会力量协同作用，积极与各中小学达成战略合作，建立稳定、完善、可持续的人才培养机制，增强我区体育人才培养水平。

3. 精准引进培育专业人才

立足龙华文体事业发展需求，引进、培养一批大型场馆运营人才、美术、音乐、舞蹈、戏剧、曲艺、图书馆、文物保护等专业公共文化人才，构建起门类齐全、结构合理的专业人才队伍，以专业人才提升龙华文体设施建设运营、文体活动举办的质量。

4. 完善人才政策体系

进一步完善现有人才政策体系，针对龙华区现有人才特征，结合未来人才需求，打造具有龙华特色的人才认定标准、人才评价标准与人才奖励扶持标准。在现有人才引进政策的基础上，出台人才培训、人才服务等相关配套政策，实现人才引进来、留得住。

第五节　建设现代文化产业体系，提升文化软实力

现代文化产业体系是新兴文化产业及其管理制度、运行机制组合而成的文化生产力有机体。《中共中央关于坚持和完善中国特色社会主义制度，推进国家治理体系和治理能力现代化若干重大问题的决定》明确指出："建立健全把社会效益放在首位、社会效益和经济效益相统一的文化创作生产体制机制"；"深化文化体制改革，加快完善遵循社会主义先进文化发展规律、体现社会主义市场经济要求、有利于激发文化创新创造活力的文化管理体制和生产经营机制"；"健全现代文化产业体系和市场体系，完善以高质量发展为导向的文化经济政策，完善文化企业履行社会责任制度，健全引导新型文化业态健康发展机制"。

文化产业是现代服务业的重要构成，具有知识密集性、高附加值、低能耗和低污染等特点，是新常态下我国经济发展的重要推动力。当前全球发展态势中，从技术创新、科技创新，向文化创新转变的态势愈加显著，

文化产业的发展水平对未来经济发展将发挥至关重要的作用。从世界范围来看，现代文化产业体系已是西方发达国家经济体系重要构成部分，其产值占GDP比重达到近1/5。我国虽起步较晚，文化产业已逐渐成为衡量地区经济综合实力及竞争力的基础性指标。龙华的文化产业发展已经取得一定成绩。

一 现代文化产业发展现状

（一）综合实力明显增强

2013—2019年，龙华区文化创意产业营业收入由325.99亿元增加到1069.47亿元，年均增长21.90%；文化创意产业累计实现经济增加值由50.69亿元发展到250.51亿元，年均增长30.51%；对龙华区GDP总量的贡献率由3.9%提高到9.98%，成为龙华区经济增长的重要引擎之一。2019年，龙华区文化创意企业有11804家，实现税收收入40.7亿元，同比增长10.8%；吸收就业人员17.02万人，同比增长5.0%。可以说，文化创意产业综合实力显著增强。

（二）产业集聚效应突出

随着龙华区文化创意产业综合实力明显增强，龙华区文化创意产业园区和基地迅速发展，文化产业集聚能力提升，集群化发展趋势进一步增强。截至2019年底，龙华区共认定有20个文化创意产业园区，其中国家级文化创意产业园区2个，市级文化创意产业园区6个，区级文化创意产业园区12个。园区类型涉及特色优势、文化艺术、休闲娱乐、主题产业和综合服务等，覆盖领域广，发展较成熟，呈现专业化态势，园区的经济效益和社会效益愈发凸显。

（三）新兴业态发展迅速

数字出版、影视音乐、动漫游戏及人工智能服务等新兴业态方兴未艾。国家数字出版基地深圳园区项目落户龙华，园区聚合国内外传统出版和数字出版产业链上企业和优质资源，打造数字内容创作基地和高端产业集群。深圳市彩生活网络服务有限公司以新媒体技术的运用和革新，实现"互联网+"发展，年产值破亿元。工业设计"新贵"深圳市德名利电子有限公司，异军突起，年产值达2.6亿元。乐聚机器人、大漠大无人机已成为龙华区"文化+科技"融合发展企业的成功典范。

（四）跨界融合趋势初现

龙华区"文化+科技""文化+设计""文化+旅游"等跨界融合表现突出。利亚德文化创意产业基地是 LED 行业领军企业的生产基地，企业以文化体验为核心，聚焦 VR 技术和文化领域两大发展重点，将文化与科技相结合，开创产品与服务、创意集成和文化体验运营的经营模式，在奥运会等国内外重大活动中展示"声光电"特效，逐步缔造"文化+科技"的"利亚德系"。万众城家居文化创意产业园专注于家居行业的全产业链运营，产业链上游包括艺术设计、时尚设计以及文化产业的孵化，产业链中游涉及智能家居制造、专业型家居设计制造等，产业链下游主要为家居商贸，致力于打造"家居全产业链运营"模式。观澜山水田园旅游文化园将生态文化、客家文化以及乡村民俗文化与观光旅游业相结合，在园区内引入和打造国画创作基地，现已成为中国国画原创、展示、交易的重要平台。

二　现代文化产业发展的新机遇

1. 大湾区和先行示范区建设为现代文化产业创造新机遇。粤港澳大湾区发展规划提出拓展粤港澳大湾区在教育、文化、旅游、社会保障等领域的合作，共同打造公共服务优质、宜居宜业宜游的优质生活圈。《意见》提出："大力弘扬粤港澳大湾区人文精神，把社会主义核心价值观融入社会发展各方面，加快建设区域文化中心城市和彰显国家文化软实力的现代文明之城。推进公共文化服务创新发展，率先建成普惠性、高质量、可持续的城市公共文化服务体系。支持深圳规划建设一批重大公共文化设施，鼓励国家级博物馆在深圳设立分馆，研究将深圳列为城市社区运动场地设施建设试点城市。鼓励深圳与香港、澳门联合举办多种形式的文化艺术活动，开展跨界重大文化遗产保护，涵养同宗同源的文化底蕴，不断增强港澳同胞的认同感和凝聚力。"在双区效应叠加下，龙华的现代文化产业迎来了空前的发展机遇。

2. 数字化和网络化赋能为现代文化产业创造新空间。随着数字技术和网络空间技术及应用的发展，推动了文化自身的深度融合、跨界融合，以"文化+""互联网+"为主要形式的新型业态，不仅重塑现代文化产业格局，也增强了文化产业对经济增长的外溢、辐射和带动作用。优化结构、融合性强的"文化+",标志着文化产业进入一个以数字化和网络化为先导的全新发展阶段。深圳作为文化和科技强市,在"文化+"方面,如文化与科技、金融、制造、信息、教育等深度融合发展以取得突出成绩,而文化与大数据、云计算、人工智能、5G、8K等文化科技融合也在不断推进。龙华区的文化产业进入一个以数字化和网络化为先导的全新发展阶段。

3. 经济增长和人口素质提升为现代文化产业提供新需求。随着经济发展及产业结构转型升级,近年来龙华居民可支配收入不断上升,就业需求同样带动人口结构优化和人口素质提升,"双升"态势不仅增加文化需求的规模,更提升了文化需求的结构。巨大的需求为龙华现代文化产业提供了广阔市场,未来假日和夜间经济、动漫游戏、数字音乐、数字展览展示、柔性显示、可穿戴设备等领域具有无限的发展空间。

三 文化创意产业面临的主要挑战

(一) 核心领域发展不足

龙华区文化创意产业主要集中在文化辅助生产和中介服务、文化装备生产、文化消费终端生产,以制造业、商业为主,产业附加水平较低。2019年这三大产业累计实现增加值113.69亿元,占辖区文化创意产业总增加值的45.4%,而文化核心领域增加值占54.6%。

(二) 地区发展不均衡

龙华区文化创意产业营业收入主要集中在大浪、龙华、观澜三个街道,占龙华区总量的70%以上;而观湖、福城、民治三个街道占比均较低,营业收入占比均不足15%。另外,龙华区文化创意产业园区多集中在观澜、民治、大浪、龙华等街道,而福城仍为空白。

(三) 文化园区经营有待改善

2019年,龙华区有统计数据的16个产业园区(基地)的代表性企业,合计实现营业收入60.91亿元,平均每个园区才3.81亿元,还有很大的成长潜力。其中,营收过亿的园区9个,占比56.3%;园区增速为正的只有7个,占比不到一半,这说明大部分的园区经营情况有待改善。

四 进一步构建龙华现代文化产业体系的举措

(一) 大力加强文化创意产业园区建设，促进文化创意产业集群式发展

借鉴伦敦市东区、西区、OSOH区文化创意产业园区建设的经验，以规划、布局促进在全区形成多个特色鲜明文化创意产业园区。园区内，加强文化创意产业的聚集能力，实现同类型的文化创意企业或者产业链上下游相关企业共同发展，形成辐射效应和规模效应；园区间，突出差异化、个性化发展，避免过度竞争。此外，搭建创意产业公共技术服务平台、技术共享池和风投市场，促进社会资源的整合和运用。

(二) 以现代文化产业体系的发展促进整体产业升级

现代文化产业体系是高新技术产业体系的有机组成部分。大部分文化产业本身就是高新技术产业，如电脑合成音像、电子图书馆等；有些现代文化产业诱发、催生和哺育了高新技术产业，如数字科技、人工智能、大数据、VR、AR、网络直播等文化+产业。以创新发展文旅产业、培育文旅产业经济新动能为目标，促进文旅产业与相关要素资源融合，催生文旅产业新兴产业形态；重点培育和拓展"文化+制造""文化+科技""文化+旅游""文化+金融""文化+经贸"等产业发展新模式、新业态和新领域，充分利用现代科技技术和现代生产方式，优化提升文旅产业技术结构，在技术含量和内容增值的融合下，不断延伸价值链，带动产业联动升级，实现资源结构和产业成长模式创新。能否深度参与甚至引领"文化+"浪潮，将决定龙华现代文化产业体系的发展水平和发展高度。

(三) 创新发展模式，推动文体服务智能化

全方位打造智能文体服务平台。优化完善"龙华文体云"，做好做强龙华文体云，充分统筹整合龙华文化创意产业和旅游发展资源，不断开拓完善演出门票、场馆预订等在线服务功能，提升用户使用体验感，促进文体服务便捷化。大数据精准对接民众需求，通过大数据分析摸清百姓对于文化创意产业和旅游发展的真实需求，有针对性地提供服务，实现文化创意产业和旅游发展的精准化供给。借助数字化创新资源供给方式，呼应数字创意产业发展需求，使百姓享受足不出户便能获取信息资源的"指尖"服务，实现文化+科技的深入融合互促。

第五章 率先塑造现代城市文明 争创文化创新引领区

（四）加强平台建设，构建产业服务支撑体系

探索建立文旅产业孵化基地。以"集群+智库+平台+资本+服务"的模式，强化基地孵化、提升、集聚和创新四大功能，吸引国内外优秀文旅企业，推动龙华区现有文化产业要素与外来企业、资金、项目相结合，促进文旅产业"产、学、研、政、服"一体化发展。建设文旅产业公共技术平台。加大对文旅产业内部不同产业领域基础性、战略性和前瞻性核心技术和产业化支持力度，鼓励园区、示范基地、大型企业等与国内外知名高等院校、科研院所联合，整合优化资源，建立共享机制，搭建文旅产业公共技术服务平台。建立文旅产业综合服务平台。发挥龙华区文化创意产业协会服务、龙华区旅游交流促进会等协会的功能。实现协会作为中介组织的聚合分发功能，贯彻落实各项文化创意产业和旅游产业服务政策，指导行业企业规范、健康发展，引领龙华区文化创意产业和旅游产业大发展大繁荣。抓住"互联网+文旅产业"的发展机遇，建立文旅产业综合服务平台，主要在线提供文旅产业项目征集与展示、文旅产业企业决策支撑、文旅产业培训、文化创意咨询、文化创意成果分享与交易、文旅产业成果推广等服务，搭建政府、企业、投资者之间沟通的桥梁。

（五）完善服务体系，引进优质文旅龙头企业

精准招引文旅产业龙头企业。以大数据、互联网信息、创意设计、新兴媒体等数字内容产业为重点方向，借助文博会、"创意十二月"等活动，采用"文化+投资基金""文化+文旅产业园区"等合力运作模式，着力招引一批产业带动强、投资体量大、较能代表产业发展方向的优质大项目，建立专项扶持资金政策，精准扶持龙头企业，促进产业能级大提升。制定文旅产业龙头企业培育计划。梳理全区范围内在建和拟建的项目资源，遴选出一批符合转型发展需要、产业特色突出的重点项目，建立文旅产业项目库。筛选一批规模较大、经济效益好、主业突出、产业关联度、创新力和带动力强的文旅企业作为龙头企业培育对象。完善文旅产业龙头企业服务体系。协调财政、税收、金融、工商、规土等部门，以文旅产业项目库和龙头企业培育对象为参照，从财政支持、空间保障、社会融资、行政审批等层面，采取个性化、全方位的帮扶措施，切实帮助企业解决实际困难。

（六）推动共融发展，提升产业社会经济效益

推动文化产业和旅游产业充分对接，增强文旅产业发展经济附加值，完善文体经济产业链，增强文化创意产业及旅游社会效应，提高龙华民众的获得感、幸福感，提升龙华文化的影响力。创新传统文化艺术经营模式，发展新业态。引入专业主体创新运营方式，改变红木、版画、瓷器等传统文化业态，发展"文旅＋互联网＋金融"等新业态；充分利用新一代信息技术，打造以 VR、AR、5G 技术为载体的文旅产业新业态。挖掘文化活动与旅游资源的联结点，形成休闲文旅产业链。开发规划经典品牌文化旅游路线，通过在旅游点举办音乐会、特色表演等方式，为百姓提供集景色、文化体验、休闲身心为一体的文旅产品及服务。围绕品牌文体赛事，形成"培训—赛事—工作室—产品周边"文体产业链。持续引进如李宁、孟广禄等文体名人，成立名家工作室，吸引社会资源聚集，提高文体活动专业性、规范性，打造品牌文体赛事，推动形成培训/训练—赛事—工作室—产品周边产业链。

第六章　率先践行"四共"发展理念 建立民生幸福活力城区

"民生无小事，枝叶总关情。"民生是人民幸福之基、社会和谐之本。我国历代领导人都非常重视改善民生。党的十八大以来，习近平总书记围绕民生建设提出了系列部署，党的十九大报告中提出：必须始终把人民利益摆在至高无上的地位，让改革发展成果更多更公平惠及全体人民。[①]"民生幸福标杆"位列于《意见》对深圳的五个战略定位之一，也体现出民生发展的重要地位。而在这一过程中，龙华坚持"四共"（共建、共治、共享、共同富裕）的民生理念，争创民生幸福活力区，为深圳打造民生幸福标杆提供龙华经验和龙华样本，让辖区居民拥有更多、更直接、更实在的获得感、幸福感、安全感。

第一节　社会建设的理论探索及深圳思考

一　关于民生建设的理论探索

（一）习近平的民生观

为人民谋幸福，是中国共产党人的初心。民生问题关乎民心，也决定了我国建设社会主义现代化事业的成败。党的十八大以来，习近平总书记系列重要讲话中阐发的民生思想，为我国经济新常态下的民生事业发展指明了方向。

中国梦中的民生观。实现中华民族伟大复兴的中国梦，就是要实现国

[①] 习近平：《决胜全面建成小康社会　夺取新时代中国特色社会主义伟大胜利——在中国共产党第十九次全国代表大会上的报告》，人民出版社2017年版，第45页。

家富强、民族振兴、人民幸福。这深刻体现了中国人的理想,也反映了中国传统文化的光荣传统:建立一个人民安居乐业的社会。改革开放以来,我国的民生事业得到长足发展,从"温饱"到"小康",人民群众的生活水平显著提高。在此基础上,习近平总书记提出了中国梦的战略目标,也被概括为"两个一百年",是实现"两个百年目标",即在中国共产党成立一百年时全面建成小康社会,在新中国成立一百年时建成富强民主文明和谐的社会主义现代化国家。可见,中国梦的实现是以经济社会发展为基础,但更以人民生活水平的持续上升为目标,民生改善是对中国梦的最好诠释。在十二届全国人大一次会议闭幕会上,习近平总书记指出,"中国梦归根到底是人民的梦,必须紧紧依靠人民来实现,必须不断为人民造福。"[1] 可以说,中国梦中蕴含着丰富的民生观思想,是以人民为中心和以人民幸福为标志的民生观,"不仅包括了人民物质生活水平的提高,也包含人民生活质量的提升;不仅意味着人民精神文化消费能力的增强,还包括生活环境和生态环境的改善。这种大民生观,从系统性、长期性和复杂性出发,综合考虑了经济发展、收入分配公平、就业、教育、医疗、社会保障、社会治安、居住环境等等因素。这是对狭义上的民生内涵的拓展,更充实和丰富了我国民生建设的内容"[2]。

全面深化改革中的民生观。纵观历史可以发现,以改善民生为出发点的改革才能确保人民群众拥护改革,同时也是确保改革成功的关键所在。改善民生、保障民生和促进共同富裕,是我国经济社会发展的根本目标。习近平总书记指出:"全面深化改革必须以促进社会公平正义、增进人民福祉为出发点和落脚点。这是坚持我们党全心全意为人民服务根本宗旨的必然要求。全面深化改革必须着眼创造更加公平正义的社会环境,不断克服各种有违公平正义的现象,使改革发展成果更多更公平惠及全体人民。如果不能给老百姓带来实实在在的利益,如果不能创造更加公平的社会环境,甚至导致更多不公平,改革就失去意义,也不可能持续。"[3] 习近平总书记还讲过:"遇到关系复杂、牵涉面广、矛盾突出的改革,要及时深入

---

[1] 《习近平谈治国理政》,外文出版社 2014 年版,第 40 页。
[2] 侯为民:《习近平民生思想的三个维度——学习习近平总书记系列重要讲话体会之七十四》(http://theory.people.com.cn/n/2015/0209/c83850-26533126.html),2015 年 2 月 9 日。
[3] 《习近平谈治国理政》,外文出版社 2014 年版,第 96 页。

了解群众实际生活情况怎么样，群众诉求是什么，改革能给群众带来的利益有多少，从人民利益出发谋划思路、制定举措、推进落实。"① 这些论述，不仅阐述了民生问题的重要性，更是代表了全面深化改革中的民生观，即改革的目的是为了改善民生，是为了解决人民群众最现实、最关心的问题，也只有这样的改革才能得到人民的拥护和支持，才能取得成功。

(二) 经济发展与民生改善的关系

经济发展与民生改善是相辅相成的共生关系，经济发展过程中不能忽视民生，民生的改善也不可能脱离经济基础。

第一，民生改善离不开发展作为保障和物质基础。马克思主义认为，物质资料生产是人类社会存在发展的基础和最终决定力量。中国已经成为全球第二大经济体，2018年人均GDP达到6.5万元，较1952年增长约542倍，但仍未进入高收入国家行列。必须认识到，我国仍处于并将长期处于社会主义初级阶段的基本国情并没有变，我国仍处于发展中国家的地位也没有变，发展仍是解决我国经济、社会、民生所有问题的关键。因此，民生的改善要以经济发展为基础，脱离经济发展基础谈改善民生有如无源之水、无本之木。

第二，发展的根本是为了增进民生福祉。"马克思、恩格斯在《共产党宣言》中指出，'无产阶级的运动是绝大多数人的、为绝大多数人谋利益的独立的运动'。以民生为本，在发展中保障和改善民生，是习近平总书记对马克思主义民生观的坚持和发展，充分体现了把发展经济和改善民生相统一的实践性。"② 增进民生福祉是中国特色社会主义发展的根本目的。习近平总书记在党的十九大报告中提出："全党必须牢记，为什么人的问题，是检验一个政党、一个政权性质的试金石。带领人民创造美好生活，是我们党始终不渝的奋斗目标。必须始终把人民利益摆在至高无上的地位，让改革发展成果更多更公平惠及全体人民，朝着实现全体人民共同富裕不断迈进。"③ 民生工作是同老百姓生活最密切的事业，也最能体现出

---

① 《习近平关于社会主义社会建设论述摘编》，中央文献出版社2017年版，第149页。
② 乔尚奎：《习近平社会建设思想的实践基础》（http://theory.people.com.cn/n1/2018/0625/c40531-30081668.html）。
③ 习近平：《决胜全面建成小康社会 夺取新时代中国特色社会主义伟大胜利——在中国共产党第十九次全国代表大会上的报告》，人民出版社2017年版，第44—45页。

老百姓根本的需求。实现人民对美好生活的向往，就必须以民生为切入口，抓住老百姓最关心、最直接、最基础的利益需求。让老百姓更多地分享社会发展的果实，生活更加美好，有更强的获得感、幸福感和安全感，就是建设中国特色社会主义的原本之意。

第三，改善民生对经济发展有正向推动力。只有关注民生，让全体人民共享经济社会发展的果实，促进社会的公平正义，才是实现经济社会协调发展的目标和归宿。能否解决好民生问题反映出一个国家和政府在一定时期的制度设计是否符合实际，能否被人民群众认可，关系社会治乱与政权兴亡。民生问题如解决不好，就会带来社会动荡，乃至影响政权稳定，历史与现实中也不乏这样的案例："白色革命"、利比亚动乱等等。相反，改善民生为经济发展提供了助推力。如19世纪六七十年代，日本政府制定的以"防止城市的过度集中"和"消除地区差别"为口号的三次全国综合开发计划；20世纪60年代韩国以"有劳动能力的人依靠劳动，无劳动能力的人依靠社会救济"为特点建立的社会福利模式等等，都为本国带来了和平稳定、经济快速发展的局面。可见，只有关注民生，注重社会公平正义，消除阶层和区域间的过大差距，才能顺应民意，维持社会稳定和人口素质不断提升，对经济发展形成正向的促进作用。

二　先行示范区建设的民生幸福标杆理解和思考

《意见》中提出深圳要率先形成共建共治共享共同富裕的民生发展格局，打造民生幸福标杆。而准确理解和领会民生幸福标杆的内涵和定位，是深圳完成新时代新使命的关键，也是中国特色社会主义先行示范区要探索并提供示范的一个重要方面。对此，《意见》给出了明确指示："树立民生幸福标杆，构建优质均衡的公共服务体系，建成全覆盖可持续的社会保障体系，实现幼有善育、学有优教、劳有厚得、病有良医、老有颐养、住有宜居、弱有众扶。"可以看出，相对于十九大提出的"七有"目标："幼有所育、学有所教、劳有所得、病有所医、老有所养、住有所居、弱有所扶"[1]，《意见》对先行示范区建设的民生建设提出了更高水平的要

---

[1] 习近平：《决胜全面建成小康社会　夺取新时代中国特色社会主义伟大胜利——在中国共产党第十九次全国代表大会上的报告》，人民出版社2017年版，第10页。

求，是从"有没有"到"好不好"的质的提升，其目标是不仅要解决基本的教育、医疗、居住等民生需求，而且是要高标准高质量地解决民生需求提供，也意味着深圳要瞄准民生幸福全面推进各项综合改革，不断将改革红利转化为民生福祉，打造民生幸福的"深圳标准"，成为民生幸福的标杆示范样板。

(一) 教育工作

百年大计，教育为本。1985年出台的《中共中央关于教育体制改革的决定》中指出："教育必须为社会主义建设服务"，社会主义建设必须依靠教育。1987年，党的十三大首次提出了"百年大计，教育为本"的论断。此后，我国历届领导集体均将此作为教育基本功能的论断。党的十八大以来，习近平总书记高度重视教育事业发展，在多次讲话时重申这一论断。在2018年全国教育大会上，习近平总书记进一步指出："教育是民族振兴、社会进步的重要基石，是功在当代、利在千秋的德政工程，对提高人民综合素质、促进人的全面发展、增强中华民族创新创造活力、实现中华民族伟大复兴具有决定性意义。"[1]

教育在国家发展中具备先导性和基础性的作用，对提高我国人民的综合素质、促进人的全面发展、增强社会创新创造活力均具有决定性的意义，教育事业的优劣决定了我国综合实力的高低。2013年10月，习近平总书记在欧美同学会成立100周年庆祝大会上的讲话中指出："综合国力竞争说到底是人才竞争。人才资源作为经济社会发展第一资源的特征和作用更加明显，人才竞争已经成为综合国力竞争的核心。谁能培养和吸引更多优秀人才，谁就能在竞争中占据优势。"[2] 可以说，人才竞争在很大程度上取决于教育水平的高低。

近年来，从学前教育到高等教育，深圳的各项教育事业均取得显著成效。但与全球城市相比，与建设先行示范区的预期目标相比，不论是教育资源还是教育质量都明显不足，对创新发展的支撑作用不足。而率先形成共建共治共享共同富裕的民生发展格局首要就是做好教育工作，在教育体制机制改革方面先行先试，探索在深圳这样人口密度奇高及土地空间强约

---

[1] 习近平：《思政课是落实立德树人根本任务的关键课程》，人民出版社2020年版，第1—2页。
[2] 《习近平关于科技创新论述摘编》，中央文献出版社2016年版，第112页。

束的超大城市，如何高标准办好学前教育，如何扩大中小学教育规模，如何高质量普及高中阶段教育；怎样落实高等学校办学自主权，做细做精特色办学模式，加快创建"双一流"；如何完善适应"双元"育人职业教育的体制机制，打造与产业用工需求零距离对接的现代职业教育体系等等，这些都对深圳教育工作提出了新的要求和挑战。

（二）就业工作

实现充分就业是宏观经济政策的重要目标。《2020年国务院政府工作报告》提出："就业优先政策要全面强化。财政、货币和投资等政策要聚力支持稳就业。努力稳定现有就业，积极增加新的就业，促进失业人员再就业。各地要清理取消对就业的不合理限制，促就业举措要应出尽出，拓岗位办法要能用尽用。"就业优先政策就是要把促进就业放在经济社会发展的优先位置。

1. 就业是民生之本

就业是维持生活的基本保障。就业是个人及其家庭的主要经济来源，对于一个社会人来说，一份稳定的工作意味着一份比较稳定的收入，这样就业者及其家属才能维持正常的生活。失业与贫困及贫富差距扩大有着直接而必然的相关性，在我国由于失业问题造成的负面影响更甚于发达国家。

就业是维持正常社会生活的必要条件。每一个适龄的社会成员都主要通过特定的职业、特定的工作获得正常的社会群体生活，从而进入正常的社会生活环境。相反，则往往意味着一个人社会生活状况的边缘化，即与"主流"社会生活隔离开来，而进入一种片面的、狭小的、封闭的社会生活情境，其尊严以及独立的人格都将受到严重的伤害。此外，一份稳定的工作不仅对于社会成员本身是极其重要的，对于其后代的健康成长、接受教育、顺利地完成社会化过程也是必要的。

充分就业有助于提高社会的整合程度。只有实现了充分就业，保障社会成员的经济收入，才可能实现生活质量普遍提高。基于此，社会成员才会建立自信和良好的心态，成员之间才可能进行平等的社会交往和沟通，形成一种积极的认同社会的态度，减少隔离、敌对，提高社会的整合程度，保证社会的安全运行和健康发展。

2. 促进就业是政府之责任

就业有助于社会发展基本宗旨的最终实现。社会发展的基本宗旨和基

第六章　率先践行"四共"发展理念 建立民生幸福活力城区　/　159

本目标应当是人人共享、普遍受益。实现就业可以在一定程度上保证人们既有一个相对安定的现状,又有一个可以预期的发展前景,是社会公众维持生计、实现人生价值和进一步改善物质精神生活的基本途径,这有助于社会发展基本宗旨的最终实现。"以此为起点,才谈得上实现权利特别是劳动权利的平等,才谈得上生活质量普遍得以提升的问题,才谈得上社会的整合程度不断提高、社会合作程度不断增进的问题,才谈得上消除贫困、缓解贫富差距、共享社会发展成果的问题。"[1] 作为一个政府,尤其是社会主义国家的政府,应该视促进就业为己任。

就业是公民的合法权利。我国《宪法》规定:"中华人民共和国公民有劳动的权利和义务,国家通过各种途径创造劳动就业条件,加强劳动保护,改善劳动条件,并在发展生产的基础上,提高劳动报酬和福利待遇。"《劳动法》《劳动力市场管理规定》同样对公民就业方面的内容作了相关的规定,国际劳工组织也对各成员国促进就业、建立就业服务系统作了相应的要求和建议。保证每一个社会成员不受饥饿和贫困的痛苦,使其有尊严地就业,这是政府的责任和义务。近年来,我国政府逐渐从原有的一种典型的"以政府为本位"的管制型政府模式,向"服务行政"过渡,意味着政府角色将由"以政府为本位"转向"以人民为本位"和"以社会为本位"。公共就业服务是指为促进就业而进行的公共服务,具有公共产品的属性,是我国服务型政府建设中的重要内容。如果说就业是民生之本,那么就业服务就是服务型政府的重中之重。

市场偏好效率。市场竞争偏好效率。在工业化进程中,资本和技术对劳动力的替代作用毋庸置疑。市场在效率与就业之间必定选择前者。我国正处在劳动年龄人口不断上升时期,形成持久的巨大的就业压力。随着改革进程的推进以及产业结构的升级换代,还将有大量剩余或者不合适的劳动力析出。将这些就业需求全部交予市场自发去解决是不太可能的,也是非常冒险的。那么,解决就业,尤其是解决好相对弱势群体的就业任务就只能依靠政府这只"看得见的手"。

3. 深圳就业形势判断

改革开放的 40 余年,青壮年劳动力源源不断地从全国各地涌向深圳,

---

[1] 吴忠民:《论就业的社会意义》,《中国党政干部论坛》2002 年第 11 期。

为深圳注入了新鲜的活力和发展的动力。可以说，深圳的成功在一定程度上是得益于对"人口红利"充分享用。根据第六次全国人口普查数据，"深圳的常住人口已达1035万人，其中户籍人口251.03万人，而包括流动人口的总人口数为1322万人。常住人口中15—64岁劳动年龄人口的比重高达88.4%"，就业需求及压力可想而知。

面对中美贸易摩擦、新冠疫情等复杂多变的国际市场环境，面对前有标兵、后有追兵的国内局势，面对四个"难以为继"必然要求的产业结构升级的深圳市情，以及当好推动科学发展促进社会和谐排头兵、建设现代化国际化先进城市的光荣使命，深圳未来就业形势将会出现较为突出的结构性矛盾：一方面，高新技术产业、现代服务业、战略性新兴产业将带来巨大劳动力需求，加剧业已存在的高端劳动力不足的问题；另一方面，低端劳动密集型产业及产能落后企业将面临淘汰或升级改造，又会造成大量产业工人转岗乃至失业等新的问题。

截至2018年末深圳就业人员合计1050.3万人。有人说深圳没有就业压力，因为非户籍人口数量大，一旦失去工作，他们就会返乡。真的如此吗？事实上失去了人口活力，整个社会的经济活力和创造力都将随之下降。未来，人口红利尤其是人口素质红利，仍然是深圳的核心竞争力。深圳将探索如何实现劳动力就业与产业升级、常住人口与深度城市化有机联动，有效实现劳动力转换提升就业质量，打造技能人才强市，为深圳产业升级和深度城市化提供坚实保障。

（三）健康工作

健康是人民群众的共同追求，是民生幸福的重要标志。2016年8月，在全国卫生与健康大会上习近平总书记发表重要讲话指出："人们常把健康比作1，事业、家庭、名誉、财富等就是1后面的0，人生圆满全系于1的稳固。"2016年10月，《"健康中国2030"规划纲要》由中共中央、国务院印发并实施。其中提出："健康是促进人的全面发展的必然要求，是经济社会发展的基础条件。实现国民健康长寿，是国家富强、民族振兴的重要标志，也是全国各族人民的共同愿望。"但当前，我国健康工作面临较大挑战，"工业化、城镇化、人口老龄化、疾病谱变化、生态环境及生活方式变化等，也给维护和促进健康带来一系列新的挑战，健康服务供给总体不足与需求不断增长之间的矛盾依然突出，健康领域发展与经济社会发展的协调性有待增强，需要从国家战略层面统筹解决关系健康的重大和长远问题。"① 而健康是一项范围很广的事业，需要动员更加广泛主体共同参与，因此建设健康中国的基本路径应该是共建共享。从供给侧和需求侧两端同时发力，统筹社会、行业和个人三个层面，形成维护和促进健康的强大合力。

近年来，深圳的医疗事业取得了飞速发展，2018年市民的人均期望寿命为81.25岁，比2009年提高了近3岁。2009—2018年的十年间，深圳的医疗卫生机构数量从2597家增加到4406家；医院数量从115家增加到156家，其中三级医院从17家增加到42家，三甲医院从5家增加到18家；病床数、执业医生数也有大幅提升，千人病床数从2.2张提高到3.7张、千人执业医师数由2.2名提高到和2.8名。在深化医药卫生体制改革中，深圳也在先行先试，发挥"头雁效应"。罗湖医改模式不仅得到全省和全国的认可推广，也得到了世界卫生组织的通报推荐；药品集团采购改革在全省获得推广；更有4项改革经验被国家推广。

但总体来说，深圳的医疗资源数量及水平与北京、上海等差距还较大。要打造健康深圳示范区，必须进一步以改革创新促进公共卫生医疗事业发展，加快构建国际一流的现代医疗服务体系和以促进全民健康为导向的新型医保制度；加强对民营医院的监管，扩大优质医疗卫生服务供给；探索建立与国际接轨的人才培养、医院评审认证标准体系；放宽境外医师到内地的执业限制，简化港澳医疗设备入境审批流程；加强医疗保健、文体锻炼的普及、宣传及服务。以大健康理念统筹各方资源，打造以运动锻炼为主的强身健体、到以饮食为主的营养保健、再到传统医学为主的中西医保健预防、最后到疾病防治为主的医疗康复的全健康链条全民健康体系。

（四）养老工作

根据《中国发展报告2020：中国人口老龄化的发展趋势和政策》预测，中国将在2022年左右，由老龄化社会进入老龄社会，届时65岁及以上人口将占总人口的14%以上。这个转变期通常耗时较长，此前最快的瑞典是85年，而中国大概将用时20年，是世界最快进入老龄社会的国家。面对世界老年人口数量最多，老龄化速度最快的形势，中国的养老工作将面临极其严

---

① 中共中央、国务院：《"健康中国2030"规划纲要》。

峻的挑战：高龄化、失能化、空巢化趋势显著，养老需求不断升级。因此，十九大报告中提出："积极应对人口老龄化，构建养老、孝老、敬老政策体系和社会环境，推进医养结合，加快老龄事业和产业发展。"①

深圳是全国人口最年轻的城市，常住人口平均年龄仅有32.5岁。与北京、上海相比，深圳的老龄化并不严重。如果以老龄人口数量占总人口数量比重超过20%作为深度老龄化的标志，以户籍人口来看，深圳尚未进入老龄化社会。截至2017年底，深圳户籍人口中，60岁以上老年人所占比例为6.6%，远低于上海的33.2%、北京的24.5%、广州的18.03%。虽然老年人口总量较少，但深圳的养老资源并没显示出明显优势。以每千名户籍老人拥有养老床位指标来看，深圳长期低于北京、上海和广州。近年来，深圳加强养老设施建设，根据各地规划，到2020年，北京、上海和深圳三地的每千名户籍老人拥有养老床位均将达到40张，基本与一线城市持平。此外，深圳的人口倒挂现象十分严重，非户籍老人的数量众多，这样算下来，深圳的养老资源更加紧张。近年来，深圳的养老事业也进行了很多有益尝试，如进一步完善社区养老服务设施和打造社区老年食堂；要求新建居住（小）区配套建设标准化社区老年日间照料中心；引入社会资本打造融合托养、日间照料、居家养老、医养结合优势的"四位一体"新型养老综合体等等，有效促进"居家为基础、社区为依托、机构为补充，医养相结合"的适度普惠型社会养老服务体系基本形成。

未来，深圳还将进一步改革创新、率先探索提升社区居家养老机构服务的设施和水平，构建基本养老服务与基本医疗的联动机制，加速养老服务标准化、规范化建设，完善养老服务质量监管机制，进一步开放社会养老服务市场，推动养老产业发展等等，打造一流的老有颐养示范区。

（五）住房工作

习近平总书记指出："住房问题既是民生问题也是发展问题，关系千家万户切身利益，关系人民安居乐业，关系经济社会发展全局，关系社会和谐稳定。"② 在我国快速城镇化的背景下，城市的住房日趋紧缺，高房

---

① 习近平：《决胜全面建成小康社会 夺取新时代中国特色社会主义伟大胜利——在中国共产党第十九次全国代表大会上的报告》，人民出版社2017年版，第48页。

② 《习近平谈治国理政》，外文出版社2014年版，第192页。

第六章　率先践行"四共"发展理念 建立民生幸福活力城区

价、小产权、炒房、烘托房价等市场乱象层出不穷、屡禁不止。党的十九大报告中，习近平总书记指出："提高保障和改善民生水平，加强和创新社会治理……加强社会保障体系建设。按照兜底线、织密网、建机制的要求，全面建成覆盖全民、城乡统筹、权责清晰、保障适度、可持续的多层次社会保障体系……坚持房子是用来住的、不是用来炒的定位，加快建立多主体供给、多渠道保障、租购并举的住房制度，让全体人民住有所居。"①

深圳的土地面积不到 2000 平方公里，其中生态控制线 974 平方公里，工业区块线 270 平方公里，剩余建设用地由居住、商业、交通和公共服务设施等分配使用，住房用地供给非常有限。另一方面，深圳人口密度全球第一，近三年平均每年新增常住人口 50 多万，绝大多数为具有刚性需求的家庭或个人，未来较长一段时期内人口仍将保持净流入。此外，存量人口的住房需求依然强劲，常住人口住房自有率仅为 24%。近年来，深圳加快新建住房的供给，尤其是大力提升保障性住房的供给力度。根据 2018 年出台的《关于深化住房制度改革加快建立多主体供给多渠道保障租购并举的住房供应与保障体系的意见》，深圳将在 2035 年前新增建设筹集 170 万套住房。其中公租房、安居型商品房和人才住房共 100 万套，占 60% 左右。但总体来看，深圳住房供求关系依然紧张，供需矛盾突出，助推房价水涨船高。根据上海易居房地产研究院发布《2019 年全国 50 城市房价收入比报告》显示，深圳以 35.2 的房价收入比遥遥领先，远高于上海的 25.1 和北京的 23.9。高额的住房成本，严重影响了城市吸引力和市民居住的幸福感。

住房保障，既要兼顾中低收入人群的基本居住需求，又要为深圳招揽急需的专业型人才创造居住条件等，满足各类群体住房需求，打造民生幸福标杆，创造宜居环境。未来，深圳需要深化住房改革，更有魄力地做好房地产调控；创造性地以都市圈城市群的范畴解决土地供应不足问题；进一步完善住房租赁政策体系。探索超大型城市构建多层次、差异化、全覆盖的住房供应与保障体系解决住房问题的新思路、新路径，实现"安居"城市典范。

---

① 习近平：《决胜全面建成小康社会　夺取新时代中国特色社会主义伟大胜利——在中国共产党第十九次全国代表大会上的报告》，人民出版社 2017 年版，第 44、47 页。

(六) 社会保障工作

社会保障是国民收入再分配的一种重要形式，是实现社会公平正义的制度保障，既是经济发展的"推进器"，也是民生需求的"托底机制"，具有强制性、社会性和福利性三个特点。近年来，我国社会保障制度不断完善，覆盖率及保障水平不断提高。截至 2019 年 11 月，全国社保卡持卡人数超过 13 亿人，已覆盖超过 93% 的人口，基本医疗保险覆盖人数超过 13 亿人，全民医保基本实现。我国基本建成了覆盖城乡居民的社会保障体系。

深圳有着大量的外来人口，人口流动频繁；同时也是粤港澳大湾区建设的核心引擎城市之一，已经并将有更多港澳人士及外国人士来深工作居住。这两大特征决定了深圳的社会保障体系建设，必须有更高的站位、更广的格局、更大的魄力，以建立适应跨区域、跨境，并且频繁流动的就业和居住特征的需求，如改革创新人口和就业管理政策；推动统一的社会保险公共服务平台尽快落地，形成以社会保险卡为载体的"一卡通"服务管理模式；对接港澳政策，推进在深港澳居民民生方面享有社保"市民待遇"；逐步推进体制内外社会保险制度双轨制的并轨进程等等，为社保制度进一步完善先行先试。

三 关于社会治理的理论探索

十八大以来，党中央领导集体十分强调社会治理的中国化道路探索。[①] 2015 年，习近平总书记指出，要把加强基层党的建设、巩固党的执政基础作为贯穿社会治理和基层建设的红线。2017 年，党的十九大报告提出，要

---

① 如对于"社会治理"一词，习近平总书记提出了与西方的相关语源概念极为不同的理解。在西方的社会治理中，"治理"（governance）是相对于"统治"（government）出现的，后者意味着单一的政府权力主体、自上而下的垂直权力体系以及通过威权来解决社会问题和公共产品的供给；而前者则意味着政府、市场、社会等多元化的主体、互动沟通的横向权力网络以及通过政府与市场、社会的合作来解决地区问题和公共产品的供给。习近平总书记指出，社会治理是一门科学，管得太死，一潭死水不行；管得太松，波涛汹涌也不行。要讲究辩证法，处理好活力和秩序的关系，全面看待社会稳定形势，准确把握维护社会稳定工作，坚持系统治理、依法治理、综合治理、源头治理。在具体工作中，不能简单依靠打压管控、硬性维稳，还要重视疏导化解、柔性维稳，注重动员组织社会力量共同参与，发动全社会一起来做好维护社会稳定工作。可见，治理一词在中西方语义中的不同，实际上根源仍然来自于国家与社会关系的不同，我国社会治理的治理仍然偏向"治国理政"的概念，并不单纯强调对于社会对国家、政府的制衡与补充，而是强调在党的全面领导下，政府与市场、社会的互动合作。

第六章 率先践行"四共"发展理念 建立民生幸福活力城区

建立"党委领导、政府负责、社会协同、公众参与、法治保障"的社会治理体制。十九届四中全会提出,要坚持和完善中国特色社会主义制度,推进国家治理体系和治理能力现代化,将十八大以来国家治理的各项制度与实践上升为系统化明晰化的制度表达,也充分展现了我国在探索"中国道路""中国制度"的坚定决心和巨大信心。

《决定》提出,要坚持和完善共建共治共享的社会治理制度,为推进社会治理体系和治理能力现代化设定了基本原则。党的十九大报告提出,要"打造共建共治共享的社会治理格局",从"格局"到"制度",一词之差,意义重大。"格局"要求在社会治理实践中体现共建、共治、共享的元素;"制度"则进一步强调了在正式规则层面同样需要坚持共建、共治、共享理念,让社会治理的各主体全方位地体现在社会治理制度的各环节,进而推动社会治理主体全面融入社会治理实践的各方面,充分呼应了"建设人人有责、人人尽责、人人享有的社会治理共同体"的目标。与此同时,《决定》为实现社会治理体系和治理能力现代化、推进社会治理共同体建设,提供了更加全面的行动方案。党的十九大报告提出,"完善党委领导、政府负责、社会协同、公众参与、法治保障的社会治理体制"[1],这一提法围绕社会治理的四个主体和根本保障,明确了社会治理的关键主体、主体间的关系以及社会治理的行为边界和仲裁准则。党的十九届四中全会进一步提出,"完善党委领导、政府负责、民主协商、社会协同、公众参与、法治保障、科技支撑的社会治理体系"[2],其中新增了"民主协商"和"科技支撑"两大元素,在党委、政府、社会、公众、法治这"四主体一保障"的基础上,进一步为建设社会治理共同体增加了两大"民主协商""科技支撑"关键路径。将它们写入党的行动纲领,说明中央已经敏锐地察觉到了协商和科技在社会治理中的广泛前景。

深圳作为中国特色社会主义先行示范区,必须在社会治理领域继续大

---

[1] 习近平:《决胜全面建成小康社会 夺取新时代中国特色社会主义伟大胜利——在中国共产党第十九次全国代表大会上的报告》,人民出版社2017年版,第49页。

[2] 《中国共产党第十九届中央委员会第四次全体会议文件汇编》,人民出版社2019年版,第12页。

胆创新，推进社会治理体系和治理能力的现代化。正如《意见》强调，要促进社会治理现代化。综合应用大数据、云计算、人工智能等技术，提高社会治理智能化专业化水平……加强基层治理，改革创新群团组织、社会力量参与社会治理模式。龙华作为深圳新的城市增长极、社会融合的创新区，更有责任和使命打造社会治理示范区样本。近年来，龙华区不断完善党建引领基层社会治理模式，社会治理重心不断向社区下移，在社区治理、培育社会组织、构建社会服务体系和城市安全体系等方面开展了大量的探索与创新，打造了"社区共建议事空间""社工村"等一批精品项目，"一网两体系"智慧健康养老服务模式在全市推广，并基本形成具有龙华特色的"一核四元多维"社区慈善模式。下一步，龙华区应坚持共建共治共享，加大社会治理创新力度，提升社会治理现代化水平，并力争在全国形成更多具有示范效应的创新项目。

第二节 以"七优"新标准推动民生事业快速发展

一 以善育优教推动教育水平上新台阶

（一）龙华实现善育优教的现实基础

近年来，随着人口剧增，龙华的适龄儿童也大幅上升，对龙华的教育资源和教育水平都提出更高要求。龙华的教育工作以"深化改革、跨越发展"为理念，持续加强党对教育事业的全面领导，着力强供给、优结构、促均衡、提质量，已取得一定成效。

截至2019年底，龙华全区现有中小学84所，其中，区编办已下发三定文件的下属公办学校共计51所，民办学校33所。公办中小学位8.9万个，民办中小学位8.26万个；幼儿园242所，学位7.8万个。

1. 创新性地扩大学位供给

面对土地供给紧张，龙华区积极盘活土地存量，扩充教育资源，探索和研究促进学校项目建设新路径。一是采取厂房改造和新型易建方式建设学校。2019年，采取厂房改造和新型易建方式建成3所学校，完成租赁新泽通科技工业园改造福民学校，完成龙华第三小学、教科院附属外国语学校两所新型易建学校，新增学位5440个。二是以借址办学方式扩充就业资源。2019年，龙华先行开办龙腾学校、区第二外国语学校等6所新校，新增学位超2000个。三是以代建方式新建学校。2019年，新开工库坑中学、三智学校、宝山学校3所学校，预计建成后提供学位8040个。四是以费率招标方式促进学校建设提前开工。五是大力补充学前教育不足问题。2019年新增幼儿园18所，新增学位6720个，其中公办园新增学位3240个，公办园优质学位逐渐成为增长主力。

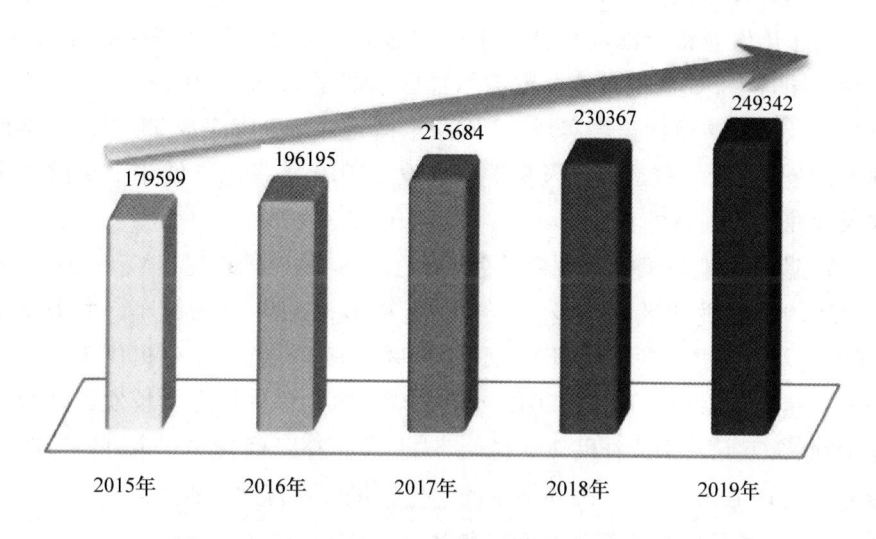

图6-1 2015—2019年龙华区在校学生人数（人）

资料来源：《深圳市龙华区2019年国民经济和社会发展统计公报》。

2. 内培+外引双渠道铸就人才高地

以内培+外引双渠道，招揽全球高端人才。2019年，龙华区招聘应届毕业生807人，研究生及以上学历占82.2%，A类双一流、部属师范、世界前100名高校占89%。本硕双A类双一流高校280人，占比35%。引进高层次人才39名，其中正高级教师21人，博士4人；本土培养省级以上名师骨干5名，其中含全国优秀教师1名。以空前的力度大量招揽人才，铸就人才高地。

3. 以集团化办学探索教育联盟

集团化办学有助于快速形成统一规范的教育评价体系和后勤保障体系等自我管理机制，吸取各区经验，2019年，龙华以集团化办学为抓手，改革学校发展模式，成立历史上首个教育集团——民治中学教育集团。龙华以此为开端，逐步形成几个教育联盟，发挥集群优势，以更快的步伐促进教育资源均衡布局。

4. 科技赋能智慧教育不断升级

一是"三龙战略"持续发力。与腾讯合作系统构建"AI+"教育治理生态；与讯飞合作助推"AI+"学生成长和"AI+"教师发展，在全区范围内实施教育云试点，打造教育智能体。二是领先全市推动5G+智能教育。与中国农业银行深圳分行、中国联通深圳分公司签署战略合作协议，建设全国首个5G区域学校全覆盖示范区，截至2020年10月底，42个公办学校及试点单位已全部实现5G网络全覆盖，年底将完成33所民办学校的5G信号建设。三是推进未来学校建设。2019年，龙华创建了全国首个未来学校协同创新中心。

5. 落实惠生政策提升教育服务

2019年，龙华区16所公办学校以配租形式运营56台校车，服务学生4500余人；推进午餐午休服务工程，全区所有学校均为学生提供午餐午休服务，惠及学生约6万名。2019年春季学期共向区内民办学校发放从教津贴1800余万元、学位补贴2.5亿元、"两免一补"经费800余万元。聘用专业心理社工34名，为民办学校的学生提供心理咨询等服务。

（二）龙华实现善育优教面临挑战

1. 学位压力大

受底子薄、基础差、历史欠账多拖累，全速推进的学位建设难以满足日益增长的学位需求。截至2019年底，龙华全区共有学校335所，比上年增加39所，但从"量"上看，学位供给仍明显不足。以2019年为例，全区义务教育阶段公办学位缺口达1.7万个，经民办学校分流后总缺口仍超过2500个；公办幼儿园学位缺口更大，短期内完成在园幼儿占比50%的任务十分艰巨。未来随着龙华的产业发展及基础设施完善，将会吸引更多人才来龙华工作生活，相应地学位需求也将更加迫切。

2. 教学质量有待提升

从"质"上看，龙华的整体教学质量仍有待提升，与福田、南山相差较远。公办、民办学校、幼儿园分布不均、发展迥异，"公强民弱""南强北弱"态势明显，学位不足衍生的大班额等问题难以根除；办学特色愈加鲜明但还不够丰富，品牌学校、优质名校相对不多，办学质量与教育先进区相比还有一定差距。

（三）龙华实现善育优教战略举措

落实《中共中央国务院关于支持深圳建设中国特色社会主义先行示范区的意见》精神，按照全国、全省、全市教育大会部署，结合龙华教育发展实际，进一步落实教育优先发展战略，加快推进教育现代化，大力推动教育高质量发展，实现幼有善育、学有优教，为龙华争当建设中国特色社会主义先行示范区尖兵和在创建社会主义现代化强国城市范例中走在前列提供强大的基础动能，可从以下举措着手：

推动学前教育优质普惠发展。加快公办幼儿园建设，推进实施"以事定费"管理模式，通过"建、转、租"等途径多元拓宽建设路径；推进成立公办学前教育集团，建设以公办幼儿园为核心的"学区联盟"；加快民办幼儿园转型提质，优化完善普惠幼儿园限价、补贴标准，确保普惠性幼儿园覆盖率不断上升。

推动义务教育优质均衡发展。进一步扩大中小学教育规模，高标准推进公办学校建设，支持通过借址办学、租赁物业改造办学、高效集约利用教育用地等途径多元增加学位供给。加强学位需求预测分析，完善调整学校布局，优化《龙华区积分入学管理办法》，促进教育资源公平合理配置。扎实推进"1+4+N"战略，组建若干区域教育集团及联盟，建立优质教育资源流通共享机制。

推动高中教育优质普及发展。推动高质量普及高中阶段教育。调整规划布局，加大高中教育供给，因地制宜新建一批小规模、高质量的特色精品高中；完善高中素质教育体系，推动高中加强与高校、专业机构合作交流，不断拓宽办学途径、提升办学档次。鼓励民办高中错位发展、提质转型，形成高质量的特色品牌学校。

推动特殊教育优质协同发展。加快建设符合国家标准的义务教育阶段综合性特殊教育学校，设立特殊教育资源中心、指导中心。逐年提升学前教育及义务教育阶段儿童入学率。推进医教结合的特殊教育模式。实现无障碍设施学校全覆盖。

推动高等教育优质创新发展。立足粤港澳大湾区和龙华发展需要，积极引进1—2所国内外著名大学，优先面向港澳开展合作办学，鼓励社会力量建设高水平民办大学。创新合作办学经费管理、生源培养、学科设置模式，构建科研成果孵化、转化及应用机制。适配产业发展，引进1—2家特色研究生院或产学研基地，以及国家重点实验室、省实验室。

推动职业教育优质匹配发展。加快建立健全适应"双元"育人职业教育的体制机制，打造现代职业教育体系。高标准建设龙华区职业技术学校，合作共建若干匹配产业发展的职业教育项目，打造一批高水平专业化产教融合的实训基地。加强与大专院校合作，探索实施"3+3""2+4"、职业教育与继续教育结合等培养模式。鼓励行业领军企业参与创建特色职业教育园区，探索校企互利联动的共赢机制，构建龙华产教融合新城区。

推动民办教育优质高端发展。加强筑巢引凤，引进、扶持若干高端民办学校，鼓励有条件的民办学校与国内外优质教育资源合作办学，打造一批民办教育品牌。引导民办学校集团化、联盟式经营，推进民办学校多元、特色、内涵、高端发展，做到"一校一品牌+特色"。扶持非营利学校、幼儿园综合发展，指导营利学校、幼儿园实现标准化管理。

推动家庭教育优质特色发展。构建"龙华积极家庭教育12345模式"，成立家庭教育指导与研究中心，健全区校两级家校共育组织机构，搭建"三个平台"，打造"四支队伍"，形成"五大特色主体活动"。组建专业的家庭教育研究团队，开发家庭教育课程。编制中小学家庭教育指南，办好家长学校，完善学校、家庭、社会三位一体合力育人机制。

推动终身教育优质融合发展。推进终身教育体系建设，培育一批终身学习培训和活动品牌。发挥教育资源优势，推进教育与党校、党群服务中心等有机融合，联手打造若干品牌社区教育基地，完善以街道为单位的社区教育运作机制，到2020年实现"深圳市学习型社区"全域覆盖，力争创建全国社区教育示范区。创新老年教育机制，探索养教结合的新模式。

推进智慧教育建设。实施"教育+人工智能"行动计划，落实并完善"三龙"战略，推进人工智能、教育云、智慧校园等信息技术与教育教学实践深度融合，建立智慧教育实验室，打造智慧教育示范区。推动"未来学校"建设、转型升级，探索实践教育信息化2.0行动。为公办教师配备专用移动教学终端，实现课堂教学向智慧化发展。加快5G技术与教育生态的融合应用，打造"龙华教育智能体"，推动教与学深度变革。

推进教育国际合作。站位"一带一路"战略、粤港澳大湾区建设及全球标杆城市建设发展大局，系统谋划推进龙华教育国际化，推动国际学校

第六章 率先践行"四共"发展理念 建立民生幸福活力城区 / 171

落户龙华。优化外籍教师管理机制,规范外籍教师聘用管理。探索在海外建立龙华教师培训基地,积极缔结境外友好学校(园)。建设高素质对外汉语教师队伍,争取择优派驻境外友好学校(园)。

二 以劳有厚得推动就业质量大跃升

随着产业结构创新升级,龙华的人口结构、就业结构也在不断调整。近年来,从维护社会公平正义出发,把保障就业和改善就业质量作为工作的出发点和落脚点,龙华区逐渐提高就业扶持政策与服务的系统性,着力解决好人民群众最关心、最直接、最现实的就业促进、收入分配、技能提升、权益维护等问题,增进民生福祉,使发展成果更多惠及市民。

(一)龙华实现劳有厚得的现实基础

1. 以工作链条延伸提升就业工作效率

大力推动异地就业扶贫工作。为了更好地促进异地就业帮扶驻点——广西凤山县的就业,龙华区人力资源局联合辖区优质人力资源服务机构、凤山县人社部门,在多个城镇建立了就业促进中心,帮助贫困劳动力顺利来龙华区就业、提供职介服务、技能培训服务等,通过建立"技能+产业+就业"的"1+3"扶贫品牌,架起两地的就业桥梁,在运用网络平台实现两地就业信息无缝对接、实时更新的基础上,辖区重点人力资源服务机构还将为有意愿来龙华区就业的贫困劳动力提供免费体检、精准供岗、就业保障等服务,让转移就业的贫困劳动力"干得住、干得久",既为当地实现"造血式"扶贫提供凭依,也为解决龙华区企业"用工荒"问题提供源源助力。

大力培养技能人才队伍。2019年,龙华区制定出台了《深圳市龙华区技能人才扶持办法(试行)》,以技能水平、技能贡献、综合素质为导向,对各行业、各领域技能型人才进行全面扶持,给予企业人才推荐权,引导企业建立完善技能人才自主评选制度,破解企业招人难、用人难、留人难等问题。成功举办第七届区级职业技能竞赛,积极筹办深圳市技能大赛"工匠之星"职业技能竞赛和2019年龙华区"十大工匠"评选活动,让区内技能人才享有更多支持和更高平台,推动"龙华工匠群"进一步发展壮大。

2. 以精尖专要求提升为高端人才服务水平

突出高层次人才特色精准引才。充分发挥粤港澳大湾区核心和全国高铁枢纽的区位优势，大力引进海外高层次等国际人才。着力培养引进一批智能制造、生物医药、新材料新能源等方面的高层次科技创新人才和团队。组团参加名企高端招聘会、就业双选会及举办第五届"百名海外博士龙华行"活动，不断强化引才效应。

依托高层次人才平台精准引才。扎实推进博士后工作站等创新载体建设，充分发挥资源优势，推动科技成果转化和技术协同攻关，吸引高端人才来龙华发展。截至2019年9月，新引进海外高层次人才5名（共34名），新增市孔雀计划团队1个（共15个）。

3. 以劳动信访和争议调解促劳动关系和谐

在依法做好接访答疑，引导劳动者依法维权的基础上，龙华区人力资源局及时做好劳资纠纷矛盾化解，成功调处多起群体性劳资纠纷。同时，从源头入手，对200家中大型企业开展"法律体检"，持续开展"访企业、访员工"双走访活动；并计划以龙华街道利金城工业园劳动争议调解省级综合示范单位为模板，在全区工业园中逐步推广。专门引进28名调解员参与调解工作，壮大劳动争议调解员队伍；通过"建阵地、守屏障"，力争将大量劳资纠纷化解在萌芽状态。

4. 强化劳动保障监察执法提高制度威慑力

当前，劳资双方博弈加剧，员工不仅对企业搬迁、就业等情况异常敏感，且当企业出现无力支付的情况时，即便劳动部门及时介入也依然采取到市、区上访来进行维权，仅靠"疏""堵"难以确保劳资形势平稳。为此，龙华区人力资源局大力开展劳资纠纷预警调处机制改革，加强劳动、群团、公安、法院等部门联动，在"智慧龙华""数字政府"平台上探索建立劳资隐患预警、调处模块，目前"龙华区劳资监控预警系统"已获批立项。加强政策保障和制度化建设，制定并印发了《2019年劳资纠纷专项治理工作方案》，并在劳动保障监察行政执法领域出台了多项制度，进一步深化劳资纠纷多部门联合调处工作机制，把健全劳资纠纷应急处置、多部门联动调处、预防化解长效机制结合起来，做到"提前预防、及早预警、妥善调处、严格执法"。切实发挥欠薪垫付重要作用，修订《龙华新区欠薪应急专项资金使用管理暂行办法》，运用市欠薪垫付资金，为困难企业垫付工资。

第六章　率先践行"四共"发展理念 建立民生幸福活力城区　/　173

（二）龙华实现劳有厚得面临的挑战

劳动力供给短缺与剩余并行且矛盾加剧。供给侧结构性改革的推进，互联网＋产业的升级改造，以及智能制造、人工智能产业发展需要所带来结构性失业等就业矛盾没有得到根本扭转，技能人才短缺、高校毕业生供求关系不协调等结构性矛盾依旧存在，招工难、求职难仍旧并存。

新兴经济对传统就业管理形成冲击。互联网经济下，新业态、新产业、新商业模式不断出现，小微企业大量出现，产生了大量的"零工"和"独立工人"，身份多重性普遍存在，比如程序员、网店主、主播等等。新就业形态带来的劳动者身份关系法律界定模糊，制造业和建筑业等传统产业用工短缺，个体面临收入不稳定、市场价格变动、无就业保护等风险等一系列问题亟待解决。

信息不对称影响人才吸引力。国际人才及港澳人士对深圳、龙华认知不足，对来深就业创业的优势也不甚了解，对未知的市场环境有畏惧感，前来就业创业的顾虑较多。

职业培训体系还不够完善。当前龙华区尚未形成完善的职业教育培训体系，职业技能培训没有和市场需求较好地对接；校企合作产教融合体制机制尚未建立起来。

劳资纠纷高位运行。受经济下行和中美贸易摩擦等因素影响，辖区内制造业企业资金链断裂、倒闭结业、搬迁等情况屡见不鲜，加上部分企业管理制度不到位，劳资双方博弈加剧，劳资纠纷整体呈高发多发态势。

劳动关系争议案件日趋复杂化。近年的劳资争议案件呈现诉求金额大、涉及面广、时间跨度长等特点，有的案件往往涉及多项诉求。未来，随着跨国高科技企业的增多，劳动关系争议案例的处理难度加剧，加上仲裁队伍人员流动快、任职年龄低等实际，仲裁机构案多人少，且专业水平不足的矛盾仍然存在。

（三）龙华实现劳有厚得的战略举措

1. 实施更加积极就业政策，完善公共就业创业服务体系

稳定和扩大就业规模，缓解结构性就业矛盾，保持就业局势稳定。加大创业扶持力度，激发创新创业活力。积极促进高校毕业生和就业困难者群体就业，进一步完善"深圳市龙华区公益招聘网"功能和服务，加强异地务工人员公共就业服务，全面提升公共就业服务质量。健全就业管理服

务体系，推进公共就业创业服务信息化和标准化。加强区级公共就业服务机构统筹职能，提升街道公共就业服务机构服务能力，落实就业创业补贴政策，指导做好补贴申领审核工作，切实发挥专项资金就业引导促进作用，做好全区求职者"四免"服务。

2. 巩固社会保障制度覆盖面，稳步提高社会保障水平

研究和应对基础养老金全国统筹策略。探索医保支付方式改革。探索社保机构同商业保险机构的合作机制，完善重特大疾病补充医疗保险办法。提高工伤认定工作质量，强化工伤预防和工伤康复工作。充分发挥失业保险制度预防失业、稳定就业和促进就业的作用。

3. 积极推动劳资纠纷预防化解体制改革，保持劳动关系和谐稳定

积极创建和谐劳动关系示范区和综合试验区，建设区劳资纠纷风险预警调处工作信息平台，加强信息互联互通和情报预判，完善劳资纠纷风险预警和化解处置工作手段，提高应对紧急重大风险和复杂局面的能力，构建劳资纠纷预警防范网络。完善劳动监察两网化管理机制，提升劳动监察执法效能，打造专业化的劳动人事争议仲裁队伍，有效预防和化解劳动关系矛盾，实现劳动关系总体和谐稳定。

三　以病有良医推动卫生健康事业全面发展

近年来，龙华区卫生健康系统认真贯彻新时期卫生健康工作方针，大力推进卫生健康服务供给侧结构性改革，着力补短板、强基层、建机制、保基本、促健康，推进卫生健康事业高质量发展，增进辖区群众的健康获得感、幸福感和安全感。截至2019年底，龙华现有各类医疗卫生机构546家，其中公立综合医院4家（人民医院、中心医院、市人民医院龙华分院和区妇幼保健院）、公共卫生机构3家（区卫生监督所、区疾病预防控制中心、区慢性病防治中心）、社康中心72家（公办社康中心54家、社会办社康中心18家）、社会办医疗机构467家；卫生技术人员6368人；实际开放床位数4116张。成功创建全国健康促进区、国家慢性病综合防控示范区，全区人群总体健康素养水平达到35.09%，达到国家规定的2020年达20%的水平。

（一）龙华实现病有良医的现实基础

1. 突出主责主业，高水平谋划卫生健康事业发展

坚持健康优先，健促经验走向全国。2018年，龙华区以全国第二的成

绩创建成为全国健康促进区，同年创建成为国家慢性病综合防控示范区；2019年，区委、区政府出台《健康龙华行动计划（2019—2020）》，实施市民健康素养提升、公共卫生强化行动等专项行动，辖区居民健康素养水平达到35.09%，在全市排名第三；2020年，龙华区成立健康龙华行动推进委员会，统筹推进将健康融入所有政策，初步建立涵盖"区级—街道—社区"三级的健康龙华共建共治共享格局。在全市率先建成首条健康绿道、健康长廊及首家健康主题公园，健康绿道获评为广东省"流动人口健康促进优秀案例"。

坚持夯实基础，资源布局逐步优化。龙华政府携手平安集团合作建设运营平安龙华医院，共同建设具有国际影响力的全国百强医院，打造公立医院改革的深圳模式。完善社区健康服务网络，截至2019年，高标准建成72家社康中心，覆盖全区50个社区，平均每个社区1.44家，形成了"十分钟就医圈"。组建6个区域社康中心、67个专科医生工作室、72个中医诊室（馆）和383个家庭医生团队，让群众在家门口就能享受到优质便捷的医疗服务。2019年，社康中心诊疗量约488万人次，约占全区总诊疗量的60%，基层首诊、双向转诊、急慢分治、上下联动的分级诊疗体系初步建立，社康中心基本医疗服务体系和公共卫生体系的网底功能进一步增强。

2. 突出政治引领，高质量推进党建与业务深度融合

加强政治建设，党建水平稳步提高。始终把政治建设摆在首位，深入学习贯彻习近平新时代中国特色社会主义思想。全面加强公立医院党建工作，健全医院党委与行政班子议事决策制度和规则，充分发挥医院党委把方向、管大局、作决策、促改革、保落实的领导作用；坚持把支部建在科室，选优配强支部班子，支部书记均由党员科主任、护士长担任，着力培养党支部和医学学科"双带头人"；积极争取组织部门支持，配齐医院党委班子，配备6名专职党务工作者，近三年全系统新发展党员34名。

加强服务延伸，业务融合更加深入。创新实施特色党建项目，评审立项"健康服务V站"等11个党建项目，2019年围绕义诊义检、无偿献血、结核病防治、艾滋病患者随访、职业病健康宣传、急救知识培训等主题，举办各级各类志愿活动154场次、服务群众4万余人次。印发《党建

引领社康服务工作方案》，探索打造社康中心党建"标准＋"模式，创新开展鹭湖健康社区建设，以社区党委为核心，以社康中心家庭医生网格化管理为载体，以社区各类服务资源为基础，为群众提供"组团式""精准化"健康服务，推动党群服务与社区建设、社区健康服务深度融合。深化"党建＋健康帮扶"品牌，围绕对口帮扶广西东兰、凤山，河源紫金及援疆援藏任务，采取学科共建、技术示范、业务培训、人才培养等方式，致力为受援地打造一支"永远不走的医疗队"。

加强作风建设，行业形象不断提升。全面扎紧制度"笼子"，出台《龙华区卫生系统全面深化行风建设持续正风肃纪工作方案》（"1＋10"方案），将行风建设细化为187条具体措施，形成全流程监管体系。配套印发了《龙华区医疗卫生机构接待医药生产经营企业代表管理规定（试行）》《龙华区公立医疗卫生机构工作人员收受"红包"、回扣处理规定（试行）》等10项规章制度，坚决堵住决策、人事、基建、采购、财务等方面的监管漏洞。切实筑牢廉洁思想防线，组织5382名医务人员和行政执法人员，全部签订《廉洁从医（执法）"六不"承诺书》。

3. 注重引育并举，高起点引进培养医疗卫生人才

抓好人才引进，医疗技术水平稳步提升。依托《龙华区引进和培养医疗卫生人才实施办法（试行）》，2018年以来，引进各类高层次人才116名，优秀青年人才110名，各类紧缺型专业技术人才564名，柔性引进18名省级以上专家，聘请10位省级专家成立了龙华区健康专家委员会，与中山大学附属第一医院、市第二人民医院、市妇幼保健院等省市高水平医院建立跨区域专科联盟。

引入知名团队，学科建设显著增强。已引进空军军医学院罗卓荆教授脊柱骨科团队、德国汉诺威大学医院古藤博纳教授康复医学科团队等12个高层次医学团队，正在办理迟春花教授全科医学团队等5个高层次医学团队引进手续。引进团队与依托科室通过开展多种形式教学科研活动，有效提升引进单位的教学与科研水平。

提升培养平台，人才培养成效初显。开展"骨干人才研修"项目，选派学科带头人和专业技术骨干到先进医疗地区进修，与澳大利亚蒙纳士大学合作开展全科医生交流项目，举办国家级高水平医学学术会议及医学研修班。自主培养的专业人才逐步成为各医疗单位的技术骨干，承担医产学

研各方面的重要工作。

4. 坚持党管干部，高标准打造过硬干部队伍

加强干部管理，选人用人更加规范。对区属各医疗卫生机构领导班子运行情况开展专题调研评估，并据此提出班子结构优化意见和班子成员轮岗交流意见。提及中层干部管理，各医疗卫生机构中层干部选拔任用须报卫生健康局备案实施。明确将医疗卫生机构人事人才议题列入党组织会议议事范围，包括临聘人员的聘用管理，全部由领导班子集体决策。重新梳理各区属公立医院内设机构岗位和职数，科学合理配备中层干部，严控行政管理人员数量。

注重干部培养，行政管理能力稳步提升。2019年底制定《龙华区卫生健康系统后备人才队伍建设实施细则（试行）》，已形成拥有22人规模的区卫生健康系统第一批后备人才队伍。选派4名公立医院院长和后备人才参加职业化培训，提升现代医院管理能力。举办中层以上干部管理能力培训班5期，不断提升中层干部履职能力。

严格干部监督，干事创业氛围更加浓厚。创新实施廉政教育"学分制"管理，全面推进廉政教育常态化制度化，切实筑牢干部职工思想防线。从严抓好谈话提醒工作，每季度印发《谈话提醒工作指引》，2019年全年谈话提醒共计716人次，着力发现和解决苗头性、倾向性问题。开展超职数配备干部清查、近亲属任职回避情况自查工作，并据此提出5名干部的任职回避意见。

（二）龙华实现病有良医面临的挑战

1. 高层次人才引进难度加大

公立医院去编制化后，医院无法通过编制形式引进人才，薪酬待遇缺乏政策保障，对内地人才而言缺乏吸引力和安全感。引才方向缩窄，各区属医院目前计划引进的学科带头人，均为紧缺岗位，引进难度加大。柔性引才的指标缺口较大，薪酬竞争力不足，以致我区柔性引才难以满足实际需要。

2. 作风行风建设任重道远

廉政风险防控机制还不够完善、制度还不够健全，基建、人事、财务、采购等敏感岗位干部交流力度需要加强。医德医风建设存在不少薄弱环节，个别医务人员态度生硬、轻慢冷漠、服务粗糙，部分导医人员流动

性大，缺乏一定的医学知识，态度不热情，在患者咨询时回复不够专业、不够温暖，医院"人满为患"、就医"三长一短"（挂号时间长、候诊时间长、交费买药时间长、看诊时间短）等问题不同程度存在，群众就医满意度仍不理想。

（三）龙华实现病有良医的战略举措

1. 坚定不移推进深化医改

一是探索推进公共卫生改革。认真总结疫情防控经验，查找公共卫生和卫生应急管理中存在的不足和短板，会同各相关部门和单位，完善重大疫情防控体制机制，健全公共卫生应急管理体系，提高应对突发公共卫生事件能力水平，切实保障市民群众生命安全和身体健康。二是加快推进区域综合改革。紧紧抓住"双区驱动"历史机遇，以深化健康促进区品牌塑造、加快实现"病有良医"为目标，纵深推进龙华区区域综合医改试点工作，率先建立中国特色基本医疗卫生制度，确保医改成果惠及更多群众。三是推进医院集团实质化运作。完善集团治理结构、治理机制与治理规则，进一步提高基层医疗服务体系集团化运作水平，推动胸痛、卒中、创伤、危重孕产妇救治、危重儿童及新生儿救治"五大中心"建设。加快推进医院和社康机构一体化管理，加快建立"医院集团—社康机构—家庭医生服务团队"为责任主体的"健康守门人"制度。四是全面启动人事薪酬综合改革。制定落实《龙华区全面深化公立医院人事薪酬制度改革实施意见》，制定出台公立医院人员总量核定、人员管理、岗位设置、人员招聘、绩效考核、薪酬分配、主要负责人目标年薪制等配套政策和实施细则。

2. 聚焦项目化，促进基层党建工作不断进步

一是强化理论武装。坚持落实"第一议题"学习制度，巩固拓展"不忘初心、牢记使命"主题教育成果，持续在全系统打造党员先锋岗和党员志愿服务岗，更好地服务患者、群众。二是加强党建引领。突出"围绕中心工作抓党建"的思路，以"健康服务 V 站"等 11 个特色党建工作项目为抓手，建立健全书记领办、班子协办、党员带动、干部职工共同完成的工作机制，推动党建与业务关系从"两张皮"向"同频共振、深度融合"转变。三是提升党建质量。加强专业化建设，培养党建和学科"双带头人"，定期举办党支部班子成员履职培训班，组织新任支委和党员参加党

务资格认证考试，力争支委100%持证上岗。完善党员参与科室民主管理制度，推动党组织管理从"上下一把抓"向"支部建在科室"转变。四是坚持群众满意。以实施行风建设"1+10"方案为抓手，加强医德医风建设，持续优化服务流程，不断提升群众就医满意度，推动党群关系从"群众需求"向"群众满意"转变。

3. 注重专业化，努力建设高素质干部人才队伍

一是加强领导班子管理能力建设。落实领导挂点联系制度，强化督促检查和工作指导。举办领导班子管理能力建设培训班，邀请专家学者围绕领导行政能力建设开展专题授课。二是加强人才引进培养。抓紧制定区属公立医院人才规划和人才引进指南，引进超声、病理、急诊、儿科、产科等学科带头人或专业技术骨干及产科、消化内科、肝胆外科等方向的团队。选派优秀学科带头人及中青年骨干参加研修培训，选送专业技术骨干攻读硕士、博士学位。三是加强人才管理。建立人才定点联系制度，加强沟通联系。规范高层次团队管理，对团队资金管理与使用进行全面监管，每半年开展一次团队工作情况评估，每年组织专家开展一次绩效考核。开展高层次人才考核评估，量化评价高层次人才履职情况。将评价结果与个人的绩效奖惩挂钩，考核情况不理想的，将暂缓发放当年度人才奖励补贴。建立退出机制，对绩效考核不理想、合作难以持续的团队，将中止合作协议。

4. 立足规范化，全方位深化党风政风行风建设

一是压实"两个责任"。认真落实行风建设"1+10"方案举措，定期研究部署党风廉政建设工作，督促各基层党组织纪委、纪检委员履行职责，为健康龙华建设提供坚强有力作风保障。二是深化廉政教育。落实廉政教育"学分制"管理，继续开展廉政教育日、医德医风集中教育、医疗机构从业人员基本行为规范教育等活动，警示教育系统干部职工提高法纪意识，筑牢拒腐防变底线。三是加强风险防控。围绕重点领域、重要岗位、关键环节，梳理廉政风险点及其等级，并制定针对性防控措施，确保到岗到人。充分运用好监督执纪"四种形态"，常态化、规范化开展谈话提醒工作。四是开展明察暗访。紧盯纪律松弛、慵懒散漫等顽疾开展监督检查，定期开展公车油卡使用情况、"三重一大"事项、谈话提醒工作、津贴补贴发放情况及选人用人情况等专项检查，对存在的突出问题立即整改，对存在的违规违纪行为严肃处理。

四 以老有颐养推动养老服务优质化

针对养老服务存在供需不匹配、结构不均衡、标准不统一、管理不规范、收费不透明、人才不专业等问题，龙华着力构建"一网两体系"智慧健康养老服务模式，得到市、区主要领导等批示及肯定，相关经验全市推广，成功入选第三批"全国智慧健康养老应用试点示范基地"，养老服务"龙华样板"初步形成。

（一）龙华实现老有颐养的现实基础

精准掌握服务对象信息及需求。针对养老资源分散、利用率不高、管理粗放等问题，龙华在全市率先聘请专业机构，开展全区老年人能力评估和需求以及社区养老服务场所的服务资源评估，全面摸清老年人真实需求及服务状况。为提供更加精准的服务，建立60岁以上户籍老人健康信息动态监测机制，形成老年人健康信息数据库。

建立并完善"1+6+N"长者服务站点布局。运用"互联网+"思维，整合养老服务资源，龙华打造出智慧养老云平台。以该平台为核心，与6个街道及N个社区长者服务站点形成有效链接，统筹辖区养老服务资源，形成"1+6+N"社区居家养老服务网，力争打造"没有围墙的养老院"。近年来"1+6+N"模式已进一步完善，进入2.0时代。

提升老年人福利。在不断完善养老服务体系的同时，龙华老年人的福利也在持续"升级"。近年来，高龄津贴发放范围逐渐扩大、发放标准不断提高，还率先成立了"老人食堂"、老年大学，设立老年人就医绿色通道，开展老年人免费体检，组织康复理疗、健康讲座等丰富活动，形成了"医、养、康"相结合的新型服务模式，让老人充满了沉甸甸的获得感。

赋予老年人参与城区建设的权利。为了避免老年人脱离社会，失去自我认同。龙华大力引导老年人发挥余热、参与到社会共建，如开展书画、征文、剪纸、摄影等活动，积极组织参与志愿者活动等等，让老年人在实现自身价值中增强幸福感的同时，推动社会环境的改善。

（二）龙华实现老有颐养面临的挑战

1. 居家养老模式有待探索

从居家养老层面来看，仅靠子女很难提供全面的养老支撑，在老年人突发状况时不能及时被发现，家庭养老的作用尚未真正发挥。从社区养老层面来看，一方面因社会资源整合度低、使用率低等缘故，社区日间照料中心尚未发挥较好作用，此外，在社区老年日间照料中心快速扩张的同时，各种问题也相继曝出，如床位空置、服务不达标、设施标准不足等，日间照料中心的运营管理问题有待解决。另一方面，虽然社区长者助餐服务试点成功后已逐步推广至大部分街道，但具体的运作经验仍需梳理总结、宣传推广，且配套政策也有待健全。

2. 养老机构服务体系有待完善

随着老龄化程度加深，传统的机构养老模式无法全面适应当前的养老需求，亟待寻求新型的多元复合治理手段解决老年人的多层次需求。首先，公办养老机构养老模式比较受欢迎，但却面临床位紧缺、专业标准缺乏等困难；其次，民办养老机构面临护理员缺口问题。最后，现有养老服务人员多为年龄偏大的待业失业人员或来深务工人员，缺乏专业资格，学历层次偏低，再加上工时偏长、薪酬偏低、社会地位偏低，养老服务机构普遍存在招人难、留人难的问题，养老服务人员流动性大。

3. 医养结合仍未能解"老顾之忧"

医养结合模式有待进一步探索，现有的三种运营模式：养老机构增设医疗服务功能、社区居家养老服务机构与医疗卫生机构合作、医疗卫生机构增设养老服务功能，均在探索之中，有待优化。从现有的服务医疗体系来看，目前龙华已完成社康到医院的全覆盖，但对患有慢性疾病的老年人提供医疗服务的及时性与便捷性并不到位。此外，医疗资源相对较为集中，无法应对分散于各社区老年人的个性化医疗服务需求，另一方面，当患有疾病的老年人选择居家养老或者在社区养老或者在机构养老的老年人一旦出现状况，无法快速享受到基本医疗服务，更无法建立个人信息档案，实现迅速诊断治疗。

(三) 龙华实现老有颐养的战略举措

深化智慧养老龙华模式，大力推动龙华区养老服务业发展指导意见等"1+6"配套文件落地实施，加快推动社区嵌入式养老设施和老年大学建设，将智慧康养作为养老"十四五"规划重点内容，优化智慧养老服务平台系统。

加快建设区级民政基础设施，按照时间节点稳步推进区颐养院、区社会福利综合服务中心及长者服务指导中心建设，补齐龙华区民政领域基础设施短板。

着力打造龙华区"一网两体系"智慧养老模式，以需求为导向，推动多元参与，完善"1+6+N"智慧养老服务网，建设社区居家养老联动服务体系、养老志愿服务体系，逐步构建具有龙华特色、可持续发展的"一网两体系"养老服务格局。

依托智慧养老服务平台，推动全区60岁以上老年人基础数据库建设，实施居家养老服务券电子化改革，推动老年人智能产品应用和数据接入，开展"菜单式"服务。鼓励养老机构将助餐、助浴、康复护理等专业化服务延伸到周边社区有需求的老年人，促进居家、社区和机构养老融合发展。支持养老机构规模化、连锁化发展，努力打造一批具有影响力和竞争力的养老品牌。

多渠道扩充老年服务力量。鼓励低龄健康老年人帮助高龄、失能失智、半失能、独居、计划生育特殊家庭老年人。通过政府购买服务等方式，委托养老服务组织采取上门探视、电话访问等方式，大力培养养老志愿者队伍，引导辖区困难群体、志愿力量、爱心企业等参与社会公益事业，丰富为老服务内容。

五 以住有宜居推动住房保障体系建设

（一）龙华实现住有宜居的现实基础

1. 抓"党建+"促行业提质

龙华坚持党建引领，着力构建"党建+工地""党建+物业""党建+安居"三大体系。一是"党建+工地"，大力推动支部建在项目上，全区有8个施工总承包单位建立项目党支部，积极寻找建筑农民工党员，打造工地党群服务V站，让流动党员有温暖的"家"，以党建促进精品项目建设。二是"党建+物业"，启动"党建引领住宅物业小区治理"试点，构建党支部牵头，业委会、物业公司、业主共同参与的"一引领三参与"物业小区党建模式，截至2019年，全区已成立小区党支部99个，覆盖105个小区。三是"党建+安居"，积极探索在保障房小区成立党组织，并积极开展党建活动，让住户安居宜居、居有所乐。

2. 抓住房保障促民生提标

一是想方设法筹集房源。充分发挥各类主体作用筹集房源，探索建立与长租公寓运营企业合作的长效机制。二是创新分配方式。实施"召开介绍会、网上VR看房、现场看房、选房签约"四步走选房流程，预计2019年供应3455套。

3. 抓营商服务促经济提速

一是高效优质服务。推行容缺受理，精简审批流程，施工许可审批材料减少为10项，办理时限压缩为3个工作日，大大提高效率。2019年办理施工许可195宗同比上年增长20.4%。二是规范招投标。建立不违法转包分包承诺机制，2019年修订《龙华区小型建设工程承包商预选库管理办法》。三是严格资质管理。严格核准企业资质许可，2019年制定《建筑业企业资质许可后续监管办法》，对已发放的企业资质许可后续监管，不合格的给予处罚、撤回。四是主动提前介入。建立政府重大项目及民生工程的提前介入制度，开通"去中介化"业主直通车服务，进一步提质提效。五是积极挖掘潜力。主动服务企业，积极挖掘新建房地产项目的固定资产投资潜力。

4. 抓安全质量促城市提档

一是加强质量安全管理。深入开展专项检查，全面压实企业安全生产主体责任，深入开展建筑工地、燃气、房屋安全等领域的专项整治，不断加强小散工程安全纳管，持续落实巡查督查，从严整治各类安全隐患，确保住建安全形势平稳可控。二是加快燃气管道入户。大力推进城中村管道燃气改造。三是全面纳管小散和二装工程。研究制定小散和二装工程纳管指引、备案清单和工作方案等，形成小散和二装工程"备案＋核查＋巡查＋培训＋执法"全面纳管新机制。

（二）龙华实现住有宜居面临的挑战

城市建设品位不高。与世界先进城市相比，工程建设管理标准不高，城市建筑不够美观，建筑精品和地标建筑还不多，老旧小区以及城中村配套不足、设施老旧等问题突出。

安全生产形势严峻。安全监管任务繁重，燃气管道、老旧房屋等潜在风险较高，在建工地、小散工程、燃气爆炸等安全事故时有发生。安全意识淡薄，安全生产主体责任落实力度不够，信用管理体系不完善。

矛盾纠纷易发多发。物业小区矛盾纠纷、安居房问题、保障性住房配套问题、建设工程质量、房地产领域投诉呈现多发态势，信访维稳工作压力较大。

（三）龙华实现住有宜居的具体路径

1. 全力做好住房保障工作

加强顶层设计，不断完善住房保障政策体系，加大保障性安居工程筹集推进力度，建立健全规模化租赁筹集供应全流程工作机制，不断加大住房保障力度，推动形成人才保障和基本保障并行，多渠道、分层次、全覆盖的具有龙华特色的住房供应与保障体系。

2. 多渠道增加保障性住房供给

在建设筹集方面，积极探索创新保障性住房建设筹集渠道，除了通过新增建设用地、城市更新配建等传统渠道外，充分发挥人才住房专营机构的积极性，探索存量用地建设、棚户区改造、合作开发及长租公寓等渠道，鼓励利用公共设施土地资源配建拓展保障性住房建设方式，为我区保障性住房筹集建设渠道提供新思路。

3. 创新服务新模式

在供应分配管理方面，坚持为民服务为宗旨，主动作为，提质增效，形成党建引领、筑梦安居、服务人才的住房保障新模式，创新优化保障房及人才房选房签约工作流程。逐步推行人脸识别技术，在住房建设、分配、管理各个环节实现全链条管理，推动提升住房信息化程度。同时，继续加大人才安居重点企业货币补贴发放力度，坚持主动服务，从补贴申请、签约到发放全流程实现"只跑一次腿"，打造我区"人才+安居"新机制。

4. 打造高品位城市建设范例

学习世界先进城市经验，高标准打造一批与建设现代化国际化创新型中轴新城定位相符的精品工程，争取获评国家级奖项。严格落实"铁十条"，高标准推进安全文明施工。大力发展绿色建筑和装配式建筑。

六　以弱有众扶推动社会保障应管尽管

（一）龙华实现弱有众扶的现实基础

近年来，龙华着力落实"全面实施全民参保计划"，持续深化"放管服"改革，实现经办服务便民利民；围绕"聚焦脱贫攻坚、聚焦特殊群体、聚焦群众关切"，着力打造了一批社会保障精品项目，其中，基本形成具有龙华特色的"一核四元多维"社区慈善模式，相关调研报告得到民政部詹成付副部长批示肯定，《中国社会报》头版专题报道；打造区残疾人就业创业基地（IC爱创空间），帮助残疾人就业创业，涌现出"全国自强模范"张莹莹等一批优秀残疾人代表。2019年，社会保险参保总量、基金收入均创历史新高。各险种参保人数总量稳定增长，各类保险参保量均达到历史新高。

创新服务方式实现业务就近办、自助办。2019年6月起，龙华率先实现52项社保业务进驻7个区、街道行政服务大厅，居民可就近前往7个区、街道行政服务大厅"一站式"办理养老保险延缴、补缴、趸缴、领取失业待遇等52项社保业务，极大减少了排队轮候时间和路程。截至2019年底，龙华区7个行政服务大厅、50个社区工作站和各党群服务中心、医院和大型企业园区等人流密集区域共配置了125台自助服务终端机，实现街道社区全覆盖，其中22个网点提供24小时"不打烊"自助服务，居民在家门口"足不出户"即可自助办理查询、打印、领取养老金资格认证、失业待遇申领等45项业务。

主动送法上门，为辖区企业、居民排忧解难。一是走进大企业、工业园区上门提供一站式社保服务，通过开展座谈交流、业务培训、现场指导、解答等方式，介绍国家、省、市相关减费降负政策，面对面解决企业社保疑难问题，让企业及时享受惠民惠企政策福利，为企业排忧解难。二是走进劳务工居住密集的社区开展普法宣传讲座，与劳务工面对面座谈交流，解答社保缴费标准、福利待遇、失业保险等方面的社保疑惑，现场办理部分社保业务，受理对企业违反社保法律法规的投诉，切实保障职工社保权益。三是走进党群服务中心为退休老人和失业居民开设社保知识普及讲座，为退休老人、失业居民开设社保知识普及专题讲座，重点介绍退休老人和失业居民最关心的退休待遇、失业保险金申领和养老金调整政策等内容，现场指导退休老人通过微信或自助服务终端机完成领取养老金资格认证，足不出户实现业务"刷脸办""指尖办"。

全民参保、精准扶贫，实现应保尽保。大力推进社保扶贫，积极开展针对低保对象、特困人员、重度残疾人和精神智力残疾人等群体的社保扶贫工作，主动协同民政等部门建立信息比对共享机制，通过在服务大厅设立"社保扶贫专窗"、电话联系、社区工作人员上门服务等方式，落实精准扶贫，实现应保尽保。

社会救助托底保障有力。修订《龙华区困难群众综合救助实施办法》，建立社区—街道—区社会救助三级联动机制，使低保对象、流浪乞讨人员、困境儿童等弱势群体得到有力帮助。残疾人关爱方面，一是拓宽残疾人就业创业渠道；二是做实残疾人关爱行动，着力推动残健共融。

公益慈善事业实效明显。2019年，龙华打造了"聚善家园"项目升级版，制定"1+4"配套文件。每月最后一个周日定期举办"聚善日"，打造龙华的"公益节日"。建设完成5家"聚善空间"，成立6家"社区基金"，推动慈善事业向基层化、日常化、社会化发展。创新"慈善+扶贫"模式，在广西凤山建立"聚善空间"，链接两地供需市场，帮助贫困地区发展经济。三是做好基础民政服务。组织开展违法违规私建"住宅式"墓地等突出问题专项摸排。婚姻登记、收养登记等工作有序开展。

（二）龙华实现弱有众扶面临的挑战

未来，社会保障工作最大的挑战就是能否适应智慧城市建设的智能化转型需求，大大提高服务的科学性、精准性、预测性和快速响应。

1. 社会救助信息核对机制亟待完善

当前，龙华尚未建立覆盖全区居民的社会救助信息核对系统，仅有低保人员的信息核对工作采用广东省信息核对系统，但该系统与税务部门、金融机构等单位暂未实现完全对接，核对内容不够全面，核对机制未完全理顺。无法有效核实全面信息，实施精准社会救助。

2. 社会救助资源亟待集中联动整合

社会救助系统涉及民政、住建、教育、人社、司法、残联等多个部门，救助维度及种类繁多，但目前各部门之间还处于单打独斗的状态，未将救助资源进行充分整合，对具体实施救助工作的街道、社区来说，救助政策呈碎片化，缺乏系统性，不利于切实贯彻落实救助政策。

3. 慈善公益工作机制亟待优化

龙华的慈善救助、灾后援建、善款拨付信息归口统计机制尚未建立，不利于慈善信息的统一发布统，也不利于社会监督的实时化、常态化，难以推进慈善组织诚信自律和公信力建设。此外，政府购买慈善组织服务的考核、评估、奖惩机制也有待健全。

4. 社会保障机制自主响应不足

当前，企业和居民对社会保障各项服务仍需主动对接，此外，社会救助等工作的预测性不足，遇到突发情况，往往是被动响应。

5. 难以满足社区居民多元化、个性化的服务需求

当前的社保服务仍面临精细化、智能化、主动化程度不高等问题，由此构成提升龙华整体服务水平的瓶颈。且社会保障服务对象为儿童、老年人、残疾人等弱势群体，或因掌握信息不全面、不充分，导致享受政策不足；或因身体原因无法前往窗口现场办理业务，办事较为不便。相关部门服务的主动性、预测性、精准性仍有待提高。

（三）龙华实现弱有众扶的战略举措

深入实施全民参保计划，积极落实各险种参保缴费政策，加强与税务、医保部门协调联动，扩大参保覆盖面，推动实现应保尽保。在制度全覆盖基础上继续推进法定人群覆盖，稳妥做好户籍灵活就业人员等重点人群的参保工作。落实社保扶贫，确保贫困人员动态清零。加强部门间的数据共享，推进全民参保数据在精准扶贫、待遇核发、稽核内控、关系转移、资格认证、统计分析等方面的应用。按照国家、省、市要求，加快实现社保转移业务网上办理和顺畅衔接，打通关系转移接续堵点，提升参保积极性。

按时足额发放社保待遇，按时完成企业职工养老保险、机关事业单位养老保险、城乡居民养老保险待遇、工伤保险待遇调整和发放工作。落实养老保险待遇通过社会保障卡发放要求，并逐步扩展到其他险种。全面开展视同缴费年限提前核准。依法调整失业保险金申领条件，按照新规定延长失业保险金领取期限，保障失业人员基本生活。在全面取消待遇资格集中认证工作基础上，全面推行以信息比对为主的资格认证工作，加大资格认证信息共享和比对范围，扩大数据来源，提高人员信息准确性。创新认证服务模式，探索退休人员养老金领取资格"静默认证"。

扎实开展社会保险宣传，加强政策解读，围绕群众最为关心的社会保险热点，综合运用传统媒体和新媒体，深入浅出解读政策、解疑释惑。持续推进社保政策"看得懂"、待遇"算得清"宣传工作。加强专项工作宣传，将社保经办业务与宣传工作有机结合，实现经办业务与宣传同频共振、相互促进。创新宣传渠道和模式，借助在线访谈、微视频、直播等客观性强、群众喜闻乐见的形式提高宣传实效。加强部门协同，利用各方资源发挥各自优势形成宣传合力。加强网上阵地的舆论引导，提高舆情处置能力，密切关注社会热议和群众反映突出的敏感问题，听取民声，尊重民

意,引导舆论,避免负面舆情持续发酵。

放大慈善效应。做深做细聚善家园项目,链接更多慈善资源、优质项目进驻聚善空间;发展冠名基金,精心组织公益慈善活动,提升辖区慈善氛围;落实"紫东凤"精准扶贫计划,链接社会、企业资源,为决胜脱贫攻坚贡献慈善力量。

优化残疾人服务举措。目前龙华区户籍持证残疾人增加较快,且居住地较为集中,民治龙悦居(全市最大保障房)就有残疾人家庭560户,残疾群体的服务有待提升:一是推进基层残疾人组织改革,推动成立龙华区残疾人工作委员会,加强基层残疾人组织及残疾人协会建设,着力提升残联组织联系群众、服务基层的能力。二是做好残疾人就业服务,充分利用IC爱创空间这个助残平台,为残疾人群体提供就业支持、创业指导等一体化、精准化服务。三是加大对残疾人的关爱和保障力度,完善残疾人保障机制,逐步完善政府主导、社会各方面力量参与的社会保障体系。

打造主动、精准、智能化社保服务新模式。推行社保服务窗口"前移办"服务模式,从"人找服务"转变为"服务找人"。梳理高频服务事项,对不同人群精准定制套餐服务和信息推送,通过"电话申请—上门服务—快递送证"等新模式,让社保服务更好、更及时地衔接、匹配有需要的居民和企业。

继续推动社保服务事项下沉社区。进一步梳理群众需求量大、可下沉、可延伸至社区层面办理的服务事项,特别是涉及社区居民的个人申办事项,明确可下沉服务事项目录。通过以一次性下沉与渐近式下沉相结合,实现事项直接下沉社区政务窗口办理。定期开展窗口工作人员业务培训,巩固操作业务流程,提高办理业务熟练度。

第三节　以共建共治共享为方向,全面建设社会治理共同体

一　创新基层社会治理,建构党建引领、多元共治的治理体系

基层是连接国家与社会的节点,在国家和社会的建设与发展中始终处于基础性的地位。基层治理既是国家实现政治统治与社会管理的目标需要,也是基层社会充满活力与持续发展的根本保障。新时代中央关于社会

治理的一系列要求表明，党中央和全社会正在逐渐形成一种共识，即经过40年的改革开放，中国治理的现代化既不可能回到计划经济时代"以国家取代社会、实行全面社会控制"的老路，也不可能走上西方"社会中心主义"所追求的自主自治道路。中国社会治理创新和发展，既不能依靠政府的单方推进或大包大揽，也不能仅寄望于社会内生性力量的自发成长，不断完善中国共产党领导下的政府与社会的良性互动模式才是中国社会发展的必然选择。

（一）筑牢战斗堡垒，提升基层党组织的引领能力

新时代"党建引领、多元共治"的治理模式要求将执政党的要素植入基层治理框架，将其独特的政治优势和组织优势转化为社会治理的优势，在执政党—政府—社会①的三元治理框架下，实现社会治理的善治，以党建引领推动政府治理的强化和社会的再组织。

近年来，龙华区坚持大抓基层、夯实根基，打造具有坚强组织力的战斗堡垒，确保党的领导在基层治理中始终站在高处、贯穿其中、提供支撑。作为产业大区、制造业大区，龙华区有168家集体制股份公司，还有2.3万多家两新组织，党建工作有挑战、压力，但区委区政府将这看作发挥党建力量的巨大"突破口"，找准症结精准发力。除了"机关党建走在前""社区党建要做实"，还对两新组织党建展开攻坚。目前，龙华全区168家股份合作公司实现党组织全覆盖，一年来在两新组织领域新增在册党员2100多名、新建党组织440多个，组织数量实现翻番。同时，配套完善社区党组织与社区专项工作者改革，率先建立社区党委班子全链条建设机制；率先推进社区专职工作者管理扁平化改革；率先推进专职党务工作者专业化职业化改革，大幅提升基层党组织的党建工作质量。2020年，又成立了深圳市首个基层治理学院，"党建+科技+治理"模式获全省推广，率先探索党群共建社区新路子。

接下来，要进一步完善党建引领、多元共治的社区治理体系。

一是做强街道和社区党组织，将区、街道的人、财、权进一步向街道、社区下沉，构建与治理重心下移相适应的基层治理体系，提升街道党工委统筹协调能力和社区党委的综合服务能力，使二者能够聚焦主责主

---

① 林尚立：《中国共产党与国家建设》，天津人民出版社2009年版。

业，切实发挥党建引领作用。全面推广北站社区党建引领基层治理模式，推动社会治理和服务重心下移，更好提供精准化、精细化服务。在街道层面，形成以街道党（工）委为核心、社区党组织为基础、其他基层党组织为结点的网络化体系；在社区层面，形成以社区党委为领导核心，居委会、工作站、社会组织、业委会、物业公司、驻社区单位等多主体参与的高效协同的治理格局。

二是加强党建对小区治理的引领。针对各种小区治理乱象、公地悲剧频发，小区业主、业委会和物业服务企业缺乏良性互动的问题，加大基层党建对小区治理的引领和培育，通过基层党组织与业委会双向孵化、社区党委委员兼任业主委员会主任、加大基层党组织对业主自治推动工作的考核力度等，有力地提升了业主自治水平。

三是以党建引领城中村社区治理。一方面，推动城中村社区的共建共治共享，通过加强城中村社区党组织建设，打破城中村社区由本地居民任社区党委书记、工作站长惯例，打破原农村集体与外来人口的制度区隔，推动社区党委书记站在社区全体居民的立场领导和推动公共治理。另一方面，加强股份公司的内部治理，支持社区党委书记兼任股份合作公司监事会主席等，使其能够统筹社区多元治理力量，推动股份公司治理规范化，形成社区治理合力。

（二）完善社区治理，破解基层治理能力不足困局

基层社会治理的现代化命题中，社区治理基础薄弱、社会主体自治能力不足一直是我国社区治理的难点，致使基层政府无法有效回应基层社会日益增长的各种诉求。一方面，由于社区规模普遍过大，从单位制转向陌生人社会，社区公共性议题普遍缺乏公众参与，加上社区居委会资源与人才的缺乏，难以承担培育居民自治的重任。另一方面，社会内生性力量极为脆弱，无法独立完成自治化机制。社会治理主体往往习惯于依赖政府，更愿意采取与政府"博弈"的手段达到各自的目标，而非承担起本应由其自身承担的基层治理义务和责任。深圳作为高快速城市化地区，在全国率先开展了旨在"减少行政化"、增加自治功能的一系列改革，从早期的"议行分离"到"居站分离"，再后来社区工作站与社区服务中心分离、加大政府向社会组织购买服务等一系列改革实践，不断提升社区治理的现代化水平，但社区居委会作为自治组织的功能有待进一步提升。

对此，龙华区在加强党建引领的同时，积极完善社区治理。优化调整社区管辖范围及居站设置，将全区社区工作站数量从40个增加至50个，并进一步理清社区职责，制定社区权责清单，为社区治理能力提升奠定基础。同时，在全市率先开展居委会标准化建设，破解居委会自治能力不足困局，相关经验获全国推广。2019年，全区选取6个优势资源汇聚、特色明显的社区，实施"居委会+"社区治理示范项目，进一步夯实工作阵地，激发社区活力。

一是优化机制，如在民治北站社区打造"社区共建议事空间"，总结出"三事分流、责任共担"工作法，实现"私事"互相支持帮办、"小事"基层协商共办、"大事"党委主导快办。一年来，通过"三事分流"稳妥办理居民诉求1600多条，商议解决"预防高空坠物""禁止电动单车上楼"等问题480多项，基本形成社区的事情大家提、大家议、大家定、大家办的普遍共识。二是充实力量，新招录社区专职工作者100人补充到全区108个居委会，实现由1名专职"唱独角戏"到2名专职"跳双人舞"，让居委会服务精力和质量更有保证。三是用好资金，优化"居委会活动资金"制度，一年来，共支持居委会开展各类自治活动项目约1550个，投入资金412万元，为居民自治提供了强大的资源保障。可见，龙华区上述一系列探索为完善社区治理、破解居委自治的困局提供了非常有启发性的思路。当前，龙华提出要建立全国基层法治示范区，探索一流基层治理法治化新路径。坚持以法治思维推动城区治理体系和治理能力现代化，探索高密度城区法治治理新方式。首当其冲，就是要善于运用法治方式解决治理难题，引导社会成员在法治轨道上行使权利，厘清政府治理与居民自治的边界，探索"三事分流"社区自治机制，持续提升居民自治能力，逐步形成多个星级社区居委会示范样板。

一方面，加大创新力度，进一步提升社区居委会自治能力。优化自治单元设置，激发社区自治主动性，推动"微治理"和服务创新。建立健全居委会所属各专业委员会制度。以社区活力资金支持居委会开展居民自治、文明建设、环境治理、社区协商、公益慈善、社区文化等专项活动。积极发挥村规民约、社区公约在社区治理中的积极作用，畅通社区居民参与社区事务渠道，进一步提高居民自我管理、自我教育、自我服务的能力和水平。持续加强居务公开和民主管理，建立健全居委会班子成员定期接访、社区居民议事会等社区自治机制，保障居民民主权利。同时，积极推动人大政协力量向基层社区下沉，提升居委会成员的民主协商能力。

另一方面，加强社区营造，探索城中村、产业园区和花园小区等不同类型社区治理模式。龙华是这三类社区交错分布的地区，三种不同类型的社区空间，治理需求极为不同，因此必须因地制宜、因不同人群的需求，探索适应不同类型社区的治理模式。在全区范围推广社区营造试点项目成功经验及做法。以提升公众参与度、创新服务模式为导向，引导各社区发掘特色亮点，激发居民参与社区自治共治，在原居民社区、城中村社区、新型花园小区等各类型社区选取不同营造主题，打造特色社区。建立健全社区党委、居委会、业委会、社会组织、驻区单位、园区企业等共同参与社区自治的有效机制，推进基层党建、社会管理、公共服务、社区自治的统筹发展。探索符合条件的社区居委会成员通过法定程序兼任业委会委员，探索外来人口在本地社区参与民主选举。

（三）推进社会融合，凝心聚力构建共治新格局

城市是不同群落聚合的社会空间，具有较强的多元性、异质性和丰富性，将不同人群、不同的社会发展诉求整合在社区空间是一个普遍性难题。作为超大型移民城市，深圳80%左右的人口是外来移民，而这一人口倒挂的情况在龙华表现得尤为突出，达到1∶22，有些社区户籍与非户籍人口比例甚至达到1∶50，人口的高度混居对社会治理也提出了多元化的要求，同时也产生了多元化的矛盾与困局，即外来居民与原住民、常住居民与流动居民以及各居住群体之间的冲突与博弈，难以形成融合治理的共识性目标。应该说，这是社会转型过程以及龙华"农村与城市两种体制"并存的社会结构变动整合、社会阶层分化组合、社会民主程度提升的客观结果。同时，由于龙华是产业大区，园区实行封闭管理，社区居委会对各类园区没有直接管理权，园区与社区之间缺乏社会治理架构的对接机制，形成了治理的孤岛效应。这就需要社会治理体制和机制的创新，提高社会治理成效。

为此，自2013年以来，龙华区积极推行社会融合项目，由每个街道分类实施若干社会融合子项目，在创新非户籍人口和谐共治、推进社会融合方面取得了长足的进步。特别是2017年以来，聚焦产业青年参与社会治理，在6个产业工人集聚社区和3个产业园区开展治理创新项目，促进

第六章 率先践行"四共"发展理念 建立民生幸福活力城区 / 193

"两区联动、两区共融",打造产业工人参与的新型治理体系。项目覆盖120万人,占龙华区实际管理人口的三分之一。推动产业工人孵化成立了十余个自治参与型社会治理组织,如观澜"租客安全联防共治会"、清湖社区"租客自治互助会",这些组织由公安、社区工作站、网格中心、居委会、居民租客五方成立,在普法宣传、安全联防、市容建设等各项社会治理专项工作中起到了积极作用,参与自治的产业工人达到1万余人,让龙华区产业工人的归属感和存在感大大加强。与此同时,在北站社区创设"北站小巢"四点半学堂,由志愿者成立看护、教育小组,为300多个外来务工家庭解决子女看管难问题。全区29个社区推广出租屋分类分级管理,对存在隐患的出租屋制作"告示牌",引导租客与业主共同打造安全宜居环境。通过一系列深化融合共治模式改革,龙华区获评"2018全国社会治理创新示范区"。

龙华区根据自身经济社会发展的突出特点、难点,选择推进实有人口之间的社会融合作为社会治理总主题,这是一个非常准确的方向和正确的目标选择,因为它不仅切中了龙华最大的社会实际要害,而且也点中了深圳、珠三角和全国都市化地区共同的社会治理难点。但总体来看,这些社会融合项目还在起步探索阶段,尚缺乏系统规划,实现路径还有待完善。同时,实施内容主要以建设项目、活动开展为载体,尚未形成成熟的政策保障和制度体系,在就业、教育、保障、文体福利等公共服务上鲜少涉及。40多万外来青工和其他龙华的外来建设者要实现与本地社会的融合,更需要体现在他们的就业和日常生活之中的潜移默化、自然而然的行为和行动,最终实现他们被本地社会的制度性接纳和他们自身对本地社会的身份和感情认同。

因此,龙华区要深度推进社会融合,必须加大制度供给,优化实施路径,给外来人口和新移民快速增加社会资本创造条件,使他们在本地缺乏原有血缘、地缘性社会资本的情况下,能够更快获得来自政府和社区等途径提供的制度性、组织性和文化性社会资本,尽快与城市之间形成相互接纳、相互融合的关系,最终成为城市新市民。一是从公共政策上推进社会融合。逐步深入地将社会融合理念贯穿在社会建设相关的各项政策措施和制度建设中,包括就业、子女入学、社会保障措施、文化权利和文化福利等基本公共服务方面。二是从城市空间上推进社会融合。加强产城融合,产业园区与社区的融合,使其与城市生活自然相通,更便于从业人员与城市社会的日常交流,以达到融合的效果。同时,对现有封闭式园区进行逐步的开放性改造,完善相关配套设施建设,消除物理空间制造的社会隔离。三是从体制机制上推进社会融合。进一步加快非户籍人口参与社会治理的创新,加强创新项目的统筹谋划与实施保障,围绕非户籍人口社会参与途径的设计和保障、破除本地人与外来人口之间的人群分离,培养外来人口对龙华、深圳的家园感和感情认同。

二 促进社会组织提质增效,激发社会治理活力

(一)培育与引导并重,推动社会组织健康成长

进入新时代,社会治理能力现代化,政府和社会组织形成合作伙伴关系,既要加强社会组织党建,又要发挥社会组织参与社会治理的重要作用,把党组织资源、政府资源、社会组织资源、居民互助社会资源、法治力量和科技力量等有机整合。其中,服务类社会组织要积极承接政府基本公共服务输送项目,形成专业化社会服务体系;自治类社会组织要回归基层民主自治,形成基层民主自治体系;互助类社区备案性的社会组织和志愿服务团队,要推进互信度高、利他主义支持度高且稳定可持续的"新型邻里关系"的形成。

近年来,社会组织在龙华区社会治理中扮演着越来越重要的角色,一个以政府为主导、市场作调节、民间主动参与的社会治理模式开始呈现。一是社会组织党建阵地逐步巩固。发挥区社会组织党委核心引领作用,构建"1+6+12+N"社会组织党建工作体系,消除社会组织党建工作"盲区",目前全区共有社会组织党组织93家,覆盖社会组织152家,社会组织党组织覆盖率为35%。二是社会组织孵化成效显著。从新区到区成立的短短几年时间里,社会组织的数量翻番,达到881家,每万人社会组织数从小于3家跃升至5.26家。建立"区—办事处—社区"三级孵化服务平台,出台《社会组织孵化培育及发展支持标准化工作体系》,成立全市首个区级社会组织孵化服务中心以及办事处社会组织孵化服务中心和社区孵化站点,并依托办事处推动成立社区社会组织(社区建设)促进会,打造社区社会组织积聚的枢纽平台。三是建立持续支持社会组织发展的激励机制。制定职能转移负面清单,出台《深圳市龙华新区社会组织扶持办法》

第六章 率先践行"四共"发展理念 建立民生幸福活力城区

《龙华新区社会组织直接登记管理暂行办法》《龙华区社会组织登记备案管理办法》等多项扶持社会组织发展的具体政策措施，通过政府购买服务和职能转移，实施公益创投引导社会组织在社会治理中发挥积极作用。"十三五"期间累计开展六期公益创投项目，资助项目384个、资助金额2671万元，为119家社会组织提供146万元的初创支持，发掘了一批贴近社会需求、具有龙华特色的优质公益服务项目，推动形成一批在社会治理领域发挥重要作用的优秀组织。

尽管如此，龙华区社会组织发展仍存在一定的局限与不足：一方面，发展底子相对薄弱，每万人社会组织数量仍然低于深圳市7.76家的平均水平，且这些社会组织良莠不齐。另一方面，还存在许多普遍性的发展难题：从资源获取能力来看，社会组织参与社会治理的资金不足，造血能力较弱，存在不专业、规模小、优势不凸显、战略规划能力不足、缺少应变经验等一系列问题，影响社会组织参与社会治理的成效。从专业人才队伍建设来看，现有社会组织普遍没有形成梯队结构，人才储备的素质不高，尚未形成积极、健康的组织文化，削弱了内部的归属感和外部的认同感。许多非政府组织工资少，待遇低，办公条件差，职业发展前景不明，直接影响到社会组织的整体素质和能力。因此，接下来，要坚持改革创新、放管并重，加强构建统一登记、各司其职、协调配合、分级负责、依法监管的社会组织管理制度，加快建成与中国特色社会主义先行示范区相适应的社会组织发展环境，引导社会组织在社会管理和服务中发挥积极作用。

一是加强社会组织的党建引领与综合监管。将党的先锋模范作用与社会组织的专业服务优势有机结合，以此实现党建工作引领社会组织发展，进而让党建工作成为社会组织实现其宗旨使命的助推力量。加强社区社会组织党建工作标准化、规范化，积极推动党建带群建、区域化群建、群团共建，有效发挥工会、妇联、共青团等群团枢纽型组织的政治引领作用。加强社会组织党建和反腐倡廉工作，完善"三同步、五嵌入"工作机制，建立党建工作与社会组织管理联动机制，促进社会组织健康发展。探索建立各级党政领导、政府职能部门与社会组织定期交流、沟通协商等机制，发挥业务主管单位和行业管理部门的监管作用，探索社会组织与政府部门人员的双向交流挂职，加强社会组织与党和政府的联系与互动。健全跨部门社会组织综合监管体系，形成对社会组织人员、活动、资金等的完整监管链条，建立完善社会组织年报制度、重大活动报告、第三方评估等日常监督机制。探索建立社会组织登记负面清单制度，优化社会组织登记管理流程，巩固分级管理模式，完善社会组织登记"多证合一"工作机制，健全退出机制。

二是加强社会组织的分类指导。巩固社会组织分类培育发展清单制度，加大力度扶持政府职能承接型、政府职能补位型社会组织；加快培育发展行业协会商会类、科技类、公益慈善类、社区服务类等社会组织；鼓励条件成熟的社区设立社区慈善基金或成立社区基金会。建立健全政府向社会组织购买服务的奖励、资助机制。加大力度推进政府转移职能和购买服务，会同相关部门定期编制政府职能转移目录、政府职能部门购买服务目录、具备资质条件承接政府转移职能和购买服务的社会组织目录等"三个目录"，建立政府"放权"、民间"接力"的常态化工作机制。

三是加大社会组织培育力度。探索"政府支持孵化器、专业团队管理、公众监督、公益组织受益"的孵化模式，加快建设以区社会组织孵化中心为龙头，各街道社会组织服务站孵化器为依托，多方联动的社会组织孵化器集群。支持街道、社区建设集社会组织党建、咨询服务、活动交流、教育培训等功能为一体的综合服务载体。全面推动社会组织社会化、专业化、项目化服务模式，引入专业咨询机构、学术机构、智库等，为社会组织提供公益资源对接匹配、人才挖掘和培养、项目规范管理等方面的指导。依托"智慧龙华"民政事业服务平台，建立龙华区社会组织综合服务平台，打造龙华"互联网+社会组织"样板工程，为社会组织提供外部资源链接、内部管理等综合服务。扶植孵化一批健康向上的青年组织，成为营造健康文化、激发社会活力的生力军。扩宽参政议政渠道，选取优秀社会组织代表人士，就全区性重点社情民意形成人大建议或政协提案等。

四是构建社会组织服务生态体系。构建社会组织多层次社会服务网络，形成健康有序的社会服务生态体系。区/街道支持型组织运营社会组织孵化基地，为各类社会组织提供能力建设等综合服务，协助政府部门培育和管理专业类社会组织提供优质精准的服务；社区社会组织提供区域化的兴趣类服务；社区党群服务中心一方面成为基层社会服务的最后一公里，为社区居民提供基础性、综合性的服务，以及向专业机构转介社区服务中的各类疑难个案，并发挥基层服务平台的作用，为专业类社会组织+

第六章 率先践行"四共"发展理念 建立民生幸福活力城区 / 197

社区社会组织提供开展服务的空间。

五是形成多方资源培育发展社会组织的机制。政府以"配比制"方式资助项目撬动社会资源。优化财政资金对公益项目资助方式,改变政府单一资助的模式,采用配比制的方式,通过政府投入撬动更多的社会资源,引导基金会、企业和社会公众捐赠,共同解决资金问题。建立政府各部门之间的资源衔接机制,使公益创投、平安创建专项资金、民生微实事、青春家园、妇儿之家等政府资助项目与政府购买服务项目形成互补与衔接。盘活全区各类场地资源,为全市社会组织提供便利,完善线上预约评价机制,提升空间资源利用效能。

六是加快社会组织人才队伍建设。探索建立社会组织人才职业发展体系,对社会组织的专业技术人才执行与相关行业相同的职业资格、注册考核、职称评定政策,将符合条件的社会组织专门人才纳入教育、医疗、住房保障等方面优惠政策范围,将社会组织从业人员纳入有关表彰奖励推荐范围;在条件成熟的领域探索开展社会组织人才评价工作。提升社会组织专职工作人员专业化水平,依托党校、高校等资源,加强社会组织人才培养。健全完善社会组织利益表达和公共政策制定参与机制,拓宽社会组织参政议政渠道,将社会组织中的优秀代表人士纳入党代会代表、人大代表、政协委员推荐范围,合理表达利益诉求。

(二)大力推进社工专业化发展,完善"三社联动"机制

社会工作是运用"以人为本""助人自助"的服务理念,帮助有需要的人士解除困扰、得以正常生活,并促进社会正义和社会进步,以实现有深厚基础的社会秩序。社会工作者作为社会治理专业化的主力军,在社会治理中扮演着基础性、服务性的角色。

近年来,龙华区社会工作专业化发展不断提升。通过顶层设计,资金扶持、教育培训等扶持措施,社工队伍从无到有、不断壮大,由2012年的18人发展到目前的900余人,专业服务水平日益提高,持续开展特色服务项目。在观湖观城社区创建全国首个"社工村",吸引30多名专业社工当第一批"村民",打造社会工作示范、社区人才培养、社区服务实践"三大基地",培育"三社联动"的"试验田"。"社工村"人才多元,包括艺术家、设计师、社区规划师、专业社工、专家学者等,通过建设一个集研讨、创新、服务实践、资源合作为一体的社工服务枢纽平台(大和

"社工村"小院)。同时,以社区居民需求为导向,把居委会搬进"社工村",通过专业社工和社区专职工作者紧密联动,为社区老年人、残疾人、困难家庭等特殊人群提供精准化、精细化服务,构建"1+3+N"专业社工参与基层社区治理格局。持续的培育与创新使得龙华社工品牌影响力不断扩大:2016年11月,龙华区被民政部确定为全国社会工作服务综合示范区;2017年,全国企业社会工作专业委员会第二届年会在龙华区召开。

接下来,应以推动社工专业化发展为引领,加快建立现代社工制度,拓展社工服务领域,创新机构运作模式,提高专业服务能力,建设全国有影响力的社工服务示范区。

一是推进社工专业化发展。加强社工专业化建设,以创建全国有影响力的社工服务示范区为目标,进一步推广"社工村"发展模式,建设集社工人才培养、督导培训、专题研讨、社工服务关爱等为一体的"社工人才培育基地"。探索以政府统筹、高校合作、社会参与等为特征的新型社工人才供给和培养模式。通过政策支持、培训提升、人才补贴等综合方式吸引、留住社工专业人才。健全社会工作职业规范,完善社会工作者教育培训、考核登记、资格认证、职业准入、评价晋升、薪酬待遇和督导管理等制度,完善社工服务岗位招投标、社会工作服务评估和激励制度。

二是拓展社工服务领域。积极发展专业社工,在若干人口密集的工业园区建立"社会工作服务站",引入企业社工开展常年驻点服务,开展劳动争议调解、法律宣传、心理咨询、就业援助、社会救助等服务,帮助来深建设者融入城市生活。逐步实现民办学校社工服务全覆盖,并以辖区医院和社康服务中心等为依托,积极拓展医务社会工作服务。同时,在社会救助、优抚安置、养老服务、就业服务等民政领域,全面推进社会工作,在此基础上孵化培育专业化团队。在机关、事业单位、社会组织中开发设置社会工作专业岗位。

三是深化"三社"联动。完善社区、社区社会组织、社会工作专业人才在基层矛盾调处、服务社会成员、促进社区和谐稳定的平台载体,着力形成"三社"资源共享、优势互补、相互促进的良好机制,使其成为撬动社区管理转型升级的杠杆和社区治理工作新的增长点。社工人才发挥专业知识引领社区、社区社会组织开展服务,探索社工+志愿者模式,培育社团领袖,引导和孵化社区社会组织,传播社会工作理念,吸纳居民以组织化的方式参与社区治理，带动社区干部、社区社会组织骨干、社区志愿者等队伍的服务理念和水平提升，促进社区各类主体参与社区治理。引导专业社工持续参与"大爱龙华""聚善日"系列活动，结合社区居委会活动资金、公益创投和民生微实事等项目资金，支持专业社工组织开展社区互助、安全教育、心理服务等，为社区治理及特困群体提供支持。通过第三方专业养老服务机构的统筹，整合社区内部老年协会、社区志愿者、慈善会等养老服务力量，并通过专业培训，引领专业社工和志愿者提供专业养老服务。

四是加强社工人才队伍建设。适时出台社工评级晋升文件，结合社工学历、持证等级、任职年限及绩效情况等确定社工职级。不断提高社会工作人才的社会地位和待遇，增强社会工作职业对社会优秀人才的吸引力。鼓励引导社会工作从业人员参加社会工作者职业水平考试，不断提高职业社工持证上岗数量和比例。加强对社会工作督导人才培养，及时掌握和了解最新的专业知识和技能，不断提升社会工作理念和专业化水平。深化社工、义工（志愿者）双工联动模式，增强义工奉献精神与社会责任意识，提高社会工作效能，为社工服务提供人力支撑。开发"区—街道—社区"三级管理信息平台，实现包括社工注册、人员信息、项目备案、学时统计、人才补贴和项目监管、考核评估、服务反馈等为一体的社工管理信息系统，实现信息化管理。

五是提升社工机构服务能力。提高机构专业化服务能力，稳步推动部分综合性社工服务机构向专业化社会服务机构转型。加快推进精神卫生、社会救助、社区矫正、残障康复、婚姻家庭、职工帮扶等领域专业社会服务机构的发展。支持社会服务机构自主开发临终关怀、流动儿童社区安全、反家暴等特色服务项目。同时，加强社工机构综合管理，明确机构发展方向和服务定位，增强团队建设和制度管理，提高信息化水平和服务效率，提高服务能力和社会资本。通过品牌化策划、项目化运作、规范化管理、标准化服务等，不断扩大社会工作服务的社会影响力。

（三）加快社区公益建设，激发慈善力量参与活力

社区基金会是适应我国社区治理创新的产物。作为社区资源的"蓄水池"、社区建设的"燃料库"，社区基金会通过丰富社区共治的主体、壮大社区发展的实力、拓宽居民参与建设和发展的平台、促进社区机制的创

新，破解社区治理难题。社区基金会不仅激活了社区这个社会中微小的单元，还创新构建了社区治理体系，对地方治理也具有现实意义。社区基金会引导热衷于慈善事业的捐赠人、草根社会组织关注本地社区的需求，为他们提供参与慈善事业的途径。不仅资助者的捐赠热情被激发，社区居民的需求也得到了满足[①]。

2008年深圳在全国率先成立第一家社区基金会，此后，我国社区基金会不断蓬勃发展，经历了从借鉴国外经验到探索本土化的因地制宜发展的过程。尽管龙华区成立时间不久，但在社会治理中敢于创新，特别是以社区公益基金为抓手，运用慈善的方式扩展社区治理工作体系，激发了慈善力量参与社会治理的活力。创新实施"聚善家园"项目，实现慈善超市的转型升级，让居民足不出社区就能参与公益活动、享受便民服务，目前已开展社区"聚善日"活动上千场次，吸引社区居民和"聚善义工"参与逾20万人次。建设"聚善空间"5家，成立"社区基金"6家，在社区股份公司、社会组织、爱心企业及爱心人士踊跃支持下，共募集资金241万元，基本形成了具有龙华特色的"一核四元多维"社区慈善模式，并在全国形成了一定的影响力。同时，慈善影响力在不断放大，打造了一批精品慈善项目。支持各类社会力量成立了29个冠名基金，发起资金3619万元，联合开展贫困助学等活动。2019年，"腾讯99公益日"募集善款2733万元，在全国县区级慈善会中排名第一，与广西凤山县携手构建的"城乡两体共建对口扶贫创新发展服务体系"被评为深圳市关爱行动"十佳创意项目"。

接下来，龙华区要紧紧抓住这一个重要的创新增长点，不断健全慈善发展环境、深化社区慈善模式，形成社会治理的慈善合力。

一是完善慈善发展环境。制定《龙华慈善发展纲要》，从社会支持、多元化引导、表彰激励、人才培育等方面促进慈善事业发展，完善龙华慈善生态环境要素。推动成立区级资助类、服务类等慈善行业组织，发挥行业组织在资金募集、义工动员、项目执行等方面的联动作用，形成龙华慈善合力。落实慈善组织登记认定、年度报告、信息公开、公开募捐资格许可等制度。加强公益慈善专业人才培养和引进，强化慈善组织能力建设，

---

① 饶锦兴、王筱昀：《社区基金会的全球视野与中国价值》，《开放导报》2014年第5期。

提升公益慈善事业发展专业化水平。完善慈善表彰奖励制度，开展"龙华慈善企业、人物、机构"评选表彰，并充分利用互联网公益平台持续宣传推广"人人慈善、随手慈善"理念。

二是创新公益慈善运营模式。推动开展慈善信托，鼓励慈善组织资产、家族慈善资产和大额捐赠资产进入慈善信托，扩大和盘活慈善资源。充分利用中国慈展会等平台，将国内外知名基金会、社会组织、社会企业"引进来"，开展公益交流活动，实施公益慈善项目。鼓励区内慈善组织"走出去"，在精准扶贫、脱贫攻坚中发挥积极作用。推动慈善救助模式改革，深度运用互联网、大数据、人工智能等技术，建立救助管理部门信息共享机制，实施事先预防有效、事中救助及时和事后关怀暖心的慈善救助体系。

三是建立社区公益服务体系。做深做细聚善家园项目，推动全区各街道的全覆盖，在社区建立起完整的社区公益服务体系，推动社区建设，实现社区自治。完善"聚善空间"社会化运营模式，链接更多慈善资源、优质项目进驻聚善空间，推动"聚善空间"在全区建设。加强义工管理，组建"聚善义工"队伍。优化"聚善日"活动，打造龙华特色公益节日。规范"社区基金"运作，打造"一社区一特色"发展模式。鼓励和引导慈善组织、社会各界广泛开展多元化、多样化慈善活动。

四是构建综合监管体系。积极落实"阳光慈善"，构建法律监督、行政监管、公众监督、行业自律相结合的公益慈善综合监管体系。建立慈善信息统计和发布、慈善组织及其负责人信用记录制度。建立健全财务公开制度，每件慈善物品可查去处，每份慈善捐赠公开透明，提升慈善工作公信力。

三 创新社会服务体系提高社区服务水平

（一）做实做强党群服务中心，形成社区服务高效供给机制

坚持共建共治共享，打造和谐幸福社区，需要进行相应的平台建设。这些平台既可以是由各社会管理服务部门和群团组织主持建设的专门性、专业化场所，也可以是由企业事业单位、社会组织甚至社区的党员、干部、群众及有关专业人士开办的特有活动场所，例如退休医生开办的健康咨询活动场所、历史文化遗产传承人开办的历史文化遗产宣传传授场所

等。不同类型的社区服务平台既发挥了各类共建主体的优长和积极性，又极大地丰富了共建共治共享的生活内涵，充分体现了共建共治共享的本质特征，也给广大群众参与公共事务提供了很好的机会，从而使社区服务水平得到体系上的完善和内涵上的升级。没有多样性社区服务平台体系的社区生活，就很难将共建共治共享的目的变成丰满的现实，那样的社区生活难免是单调乏味、缺乏生机的，也不符合《中共中央国务院关于支持深圳建设中国特色社会主义先行示范区的意见》关于"改革创新群团组织、社会力量参与社会治理模式"的要求。

但是，在各种类型的社区活动平台中，党群服务中心无疑具有核心地位，是最具权威性的平台主体，因此也是平台建设的主要工程，并且是不可或缺的。即使是一个社区活动资源极其贫乏的社区，也不能缺少党群服务中心这个重要平台。因为党群服务中心既是党建工作的场所和产物，也是社会治理工作的场所和产物。早在新区时期，龙华就已经建成了从区级到街道、社区各个层级比较完备的党群服务中心体系。服务中心许多活动项目丰富多样，并且不断创新，既受广大党员干部和群众的欢迎，又为深圳其他区乃至外地党群服务中心所借鉴，很好地实现了共建共治共享的目标宗旨。争当建设中国特色社会主义先行示范区尖兵的使命，给龙华打造共建共治共享的社会治理体系提出了更高的要求。其中，党群服务中心的做强做实和发挥应有的更大作用，是我们面临的重要任务之一。

其一，新时期要进一步抓好党群服务中心平台的硬件系统建设。虽然目前三级服务中心体系已经基本完备，也都达到了标准化的要求，但依然存在根据服务区域党员干部群众构成来不断完善的问题。龙华是全市的外来人口大区，非户籍人口占比特别高，并且各个街道、各个社区外来人口的来源和构成互有差别，他们包括党员在内每年的流动变化也不小。如何让党群服务中心能更好地服务好这部分党员和群众，服务场地、设施配置等如何更加适合他们的需要，以实现更加优质的服务目标，这是一个需要随时根据情况变化进行调整和完善的任务。做好这部分工作，党群服务中心的作用才有更好地发挥到位的基本条件。

其二，新时期要进一步抓好党群服务中心平台的软件系统建设。一方面要不断完善和升级各种展示、练习和观察统计等的电脑与网络运转软件，在保持它们顺畅运行的前提下进行及时更新和适时调整，将其设计功能充分释放出来,同时注重每个服务中心自己拥有的数据资源的保护和充分利用,以有利于在三级层面更多地运用大数据手段实现精准服务和管理。另一方面要不断调整完善服务中心的管理服务体系,以优质管理服务水准让服务中心对广大党员群众产生更多的亲近感和吸引力,将其真正办成党员群众的精神家园。在这方面,习近平总书记视察并称赞过的北站社区党群服务中心已经走在前列。各社区服务中心都应该以其为标杆不断提高服务能力和水平。虽然各社区的服务中心在硬件场地设施上不一定都能达到与北站社区党群服务中心同等规模和齐备程度,但服务标准可以向其看齐、与其媲美。

其三,新时期要进一步抓好党群服务中心平台的功能体系建设。党群服务中心虽然是一个静态的服务设施,但它们的功能一定不能只限定在每个具体的活动场地范围之内,而应该进一步向动态的方面发展,更加主动地在服务范围之内发挥好加强区域化党建和引导社会治理活动的作用。换言之,各级党群服务中心都不能被动地等客上门,而应该将触角延伸到服务区域的各个角落。例如,它可以在办理各种服务事项的过程中关注党员和群众的思想动态以帮助党委政府决策,可以协助一些政府服务事务的办理以方便服务对象,可以适当角度介入某些矛盾纠纷的化解以推进和谐社会建设,可以牵线搭桥以协助有关部门引进人才,等等。正如在2020年的新冠疫情期间那样,当因防疫需要各服务中心不能开门服务的时候,中心的工作人员也积极参加到社区抗疫一线工作之中去,在新的位置上依然发挥服务党员群众的积极作用。身处先行示范区一线的龙华区各级党群服务中心建设,一定要在功能体系建设上率先探索,施展前行尖兵的应有作为。

(二)加强社会心理服务体系建设

党的十九大报告对加强和创新社会治理提出了新的任务,要求"加强社会心理服务体系建设,培育自尊自信、理性平和、积极向上的社会心态"[1]。十九届四中全会专门研究推进国家治理体系和治理能力现代化问题,社会治理是其重要组成部分,而社会心理服务则是社会治理不可或缺的内容和

---

[1] 习近平:《决胜全面建成小康社会 夺取新时代中国特色社会主义伟大胜利——在中国共产党第十九次全国代表大会上的报告》,人民出版社2017年版,第49页。

手段。因此全会《决定》再次强调了要"健全社会心理服务体系和危机干预机制，完善社会矛盾纠纷多元预防调处化解综合机制"。这是因为，在快速变化的社会生活中，许多矛盾纠纷、社会治安事件和危害家庭、个人或某一类群体生命安全、身心健康、生活状态和生活秩序事件的发生，不仅仅与利益等外在因素有关，也与个体性和群体性的内部心理问题密切相关。及时发现和采用科学有效的方法预防和化解这些心理问题，就可以从源头上减少社会不稳定不和谐因素。可见，社会治理的成功离不开健全的社会心理服务体系。

近年来，龙华区委区政府及各相关部门按照十九大报告的要求，采取多种措施建设社会心理服务体系，组织专业力量进行了相关课题调研，进行了专业性的研究座谈，在区各级社会治理工作体系中增加了社会心理服务及相关管理办法和资源配置。区政法、教育、民政、卫计、公安、网格、群团工作等部门和各街道、社区，以及聘请的心理和社会领域专家和社会组织等组成了一个综合性的工作研究、监测、引导、化解和处置服务体系，展开了社会心理干预进入社会治理体系的新工作模式，使龙华的社会治理迈入更加健全完善的阶段。

下一步，龙华区的社会心理服务体系建设要按照争当建设先行示范区尖兵的更高标准继续健全化和完善化，提高服务水平。首先要全面扩展社会心理服务体系组织架构，将区内各级群团组织、街道综治中心、三级党群服务中心、区内各大中小学校、能发挥作用或确实有心理服务需求的有关企业、专业社工和民办心理咨询机构等纳入这个工作体系之中，整合力量，扩大服务覆盖面至全覆盖。其次要建立健全一套社会心理监测机制，进行特定社会成员个体和群体性的心理监测，做好心理服务的筛查，及时发现心理倾向或心理问题。再次要完善社会心理干预机制，对苗头性的负面心理倾向特别是群体性的社会心理倾向进行积极引导，采用宣传教育等手段进行干预调节，以避免滑向具有社会危害性的负面言行，疏解流行性群体焦虑，或具有特定指向的偏执心态，转向客观看待和正确理解，消解有害情绪。最后要建立健全一套能够灵敏反应、务实有效的社会心理危机化解机制，对因突发性危机事件、重大灾害、社会矛盾纠纷的群体性事件、恶性治安案件等引起的心理失常或恐惧不安等社会心理及时介入，进行积极化解，避免或消除可能或正在发生的次生性社会灾害，减少事件对社会秩序稳定的冲击，保护社区群众的身心健康。

（三）率先推进社会治理智能化

《中共中央国务院关于支持深圳建设中国特色社会主义先行示范区的意见》指出，深圳要按照党的十九大部署，促进社会治理现代化，"综合应用大数据、云计算、人工智能等技术，提高社会治理智能化水平"。这是要求社会治理在今天正在全面走向信息化的基础上，顺应经济和社会快速智能化的趋势，充分利用数字技术和人工智能技术提供的条件，进一步推进社会治理智能化，让社会治理大步迈入智能化时代，全面提升社会治理能力和水平。

实施社会治理智能化是先行示范区当仁不让要率先完成的重要任务之一。这不仅是完成好中央使命任务的要求，也不仅仅是我们自己的主观愿望，更是正在大踏步向我们走来的智能社会造成的社会发展新的客观现实必然带来的客观需要。因为，所谓智能社会是"继狩猎社会、农耕社会、工业社会和信息社会之后的第五种社会形态。人工智能技术能够赋予机器人和其他智能系统独立或半独立地参与社会生活、提供公众服务的能力，深度学习和自我决策使它们具备某种意义上的'主体性'。这将使社会治理面临十分复杂的新局面。因此，迎接智能社会和及早探讨应对措施是社会治理应该启动的新研究任务"[①]，也是社会治理实践要破解的新现实课题。

深圳率先推进社会治理智能化具有较之其他许多地区更大的现实紧迫性，因为深圳社会治理面临的局面极其复杂、任务十分艰巨。深圳不仅是全国最大的人口倒挂超大型城市，而且是最大的口岸城市，是民族和宗教齐全和集中聚集的城市，毗邻港澳，境内外流动性极强。深圳还是人口密度、机动车密度在全球可以排在前列的城市，并且是经济大市，制造业和全球贯通的商贸物流业十分发达，体系庞大复杂。在这样的城市里，保障国家安全、居民生命财产安全、经济安全、社会安全稳定和谐、安全生产和减灾防灾、应对突发自然灾害和各种事故危机等的难度极高。常规的社会治理人海战术不仅越来越疲于奔命，而且及时性和效果也会不断下降。

---

① 傅小随：《论"智能社会"对社会治理既有模式的新挑战》，《中共杭州市委党校学报》2019年第3期。

所以，提高社会治理信息化水平，进而快速实现智能化是深圳的社会治理必须做、正在做的大事情。

而处在这种整体形势下，龙华区率先推进和实现社会治理智能化显然压力巨大，但同时动力也非常强大。就压力来看，龙华区是全市人口倒挂最突出的城区之一，外来人口尤其是流动人口占比非常之高。同时，龙华城中村数量多，制造业中的外来工尤其是青工数量庞大，流动性强，基本公共服务需求大。而作为新建城区，管理编制紧张，管理力量偏弱。这些都是龙华社会治理面临的压力，当然也是需要依靠智能化手段提高社会治理能力的巨大动力。

而且，从动力的角度来看，龙华区推动率先实现社会治理智能化也具有很多有利条件。一是立足深圳发达的信息技术、互联网技术、大数据、云计算和人工智能技术及相关产业能力而享有技术应用的极大便利。龙华区本身就是通信和信息产业及人工智能产业大区，技术的可获取性很强。二是近些年来，龙华在全市社会治理信息化中已经抢得先机，是全市较早利用互联网和大数据技术助力社会治理的城区之一。早在新区时代龙华就试点了市级织网工程的监测分析和指挥系统，同时也在街道和社区一级建立了相应的网格化、信息化平台和机制，这些为实施智能化社会治理打下了一定基础，积累了许多宝贵经验。三是龙华区的社会治理选准了重点服务和管理对象，采取了针对性强、效果很好的社会融合措施，推进外来人口特别是交往范围限于工厂区的庞大青工群体与本地居民互动交流，通过调动他们参与社会服务和社会治理的积极性，培养他们的家园意识和主人翁意识，又通过实行大量的文化和能力素质培训，使他们更快适应了深圳的城市环境，融入社区之中，疏解了心理压力，丰富了精神生活内容，并提高了他们自身的生产和生活能力，从而有利于他们成为深圳的新市民。这些措施也为未来社会治理智能化创造了有利的条件。

当前，龙华区正在全力推行数字治理，打造智慧治理示范区。探索最广泛的连接、最精准的算法、最立体的应用，建立新型数字政府运行模式，以智慧治理新方式推动城区治理体系和治理能力现代化，实现更科学、更精细、更敏锐、更安全的数字治理，努力走出一条符合高密度城区特点和规律的治理新路子。接下来，龙华应该积极研究更多运用智能化手段实施社会治理的有效途径。要组织区各有关部门、科技界、企业界、法律界和社科界专业人员共同探讨根据龙华的实际开展智能化社会治理的具体领域和可行方案。在前期运用大数据和互联网技术帮助进行社会治理科学决策、向辖区居民提供便捷政府服务、减少群众与政府办事部门矛盾摩擦的基础上，充分利用智慧城市建设成果，更多借助自动识别记录、网络监测预警、趋势分析研判等发现问题苗头，及时采取措施消除问题隐患，干预不利趋势走势。要认真总结和借鉴2020年抗疫战斗中各种智能化手段成功运用的经验，探讨其在整个社会治理领域扩大应用场景的可能性，为此还要调整传统型社会治理相关体制机制和政策措施，通过深化改革逐渐形成智能化社会治理的新模式。在不断跟进人工智能技术进步、研究其新应用前景的同时，也要高度关注相关法律问题，保证提高社会治理智能化水平完全在法律法规框架内规范进行，不出纰漏，不造成新的社会矛盾纠纷隐患，保障社会治理始终高效顺利进行。

四 构建社会安全体系，建设平安美好城区

随着共建共治共享社会治理体系的逐步健全，随着社会治理法治化、信息化水平的不断提高，我国社会治安、社会稳定进入改革开放以来最好时期，成为世界上公认最安全的国家之一。在这个大的历史过程中，深圳和龙华区创建和谐社会的工作也取得显著成效，市民安全感得到极大提升。近些年来，"平安龙华"建设解决了一大批不利于长期社会安全的难题，消除了一些安全隐患。正是在这个基础上，争当建设先行示范区尖兵的新使命对提高社会安全水平提出了新的更高目标。

区委制定的《争当建设中国特色社会主义先行示范区2020—2025行动方案》要求"建设一流平安城区"。为达成此目标，以下三个领域将是工作重点内容。

（一）健全社会矛盾纠纷多元化防范机制

主动防范和积极化解人民内部矛盾纠纷，有利于减少社会不稳定因素，提高社会和谐度。做到这一点，早发现、早介入和早疏通是关键。对于各种原因已经引发的社会不和谐因素，各种矛盾纠纷的苗头性事件等，要采取措施及早介入化解。最好的方式是增强民意诉求表达的通畅性和有效性。为此，应当根据时代的变化，进一步研究采取信息化、智能化的多种有效民意诉求表达方式，做实居民议事会等机制，使其能够真正成为诉求表达和问题解决机制。要多渠道探索建立和完善心理干预、矛盾调处机制，减少并及时有效化解社会矛盾纠纷。从党建引领基层治理的角度来讲，要将基层社会治理牢牢建筑在党的群众工作概念基础之上，以群众工作的思维和方法来研究如何处理各种社会矛盾纠纷。正如习近平总书记所说，基层社会治理要同做好群众工作紧密结合起来，把群众工作贯穿到社会管理各个方面、各个环节，从源头上化解社会矛盾、维护社会稳定、促进社会和谐。同时，要着力在基层治理法治化中探索矛盾化解的新路径，如在街道建立诉讼服务站制度，有效降低万人成讼率；开展"法官进社区、进学校、进机关"活动，培育民众法律信仰、法治观念、规则意识；完善"检察进网格"机制；探索建立公证参与司法辅助事务新模式，推动人民调解服务全时空供给，建立专业性行业性人民调解委员会，将矛盾调解在基层、化解于萌芽。

也要看到，各种社会矛盾纠纷除了历史遗留的复杂问题之外，缠访、闹访和群体性上访等事件背后往往都有过去某些不规范的政府政策和行为的原因。还有一些社会矛盾纠纷源于党群关系不顺，且往往可以具体化到某些领导干部脱离群众，不及时倾听群众呼声，不善于做群众工作，甚至漠视群众利益，侵害群众权益。所以，要从根子上解决这类复杂矛盾纠纷，就需要理顺政府政策，规范政府行为。减少同类社会矛盾纠纷事件的发生，一是根本上要靠提高政府部门科学决策、严格执法和依法行政的程度。要进一步健全由政府部门决策和行政行为引发的社会风险责任倒查制度，最大限度减少因不作为、乱作为等造成的社会矛盾纠纷。二是要按照习近平总书记对基层社会治理提出的更高要求，党和政府的各级基层干部要真正做到以人民为中心，主动联系群众、服务群众，营造良好的党群关系，同时要通过积极学习和不断实践来增强做好群众工作的能力，能够及时处置问题苗头，解民忧、化民怨，理顺党群关系，促进社会和谐稳定。要善于调动企业事业单位和社会组织等各方面积极因素，发挥他们的特长，承担相应职能或参与到社会矛盾纠纷的防范和化解机制中来，以多元化的途径织造一张社会矛盾纠纷防范和化解的网络。

（二）健全社会治安联防联控机制

严厉打击各类违法犯罪行为特别是恶性刑事犯罪行为，是人民群众安全感的主要来源之一，也是保障社会稳定的刚性措施。仅 2019 年龙华全区就在扫黑除恶专项斗争中，成功破获涉黑涉恶案件232宗，使得全区的总警情出现大幅度下降。由于着力解决历史疑难案件，群体性上访事件比例也大幅下降。加之在重大活动期间和敏感时间节点上，针对各种风险点采取有效监控措施，消除各大领域安全风险，社会治安良好局面得到进一步巩固。

根据《争当建设中国特色社会主义先行示范区2020—2025行动方案》的部署和区委区政府近期有关工作安排，下一步龙华"建设一流平安城区"在社会治安联防联控方面的工作有以下几项需要努力完成的重要任务。一是着力强化社会治安联防联控机制建设。要深入构建平安建设协同共治机制，深化星级安全文明小区、平安厂区（园区）等平安细胞创建，实现出租屋分类分级管理全覆盖，也要把与学校、医院、车站等公共服务单位的联防共建工作继续深入推进下去，加强对商业和娱乐等公共场所的安全监测，筑牢平安龙华安全网。二是强力开展社会治安综合治理，严厉打击盗抢、传销、电信网络诈骗和黄赌毒等严重危害社会治安和人民群众生命财产安全的违法犯罪活动，坚决做好反恐防暴工作，创建平安和谐城区。三是大力推进运用科技手段实施智能化治理。要持续推进"雪亮工程"建设，打造"5G+AI"智慧安防体系和联勤智慧中心，采用分辨率高和识别能力更强的高清探头和动态人像监控装置，加快建成全时空全领域覆盖的视频监控"天网"。四是要努力着眼于社会安全的预防工作，建立安全隐患排查和安全风险防控体系，完善共建联防机制和"义警"工作机制。要紧紧抓住联防联控重点区域，发挥基层组织、社区群众尤其是外来人口自我管理的积极性，继续用好楼栋长在社会治安综合治理中的有效辅助作用。全面铺开城中村综合整治，提升安全监管规范化、科学化、现代化水平。五是要加快建立行政区和街道划分调整设置之后与行政区和街道建制相匹配的区级公安局组织和行动设施建设，街道派出所及其他社会治安组织机构建设，用强大的警力保护龙华持续安全与和谐稳定的局面，让企业事业单位平安运行，居民群众安居乐业。

（三）构建更加健全完善的城区公共安全体系

2018年1月7日，中共中央办公厅和国务院办公厅印发了《关于推进城市安全发展的意见》。该《意见》开篇阐明印发这个指导性文件的原因，是"随着我国城市化进程明显加快，城市人口、功能和规模不断扩大，发展方式、产业结构和区域布局发生了深刻变化，新材料、新能源、新工艺广泛应用，新产业、新业态、新领域大量涌现，城市运行系统日益复杂，安全风险不断增大。一些城市安全基础薄弱，安全管理水平与现代化城市发展要求不适应、不协调的问题比较突出。近年来，一些城市甚至大型城市相继发生重特大生产安全事故，给人民群众生命财产安全造成重大损失，暴露出城市安全管理存在不少漏洞和短板"。应该说，这个指导性文件既概括了全国城市发展面临的新问题，也对深圳和龙华区具有很强的针对性。建设先行示范区，当然必须要在保障城市安全的前提下进行。所以，《中共中央国务院关于支持深圳建设中国特色社会主义先行示范区的意见》也分别在不同的任务描述中提出了关于防范各种城市发展灾害的要求，包括"探索完善数据产权和隐私保护机制，强化网络信息安全保障"，以及"提升城市灾害防御能力，加强粤港澳大湾区应急管理合作"等。这些既是一般性的城市安全要求，也更加贴近深圳自然、产业、科技等方面的实际情况，其指导性非常强。在争当建设先行示范区尖兵的奋斗过程中，龙华区要按照这两份《意见》的要求，做好辖区范围内的城市公共安全体系建设规划并将其落到实处。

首先要健全城区公共安全隐患排查机制，全面落实安全生产责任和管理制度，做到党政同责，一岗双责，齐抓共管，失职追责。与此相匹配，要运用最先进的安全检测技术手段，严格按照国家法律法规规定的标准和方式，常态化和特定化相结合地对城市基础设施、公共活动设施、老旧建筑、山体河道、森林水库等城区自然和地理状况、自然资源状况以及厂区、工业园区和建筑工地等生产场所的监测，及时发现风险隐患苗头，及时采取措施预警和防治。要加强城市交通、供水、排水防涝、供热、供气和污水、污泥、垃圾处理等基础设施建设、运营过程中的安全监督管理，防范安全风险；其次要健全城区公共安全防控和治理体系，不断提高安全风险治理能力。建立健全"三委四部"议事机构，加快应急指挥中心和区应急体验馆建设。构建城市综合防灾减灾系统，提高灾害预警和应急救援综合处置能力，加快建成安全韧性城区。加强应急双盲实战演练，健全应急预案，提升应急处置效能。构建统一指挥、专常兼备、反应灵敏、上下联动的应急管理体制；再次要深刻汲取过往重大食品药品安全责任事故和非典、2020新冠肺炎等重大公共卫生灾难及其治理中的经验教训，加强城市公共安全重点领域常态化的监督管理和检查执法，保障食品药品供应安全，遏止恶性公共卫生事件的发生和蔓延，坚决保护人民群众生命和健康；最后要加强城市公共安全保障能力建设。落实中办国办《意见》的要求，加强应急储备物资动态管理，建设足够规模和随时可用的应急避难场所。开展经常性的市民群众公共安全预防宣传教育，增强社会公众对应急预案的认知、协同能力及自救互救技能，将这项工作与社会治理工作紧密结合起来，以形式活泼多样、群众喜闻乐见的形式将安全意识和安全知识与技能传播到公众之中，产生持久的作用。

第七章　率先打造美丽中国典范 建成宜居宜业宜游魅力区

中共中央国务院《关于支持深圳建设中国特色社会主义先行示范区的意见》中明确了深圳"可持续发展先锋"的战略定位，给龙华提出了更高要求，要在更高起点、更高层次、更高目标上推进生态文明建设，在打造人与自然和谐共生的美丽中国典范上率先突破，争当彰显龙华特色的"可持续发展先锋"的范例，为实现中华民族伟大复兴的中国梦贡献龙华力量。

第一节　生态文明建设的理论逻辑与实践要求

党的十八大以来，以习近平同志为核心的党中央把生态文明建设纳入中国特色社会主义事业总体布局，使生态文明建设成为"五位一体"总体布局中不可或缺的重要内容。"生态文明建设""绿色发展""美丽中国"写进党章和宪法，成为全党的意志、国家的意志和全民的共同行动。

一　生态文明建设的理论内涵
（一）遵循人与自然和谐共生的规律

建设好生态文明，首要的是准确把握人与自然的关系，这是核心，也是根本。习近平总书记指出："人类发展活动必须尊重自然、顺应自然、保护自然，否则就会受到大自然的报复。这个规律谁也无法抗拒。"[1] 只有尊重自然规律，才能有效防止在开发利用自然上走弯路。我们要建设的现

---

[1]《习近平谈治国理政》第2卷，外文出版社2017年版，第272页。

代化是人与自然和谐共生的现代化,既要创造更多物质财富和精神财富,以满足人民日益增长的美好生活需要;也要提供更多优质生态产品,以满足人民日益增长的优美生态环境需要。必须坚持节约优先,保护优先、自然恢复为主的方针,多谋打基础、利长远的善事,多干保护自然、修复生态的实事,形成节约资源和保护环境的空间格局、产业结构、生产方式、生活方式,构建人与自然和谐发展的现代化建设新格局。

(二)践行绿水青山就是金山银山的理念

2005年,习近平同志到浙江安吉余村考察,首次提出"绿水青山就是金山银山"的理念。在余村调研的9天后,习近平同志在《浙江日报》发表文章,进一步阐释道:"我们追求人与自然的和谐,经济与社会的和谐,通俗地讲,就是既要绿水青山,又要金山银山。"2013年9月,习近平总书记在哈萨克斯坦纳扎尔巴耶夫大学发表演讲并回答提问时,将这一理念完整阐述为:"我们既要绿水青山,也要金山银山。宁要绿水青山,不要金山银山,而且绿水青山就是金山银山。"[①] 习近平总书记关于"绿水青山就是金山银山"的重要论述,不仅深刻揭示了发展经济与保护环境的辩证关系,更是我们党对发展理念、发展路径、发展模式认识的又一次升华。

绿水青山与金山银山的关系,实质上是经济发展与生态环境保护的关系。坚持绿水青山就是金山银山,是重要的发展理念,也是推进现代化建设的重大原则,必须树立和践行绿水青山就是金山银山的理念。这一科学理念深刻揭示了保护环境就是保护生产力、改善生态环境就是发展生产力的道理,阐明了经济发展与环境保护的辩证统一关系。"鱼逐水草而居,鸟择良木而栖。"从这一意义上说,绿水青山既是自然财富,又是社会财富、经济财富。经济发展不应是对资源和生态环境的竭泽而渔,生态环境保护也不应是经济发展的缘木求鱼,而是要坚持在发展中保护,在保护中发展,实现经济社会发展与人口、资源、环境相协调。这就需要坚定不移地贯彻绿色发展理念,把经济活动、人的行为限制在自然资源和生态环境能够承载的限度内,给自然生态留下休养生息的时间和空间,实现经济社会发展和生态环境保护协同共进。

---

① 《习近平关于社会主义生态文明建设论述摘编》,中央文献出版社2017年版,第20—21页。

（三）坚持良好生态环境是最普惠的民生福祉

良好生态环境是最公平的公共产品，是最普惠的民生福祉。"绿水青山就是金山银山"的理念源自我们党全心全意为人民服务的根本宗旨，源自广大人民群众对改善生态环境质量的热切期盼。习近平总书记指出，环境就是民生，青山就是美丽，蓝天也是幸福。要像保护眼睛一样保护生态环境，像对待生命一样对待生态环境，把不损害生态环境作为发展的底线。良好的生态环境意味着清洁的空气、干净的水源、安全的食品、宜居的环境，关系着人民群众最基本的生存权和发展权，具有典型的公共产品属性。我们党代表着广大人民最根本的利益，必须以对人民群众高度负责的态度，把生态环境保护放在更加突出的位置，为人民群众提供更多优质生态产品，让良好生态环境成为人民生活的增长点，让老百姓切实感受到经济发展带来的实实在在的环境效益。

（四）需要最严格的制度、最严密的法治保障

建设生态文明是一场涉及生产方式、生活方式、思维方式和价值观念的革命性变革。习近平总书记指出："只有实行最严格的制度、最严密的法治，才能为生态文明建设提供可靠保障。"在生态环境保护问题上，就是要不能越雷池一步，否则就应该受到惩罚。这为我们划出了一条清晰的、不可逾越的底线。对于破坏生态环境的行为，不能手软，不能下不为例。当前，我国生态环境保护中存在的突出问题大多同体制不健全、制度不严格、法治不严密、执行不到位、惩处不得力有关。因此，要加快制度创新、建立起产权清晰、多元参与、激励约束并重、系统完整的生态文明制度体系，着力破解制约生态文明建设的体制机制障碍。强化制度执行，让制度成为刚性约束和不可触碰的高压线。

二 生态文明建设的内在逻辑与发展路径

（一）生态文明建设的内在逻辑

国内学者构建了生态文明建设的"空间—产业—主体"三维分析框架[①]。其中主体因素是依据西方新古典经济理论，认为区域经济增长依赖

---

① 胡咏君、吴剑、胡瑞山：《生态文明建设"两山"理论的内在逻辑与发展路径》，《中国工程科学》2019年第5期。

于资本、技术、人力资源和制度等因素,即所谓的主体驱动因素。空间因素即绿水青山所代表的生态本底或生态资源要素。产业因素是指绿色增长所依赖的产业发展条件。生态文明建设会产生三个维度的价值效益:第一个维度是经济效益,用国内生产总值(GDP)增长、集体资产增加、收入提高等指标衡量;第二个维度是生态效益,用生态资产正增长、环境改善、资源效率提高、碳平衡等指标衡量;第三个维度是社会效益,包括"无废"情况、居民满意度提高、就业人数增加等指标。当经济效益、社会效益和生态效益三者出现矛盾时,应当坚持把生态效益和社会效益放在首位,以实现多元价值的协同。

在生态文明建设过程中,生态与主体、产业、空间各因素之间不能割裂开来,要和谐共生。若片面追求物质产品,以物质资本增值为核心,忽视生态资本的存在及价值,则经济增长可持续性减弱。只有重视生态要素,产业结构和产业发展注重资源效率和环境保护,人力资本发挥较大作用,才能增强经济增长的可持续性。生态文明建设追求的理想目标是达到共生阶段,即以追求生态资本保值增值为基础,以发展低能耗、低污染、低碳循环的产业为主,生态资本、物质资本、人力资本和社会资本之间相互协调、相互促进,经济增长可持续性增强[1]。

生态文明建设的内在逻辑在于生态产品价值实现与"空间—产业—主体"的正向关系,存在着转化、协同及反哺的正向循环。以空间规划、生态建设、环境美化来塑造品质空间;以品质空间吸引人,以主体推动产业发展,加速产业转型。吸引产业投资;以产业推进区域经济发展,增强区域实力,进一步提升区域生活品质和形象,加速人才、资金和产业的集聚,进一步反哺生态,从而实现绿色可持续发展(见图8-1)。[2]

(二)生态文明建设的发展路径

生态文明建设的发展路径表现为生态与"空间—产业—主体"的互动融合(图8-2)。

---

[1] 邓远建、张陈蕊、袁浩:《生态资本运营机制:基于绿色发展的分析》,《中国人口·资源与环境》2012年第4期。

[2] 胡咏君、吴剑、胡瑞山:《生态文明建设"两山"理论的内在逻辑与发展路径》,《中国工程科学》2019年第5期。

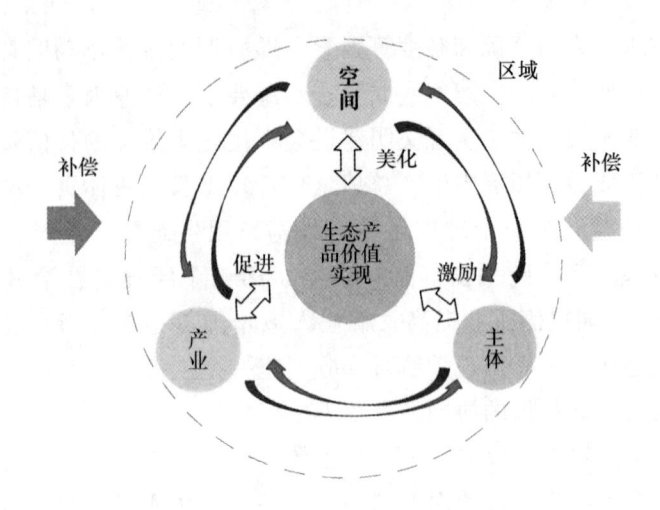

图 7-1　生态文明建设的内在逻辑

1. 生态与空间的互动融合，形成绿色精致空间

采取空间规划、生态建设与环境美化等举措实现生态资产的积累。空间规划是守住生态底线，优化空间结构，加强空间治理，向空间要红利的重要基础，主要包括土地利用总体规划、主体功能区规划、生态功能区划、生态环境保护规划等。生态建设包括生态保护和修复。环境美化的目的是提高生活品质，吸引人力资本的集聚。

2. 生态与产业的互动融合，推进绿色高质量发展

通过发展生态产业、传统产业生态化和发展绿色高精尖产业的路径来实现生态资产的增值。生态产业是基于生态系统的生物生产和人类生产而形成的产业，如生态农业、生态旅游业、生态果业、生态养生等。传统产业生态化是对传统产业的转型升级，遵循生态学原理与经济规律来指导产业实践，是促进产业生产低碳循环的产业发展模式。绿色高精尖产业以创新为引领，以高端、精密、低能耗、低污染为基础，是推进高质量发展的引擎类产业。

3. 生态与主体的互动融合，深化供给侧结构性改革

通过压力传导、意识提升、制度建设、技术创新等途径来促进绿色消费，进而拉动绿色供给，在扩大绿色供给后，又会扩大绿色消费。主体包括政府、企业、公众等，既是施力主体，又是受力主体，成为绿色增长的

内部驱动因素。生态文化所形成的绿色价值主张、生态制度所形成的政府与市场的合力作用、生态技术所带来的产业的变革，促进产业发展和空间品质提升，进而吸引高端人才，提升人力资本整体数量，优化人力资源结构。①

```
                              ┌── 空间规划
                    ┌── 空间 ──┼── 生态建设
                    │         └── 环境美化
                    │         ┌── 生态产业
区域生态文明建设 ────┼── 产业 ──┼── 传统产业生态化
                    │         └── 高精尖产业
                    │         ┌── 生态文化
                    └── 主体 ──┼── 生态制度
                              └── 生态科技
```

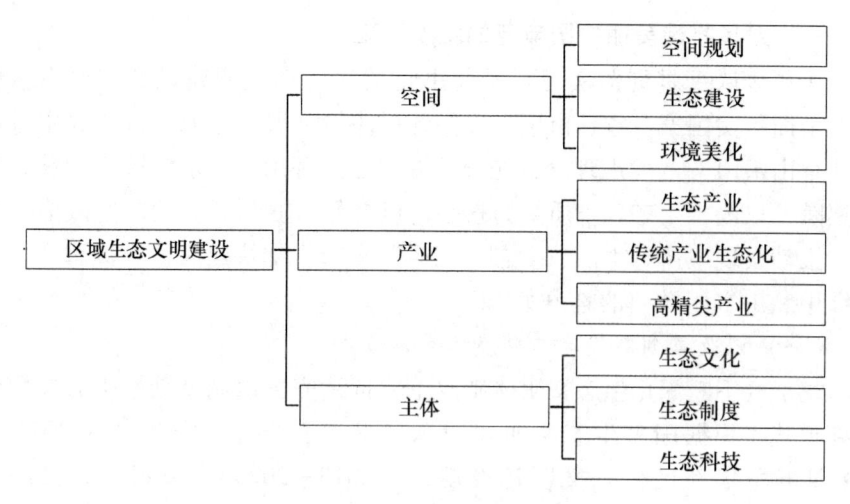

图7-2 生态文明建设的发展路径

三 建设中国特色社会主义先行示范区的先决条件

以绿色发展理念推进生态文明建设是深圳建设中国特色社会主义先行示范区的先决条件。《关于支持深圳建设中国特色社会主义先行示范区的意见》提出高质量发展高地和可持续发展先锋的战略定位，可持续发展先锋要求"牢固树立和践行绿水青山就是金山银山的理念，打造安全高效的生产空间、舒适宜居的生活空间、碧水蓝天的生态空间，在美丽湾区建设中走在前列，为落实联合国 2030 年可持续发展议程提供中国经验。"生态文明建设是实现经济社会发展和生态环境保护协同共进、为人民创造良好生产生活环境的必由之路。为此，深圳要实行最严格的生态环境保护制度，构建以绿色发展为导向的生态文明评价考核体系，探索实施生态系统服务价值核算制度，完善环境信用评价、信息强制性披露等生态环境保护

---

① 胡咏君、吴剑、胡瑞山：《生态文明建设"两山"理论的内在逻辑与发展路径》，《中国工程科学》2019 年第 5 期。

政策。①

第二节 龙华打造美丽中国典范的战略构想

一 龙华打造美丽中国典范的发展基础

龙华区认真贯彻落实习近平总书记关于生态文明建设的重要指示精神，全面落实国家、省、市生态环保各项决策部署，全力践行"绿水青山就是金山银山"的发展理念，充分挖掘"三面环山、一水润城"的独特生态禀赋，以改善生态环境质量为核心，以打好打赢污染防治攻坚战为突破口，推动实现生产、生活、生态"三生"融合，加快建成"产城融合、城在绿中、山水相融"的魅力龙华。

（一）以改革创新促生态制度体系建设

龙华区不断深化生态文明体制改革，持续完善以制度助推生态文明建设新模式。根据国家生态文明建设示范区最新要求，龙华区在2013年《深圳市龙华新区生态文明建设规划（2013—2020）》基础上，修编了《龙华区生态文明建设规划（2019—2025）》，从创新生态制度、维护生态环境安全、优化生态空间、发展生态经济、营造生态生活、培育生态文化六大领域提出了60项配套重点工程，全面指导龙华区生态文明建设再上新台阶，为建设"水清、天蓝、地绿、景美"的美丽龙华绘就美好蓝图。成立生态文明建设考核领导小组，实行领导小组牵头抓总，统揽全局，各街道及区职能部门建立"一把手"负责制，建立常态化生态文明建设考核机制，将生态文明建设任务逐一分解到22个部门，层层压实责任；构建全区生态环境综合监管平台，上线全市首个采用NB-Iot物联网技术进行数据传输的区级综合监管平台——龙华环水综合管理平台，形成全方位、全覆盖的水、气、声监测"一张网"，全面实现生态环境全要素统一监管。建立区、街道、社区、群众"13+36+43+100"四级河长体系，将全区水库、小微水体纳入河长管理范围，形成"多元巡河"联防共治新格局。完善建立"人大政协+公众+媒体"多元参与机制，畅通公众参与渠道，推进信息公开工作，利用"两微一端"、主流媒体、电子屏幕等多元化途

---

① 广东省习近平新时代中国特色社会主义思想研究中心：《中国特色社会主义先行示范区建设的路径选择》，《人民网》2019年9月25日。

径，实现生态环境信息公开率100%，切实保障群众对环境保护工作的知情权、参与权、监督权和表达权。① 创新构建"环保管家""环保主任""环保专家"三级服务架构，推动营商环境全面升级，更加高效、更加务实、更加富有针对性地服务企业高质量发展。

（二）以污染治理促生态环境质量提升

系统推进水环境、大气环境、土壤环境以及固体废弃物污染防控工作。

第一，采取超常规的力度和举措推动水污染治理工作。以"全流域统筹、全要素治理"为导向，构建流域内"厂、网、河、库"全要素治理总图，创新实施"治污项目多元化、污水雨水资源化、排水运营企业化、涉污查处常态化、巡河护河责任化"五化协同治水新模式，扎实推进河道综合治理、正本清源改造、雨污分流管网建设、小微黑臭水体治理等水污染治理工程。近四年累计投资151.98亿元，新建雨污分流管网973公里，基本补齐管网基础；完成小区正本清源改造2032个，实现污水管网建设全覆盖；完成131条小微黑臭水体治理，24条支流实现"不黑不臭"；饮用水源茜坑水库水质从Ⅲ类提升到Ⅱ类；持续开展观澜河黑臭水体巡查和溯源执法，组织开展打击非法排污"百日行动"，观澜河企坪断面平均水质达到地表水Ⅳ类标准，为建区以来最好水质，取得了水污染治理阶段性、历史性转折。

第二，高位推动大气环境质量提升工作。成立以区主要领导为组长的大气质量提升工作领导小组，统筹推进建设工程扬尘、工业VOCs治理、机动车尾气、餐饮油烟等污染治理工作。在全市率先划定桂花空气质量特别控制区（12.8平方公里）和观澜子站核心控制区（1平方公里），实施"18+13"项特别管控措施。设置38个空气微子站，实现大气质量网格化动态监控。全面推进各项大气污染治理，督促企业安装废气治理设施，推进天然气锅炉低氮改造，实现工业锅炉100%使用清洁能源；大力推广新能源汽车，公交车和出租车100%电动化；建立扬尘四级责任体系，严格落实工地扬尘"7个100%"；持续加强机动车及非道路移动机械排气污染

---

① 《人与自然两相宜，绿色龙华新篇章》，龙华新闻网，2020年6月15日。

防治等多项措施。① 全区大气环境质量改善明显，PM2.5年均浓度连续四年（2016—2019年）达到国家空气质量二级标准（35微克/立方米），2019年降至26.4微克/立方米，达到建区以来最好水平，"龙华蓝"成为常态。

第三，开展全区土壤环境质量详查和城市更新项目土壤环境调查评估，强化土壤污染源头防控和污染耕地安全利用。2019年完成辖区内耕地、园地、水源保护区的土壤环境质量详查和重点行业企业用地初步采样调查，初步建立建设用地土壤环境联合监管机制。

第四，创新固体废物监督管理，2019年开展全区固体废物专项排查整治，摸清固体废物污染底数，对362家固体废物产生单位及116家资源回收站进行规范化管理。开展危废规范化管理专项培训4次，引导企业按要求落实危险废物转移申报，严厉打击危险废物非法转移和处置，确保辖区环境安全形势平稳可控。可利用固体废物回收利用率显著提高，其余一般工业固体废物处置率为100%。

（三）以空间管控促生态空间格局优化

龙华区自然风光秀丽，生态环境优美，拥有"一水绕城，山水相依"的生态资源禀赋，重点生态保护区域包括茜坑水库饮用水源保护区、长岭陂水库饮用水源保护区、羊台山森林郊野公园、梅林山森林郊野公园、银湖山森林郊野公园等。龙华区强化生态空间管控，修编《龙华新区综合发展规划》（2016—2020），统筹"一中轴、两核心、七功能区"城区空间布局，促进全区生态生产生活空间融合。深入落实"纵向到底、横向到边"的日常网格化巡查防控体系，通过利用卫星遥感监测、电子监控、无人机航拍等高科技防控技术手段，进一步提高防控覆盖密度，有效保障63.67平方千米生态控制线内图斑实现"零增量"。初步划定生态保护红线面积为18.84平方公里，占全区面积的10.73%。强力推进饮用水源地149栋违法建筑清拆，实现茜坑水库饮用水水源一级保护区内零违建目标。2018年，深圳市"美丽深圳绿化提升行动"考评中名列前茅，生态资源指数年度考核全市排名第一。

---

① 《人与自然两相宜，绿色龙华新篇章》，龙华新闻网，2020年6月15日。

(四) 以产业转型促生态经济高效发展

着力推进产业转型升级工作，产业转型升级已成为龙华区推动经济高质量发展、构建现代产业体系、夯实区域发展"引力"的重要抓手。2019年地区生产总值突破2500亿元，在深圳各区排名第五位；产业结构持续优化，三次产业比重为0.01∶47.83∶52.16，形成了二产三产"双主体"产业格局；战略性新兴产业GDP占比超40%。创新能力方面持续发力，制定了激励科技创新发展的专项资金实施细则，实施国家高新技术企业认定奖励、企业研发投入激励等普惠性科技政策，加速构建全方位创新生态体系，截至2019年底，国家高新技术企业总量达到2570家，全市排名第三；深圳首家国家级制造业创新中心落户龙华；九龙山、观澜高新园纳入国家高新区，成为全市创新发展主阵地；累计建成多层次科技创新孵化载体57家，拥有各层次创新载体114家，省市创新创业团队达22个，科技创新能力进一步提升。质量效益稳步提升，成功获批全省工业互联网产业示范基地和省级人工智能产业核心区，产业转型升级考核2018—2019年连续两年名列全市第一，万元GDP能耗、水耗持续下降，实现以更少的资源能源消耗和更低的环境成本支撑更高效益、更高质量的可持续发展。①

(五) 以城区环境促生态生活绿色优质

近年来龙华区深入推出"一条主线""两项提升""三个打造""四个聚焦""八大行动"举措，力促城市生态环境和城区品位再升级。精准布局打造"一环一廊一山一河"四大"绿色地标"，高标准推进环城绿道建设，推动建设大脑壳山公园，全面铺开"红飘带"建设。坚持以"标准+"理念高质量推进建设，采用因地制宜"菜单式"实施方式，全面铺开城中村综合整治，因地制宜注入品位、文化等元素，着力打造安全文明和谐美丽的城中村样板，黄麻埔村、下横朗新村治理项目成为全市治理标杆。建成垃圾分类九大分流体系，强化基础设施保障，累计建设完成127座垃圾转运站、实现全区机关企事业单位垃圾分类工作全覆盖、垃圾分类示范学校全覆盖；推进无害化处理、资源化利用，全区生活垃圾回收利用率达到30%。建成全市首条有轨电车，为市民提供更加高效、便捷、舒适的绿色出行服务。

---

① 数据来源于《龙华区2020年政府工作报告》。

全面铺开"公园之城"建设，除启动建设了一批特色鲜明、布局合理、功能完善、彰显龙华文化内涵的特色精品公园外，还因地制宜融入了"海绵城市"的生态可持续发展理念，打造公园生态景观，向市民倡导人与自然和谐相处，助力生态文明示范区建设。克服了绿地均衡布局和综合功能受限、老城区绿量不足等因素制约，开发街头空地，见缝插绿打造一批社区公园、"口袋"公园，推动实现"开窗见景、出门见绿"的愿景。全区公园数量从成立之初的52座增至目前的137座，增长率达163%，逐步构建"自然公园—城市公园—社区公园"三级公园体系，包括自然公园6座，城市公园10座，社区公园121座。将绿道作为生态纽带，龙华区现有绿道总长260.816公里，全国首条人才绿道于2019年11月1日正式开通示范段；规划长度达135公里的环城绿道，依照"环山贯水、串景连园"的原则，选线连接了7个森林、郊野公园，14个主要水库及水体，沿线途经八大景区和15处主要的文化景点，串连40处城市公园、社区公园，结合各片区的资源禀赋，确立了不同的特色风格，打通全区绿环"脉络"。目前龙华城市绿化覆盖率已提升至43.03%，[①]居民宜居感、幸福感不断提升。

（六）以严格执法促"零容忍"环境监管执法体系建设

深入实施"利剑三号"专项执法行动，为打好打赢污染防治攻坚战夯实基础。2019年共作出行政处罚决定279宗，处罚金额2418.432万元，实施查封扣押企业43宗、限产停产6家，移送公安机关行政拘留案件20宗，移送刑事案件4宗，处罚金额保持全市前三。联合各街道深入开展"散乱污"企业（场所）综合整治，为巩固整治成效，做好源头防控，在观湖街道新田社区试点"环保守法示范社区"创建，进行社区污染源清单式管理，并将在全区六个街道全面展开，压实街道、社区、工业园区的环境监管责任。狠抓建筑施工噪声管控，对全区在建工地开展每日夜间巡查，在中高考、国庆等重大活动前夕约谈重点工地。在城市建设力度不断加码的同时，2019年实现全年环境信访投诉总量同比下降8.1%。对深超光电、晋荣混凝土搅拌站等重点案件实行领导包案制，全力解决一批群众反映突出的生态环境问题。

[①]《人与自然两相宜，绿色龙华新篇章》，龙华新闻网，2020年6月15日。

第七章 率先打造美丽中国典范 建成宜居宜业宜游魅力区 / 223

（七）以生态根脉促生态文化宣传深入开展

龙华区在开展环境治理和产业"智变"的同时，坚持共建共治共享理念，大力宣传生态文明理念，着力营造全社会关心、支持和共同参与生态文明建设的良好氛围，公众生态文明意识和满意度不断提升。联合社区、企业、学校、商场、医院，连续7年开展"美丽龙华·幸福家园"系列"五进"宣传活动，累计开展活动96场，参与活动的环保志愿者达800多人次，直接受益人群达9万多人次。创新举办"百名讲师，万名督导"垃圾分类督导活动、专题讲座、手工旧物利用、环城绿道自行车赛等多种形式的线下环保活动及户外团建活动。累计创建31个"环保主题吧"、83个"绿色细胞"。以习近平同志建设生态环境保护铁军的要求为行动指南，狠抓干部队伍建设，开展"法制微课堂"等执法培训19场，不断提升一线执法人员的法律素养和业务水平，提高依法行政能力和案件查处质量，为全面打赢污染防治攻坚战、推进生态文明建设提供坚强的队伍保障。创新开展"生态文明大讲堂""环保微课堂"等环保法制进企业宣传活动，搭建集环保执法培训、绿色生态宣教和工作建议交流于一体的"随身学堂"综合培训平台，构建政府主导、企业主体、公众参与的生态环境保护工作大格局。

积极探索现代生态文化创新和历史文化保护之间的平衡模式，创新生态文化宣教形式，深入挖掘文化内涵，结合辖区文化资源、生态资源创新打造龙舟文化艺术节、中国·龙华客家文化艺术节、观澜河国际龙舟赛、"与有轨电车同行"微型马拉松等品牌活动，活动充分展示龙华传统客家文化的深厚底蕴，大力营造全民环保良好氛围。作为深圳"文化+旅游"型示范基地，观澜山水国画产业基地成为艺术交流与文化旅游的双重胜地。同时，依托龙华观澜文化小镇、上围艺术村、羊台山文创园、鳌湖艺术村等节点载体，打造了一批特色文化旅游新品牌，不断丰富公众生态文化生活。

二 龙华打造美丽中国典范的机遇挑战

（一）存在问题

1. 生态文明制度体系建设差距大

龙华区全面深化生态文明体制机制改革，生态文明制度体系日趋完善，但与国家、省、市提出的生态文明体制改革和制度体系建设要求尚有差距，如自然资源资产负债表、自然资源资产离任审计以及生态环境损害责任追究等制度仍处于理论研究阶段，尚未完全建立及落实。同时，随着城市化高速发展，城市用地规模和人口数量不断增加，会对现有自然生态体系产生冲击，自然生态系统服务功能提升存在压力，如何依托羊台山、塘朗山、鸡公山森林公园和茜坑水库等龙华自然资源特色，完善建立自然资源管理机制，提升辖区自然资源和生态系统服务功能是龙华区亟待探索解决的问题。

2. 生态环境质量持续改善难度大

近年来，龙华虽然在生态环境上取得了显著成效，但辖区多年来积累的环境问题仍然存在。全区24条干支流虽基本消除黑臭，但水质不能稳定达标，已完成整治河流仍存在雨季溢流、缺乏清洁基流等问题。虽然划定了桂花及红山空气质量特别控制区实施特别管控措施，观澜子站PM2.5由2013年的46微克/立方米降至目前的29.6微克/立方米，但由于位置偏北受传输污染影响较大，进一步降低潜力有限，2019年观澜子站臭氧超标天数远高于2018年同期水平，严重影响空气质量优良率，臭氧污染问题成为我区甚至全市大气污染治理的新难题。并且随着经济持续高速发展，道路、建筑工地、裸露土地扬尘等问题仍然存在，空气环境质量改善压力较大。同时，"邻避效应"问题日益突出、噪音扰民持续发生、环境信访投诉居高不下等。此外，环境基础设施建设尚不完善，环境监测能力有待进一步提升，龙华区生态环境保护工作面临较大压力。

3. 绿色生态产业发展亮点少

龙华位于深圳地理中心和城市发展中轴，拥有山、城、文、区位等丰富多元优势资源，近年来龙华经济发展虽取得令人瞩目的成就，但仍然面临生态产业发展特色亮点不突出、科技创新能力依然薄弱等问题，与龙华建设宜居宜业宜游魅力城区目标定位仍有一定差距。比如，空间受限引起产业绿色转型的必然要求显著提升，产业和人口负荷对生态环境和公共服务压力不断加大；同时，存在一定的文化产业同质化现象，缺少具有全国影响力的历史文化符号，文化产品的附加值未能充分体现，尚未形成将龙华特色文化品牌对外广泛传播的文化精品。

4. 公众生态文明建设意识和参与感低

龙华区公众生态文明意识虽不断增强，但对于生态文明建设的参与度和践行度仍然不高，人人、事事、时时参与生态文明的社会氛围尚未完全形成，生产生活方式绿色化的意识有待进一步加强，而公众生态意识的缺乏又制约了龙华生态文明建设的深度推进和全面发展，公众对于生态文明建设的认识仍然存在自觉践行意识不足和生态责任意识不足两大问题。

（二）建设机遇

1. 战略定位高度重视生态文明建设

党和政府已经将生态文明建设放在了战略高度，努力寻求经济建设和生态文明建设的和谐共进。党的十九大报告提出了一系列新思想、新目标、新要求和新部署，为建设美丽中国提供了根本遵循和行动指南，习近平总书记也明确指出"加快生态文明体制改革，建设美丽中国"，[①] 并首次把美丽中国作为建设社会主义现代化强国的重要目标，将生态文明建设提到了中华民族永续发展千年大计的高度，强调要牢固树立社会主义生态文明观，推动形成人与自然和谐发展现代化建设新格局。国家先后印发《关于加快推进生态文明建设的意见》《中央生态环境保护督察工作规定》《关于统筹推进自然资源资产产权制度改革的指导意见》等一系列相关文件、努力实现生态文明建设在各领域各环节有规章制度可循，为生态文明建设的具体落实提供了政策环境和指引。

2. 经济高质量发展有利于生态环境保护

推动经济高质量发展与加强生态环境保护是相辅相成、相互促进的。十九大以来，中央提出要坚持新发展理念，以供给侧结构性改革为主线推动高质量发展，提出推动制造业高质量发展、扎实推进乡村振兴战略、促进区域协调发展等重点任务。这些工作的推进，将进一步从源头减少污染物排放，促进生态环境质量持续改善。粤港澳大湾区的建设将使得原本处于深圳"腹地"的龙华区成为深圳经济外溢的前沿，有利于推动龙华的制造业优势与港澳的国际化优势相结合，形成优势互补、共建共享的发展格局，有利于战略性新兴产业发展，迈向经济高质量发展道路，为龙华区生态环境持续优化奠定良好的发展根基。

---

① 习近平：《决胜全面建成小康社会　夺取新时代中国特色社会主义伟大胜利——在中国共产党第十九次全国代表大会上的报告》，人民出版社2017年版，第50页。

3. 建设中国特色社会主义先行示范区惠及生态环境保护

2019年8月，中共中央国务院发布《中共中央国务院关于支持深圳建设中国特色社会主义先行示范区的意见》，明确了深圳高质量发展高地、法治城市示范、城市文明典范、民生幸福标杆、可持续发展先锋的"五大战略定位"。当前，中国特色社会主义进入新时代，支持深圳高举新时代改革开放旗帜、建设中国特色社会主义先行示范区，给龙华生态文明建设提供了新的契机，利于龙华明确改革的前进方向，在更高起点、更高层次、更高目标上推进生态文明建设工作；利于打造彰显龙华特色的示范先例、在打造人与自然和谐共生的美丽中国典范上率先突破；更利于龙华率先探索全面建设社会主义现代化强国新路径，为实现中华民族伟大复兴的中国梦贡献龙华力量。

（三）面临的挑战

1. 城市高标准定位提出的挑战

龙华区位优势明显，产业基础雄厚。近年来，全区始终坚持走创新之路，实现了从昔日小镇发展到如今深圳产业大区的美丽"蝶变"，城市旧貌换新颜，生态环境国内一流，综合竞争力显著增强。而目前，龙华区中轴区位优势发挥仍不够充分，产业发展布局与产业绿色转型的矛盾、生态文明建设滞后于城市发展的矛盾日益凸显，与龙华"现代化国际化创新型中轴新城"目标定位尚有差距。如何加快产业转型升级，走上创新驱动、绿色低碳引领的产业发展道路，更好衔接和服务于粤港澳大湾区建设、先行示范区建设是龙华面临的又一挑战。

2. 大规模开发建设带来的压力

近年来，龙华区聚焦"三城两镇一中心"持续用力，力争打造粤港澳大湾区新增长极，推进北站新城、龙华现代商贸中心、九龙山智能科技城和鹭湖新城、大浪时尚小镇和观澜文化小镇六大重点片区为代表的城市开发建设，城市基础设施、旅游设施、服务接待设施等项目建设正在加速推进完善。但在大规模的城市开发建设中，带来的是生态用地的侵占、大型裸露工地的出现、污染物排放的增加，将对当前辖区水、气、声各领域环境质量的持续提升施加更多压力，也对未来提高城区绿化覆盖、控制颗粒物污染、城市人居环境和人居品质要求带来更大的挑战。未来如何深入贯彻落实习近平生态文明思想，以生态环境高水平保护平衡区域经济高质量发展，探索绿色发展的可持续道路，实现生态环境保护与社会经济协调健康发展仍需进一步探索。

3. 公众宜居需求提高面临的难题

随着"美丽中国""健康中国"等国家顶层战略的深化以及生态文明理念的日益推广，公众对区域环境质量、服务体验的要求越来越高，对政府践行环境治理、提高城区品质的职责要求也提出了更高标准。近年来，龙华经济保持高速发展，与此同时，人口的迅速增加和城市开发规模不断扩大导致龙华生态环境压力持续加大，局部地区生态环境质量出现小幅度波动，硬件设施和软件服务均存在薄弱环节；城市路网系统不完善、城市开敞空间不足、绿色空间提升难等问题依然存在；公众对辖区环境、城区品质和服务体验要求逐步提升，社会民生建设仍有待加强。因此，如何满足公众逐步提高的宜居需求将是未来龙华生态文明建设的又一挑战。

三 龙华打造美丽中国典范的定位目标

按照国家生态文明示范区"六大体系"建设要求，龙华区将在生态文明制度改革、生态环境质量提升、生态空间格局优化、绿色经济构建、低碳生活引领和生态文化扎根六个方面，推动生态文明建设水平稳步提升。争取到"十四五"末期将龙华建设成为"环境一流、经济绿色、制度领先、公众幸福"的国家生态文明建设示范区，宜居宜业宜游魅力区和现代化国际化创新型中轴新城，争当中国特色社会主义先行示范区建设尖兵。

1. 生态制度逐步完备

以自然资源监管机制、绿色产业发展机制为突破点，推动生态文明制度体系改革取得显著进展并走在全国前列。生态文明建设工作占党政实绩考核的比例稳定达到20%以上[①]，河长制全面建立，生态环境信息全公开，全面实施生态文明建设目标责任制。加快绿色发展产业机制建立健全，深化社会参与监管制度，建立健全的自然资源管理制度，生态文明体制改革取得重大进展。

2. 环境质量持续改善

突出生态环境问题基本得到解决，天蓝地绿水清的生态环境质量达到

---

① 发展目标指标值来源于《深圳市龙华区生态文明建设规划（2019—2025年）》，下同。

国内先进水平。到 2022 年，PM2.5 年平均浓度降至 26 微克/立方米以下。空气优良天数比例保持在 90% 以上，省控考核断面水质达标率和城市集中式饮用水源地水质达标率均保持 100%，黑臭水体全面消除，"十四五"末期生态环境状况指数（EI）争取达到 60。

3. 中轴生态空间格局全面形成

构建龙华生态网架，形成"一环、一轴、一廊、八节点"生态安全格局。推动产业、人口均衡布局，实现生态、生活、生产空间融合发展。严格遵守生态保护红线与耕地红线，保证自然生态空间不减少；推动生态保护红线管控制度得到严格落实，生态空间破碎度不增加。

4. 绿色生态经济模式全面建立

形成优质生态产品供给、生态价值实现、绿色发展成果共享的生态经济模式，经济发展质量和效益显著提高。生态文明理念在决策、管理、生产、生活等行为方式中得到全面推广。"十四五"末期，万元 GDP 水耗、能耗持续达到省里考核要求并保持全市、全省领先，一般工业固体废物处置利用率达 100%。

5. 生态生活方式持续推广

绿色、环保、节约的文明消费模式和生活方式得到普遍推行，人居环境持续改善。"十四五"初期，城镇生活污水集中处理率达到 85% 及以上，在省内名列前茅，城镇新建绿色建筑比例 100%；"十四五"末期，新能源公交覆盖率 100%。

6. 生态文化理念深植人心

通过政府、企业、社会组织多种方式培育具有本地特色、时代特征的生态文化宣传教育体系。党委政府对生态文明建设重大目标任务研究部署情况得到有效开展。"十四五"末期，公众对生态文明建设的满意度达到 90%。

第三节　龙华打造美丽中国典范的实践举措

在建设中国特色社会主义先行示范区的有利契机下，在环境保护和生态建设已取得初步成效的基础上，龙华区要对标最高最优最好，坚持改革先行先试，探索经济高质量发展和生态环境高水平保护的新路子。

一　加强生态文明制度建设，争当制度领先标杆

（一）优化生态文明考核和责任追究制度

1. 完善生态文明建设考核制度

适当优化和调整当前绩效评估指标体系，完善生态要素考核指标体系，将表征绿色发展的指标（资源消耗、环境损害、生态效益、产能过剩、科技创新、安全生产等）纳入党政实绩考核的范畴。同时探索试点将考核结果作为区域资金投入、项目审批和政策扶持的参考依据，以街道为单位，用考核奖惩机制激励引导生态环保建设工作开展，考核结果纳入各级党委、政府及领导干部的政绩考核内容，实现良性竞争。"十四五"期间，生态文明建设工作占党政实绩考核比例稳定保持在20%以上。

2. 深入推行党政领导干部自然资源审计制度

贯彻落实中央和省、市决策部署，按照组织部门关于领导干部自然资源资产离任（任中）审计的委托和上级审计机关的统一部署，推进自然资源资产离任（任中）审计工作，将生态保护情况作为审计的重要内容，审计结果和评价反馈组织部门参考，作为领导干部考核评价的重要依据；同时在日常审计工作中不断强化对生态保护领域的审计监督，促使领导干部的工作朝着经济、社会与自然和谐发展方向转变。

3. 建立生态环境损害责任追究制度

定期向社会公布各领导干部和部门实绩，对重视生态环境保护、完成生态文明建设任务成绩突出的，给予大力表彰；对不重视生态文明建设，发生重大生态环境破坏事故的，实施严格问责；对造成生态环境损害的责任者严格实施赔偿制度，依法追究其刑事责任。

4. 构建"城市 GEP"核算体系

结合龙华经济发展模式、生态环境基础及生态资源分类，构建龙华特色的 GEP 核算方法体系，逐步开展辖区内生态资源的产品服务、文化服务等货币定价及替代资源认定工作，并探索将 GEP 核算成果应用于生态资源交易市场、干部离任审计等方面，力争在经济发展和保护生态环境之间取得最佳平衡。

（二）完善自然资源资产产权和管理制度

1. 健全自然资源资产产权制度和用途管制制度

探索建立权责清晰的自然资产产权制度，所有权、使用权性质明了的

有偿使用制度及主体明确的生态补偿、赔偿制度。逐步开展自然资产确权登记工作，建立全区自然资源登记信息管理平台、全民所有自然资源资产管理平台，推动保护优先、资源集约利用为导向的多元化的自然资产交易市场的形成。

2. 健全自然资源资产监管体系

发挥人大、行政、司法、审计和社会监督作用，创新管理方式方法，形成监管合力。充分利用大数据等现代信息技术，建立统一的自然资源数据库，提升监督管理效能。建立自然资源行政执法与行政检察衔接平台，实现信息共享、案情通报、案件移送，通过检察法律监督，推动依法行政、严格执法。完善自然资源资产督察执法体制，加强督察执法队伍建设，严肃查处自然资源资产产权领域重大违法案件。

3. 建立资源环境承载力监测预警长效机制

针对龙华区社会经济自然复合生态系统特征，建立资源环境承载力约束下的龙华区资源环境动态发展模型，针对不同区域资源环境承载能力状况，定期开展全域和特定区域评估，建立资源环境承载力监测预警长效机制。

（三）完善资源有偿使用和生态补偿制度

1. 探索实施自然资源资产有偿使用制度

建立自然资源资产分等定级价格评估制度和资产审核制度。完善自然资源资产开发利用标准体系和产业准入政策，将自然资源资产开发利用水平和生态保护要求作为选择使用权人的重要因素并纳入出让合同。完善自然资源资产使用权转让、出租、抵押市场规则，规范市场建设，明确受让人开发利用自然资源资产的要求。统筹推进自然资源资产交易平台和服务体系建设，建立自然资源资产市场信用体系，促进自然资源资产流转顺畅、交易安全、利用高效。

2. 完善生态环境保护补偿制度

在现有生态补偿工作基础上，以共享、受益者补偿和损害者赔偿为原则，逐步健全多元化生态补偿机制。完善生态环境保护长效机制，促进全区生态环境质量全面改善。

（四）强化生态环境保护与治理机制体制

1. 持续推行规划环境影响评价制度

充分发挥规划环评制度在优化空间开发布局、推进区域（流域）环境质量改善以及推动产业转型升级的作用,将生态环境影响纳入产业布局、经济结构调整等重大决策。

2. 深化落实河(湖)长制

进一步发挥河(湖)长作用,压实区、街道、社区各级河长制,将黑臭水体、小微黑臭水体等长效化整治情况纳入河(湖)长巡河重点内容,协调推动重点难点问题解决。

3. 实施生态环境信用评价制度

创新建立完善生态环境守信联合激励和失信联合惩戒机制,针对工业园区、排污企业,综合评价其遵守生态环境法规、履行环保承诺和合同约定、主动提升环境管理绩效等情况,评定其信用等级。对进入环境违法黑名单企事业单位及生产经营者在行政许可、公开采购、评先评优、金融支持、资质等级评定、财政补贴专项资金等方面采取综合惩戒措施。

(五)健全环境信息公开与环境决策科学制度

1. 完善信息公开制度

全面落实《企业事业单位环境信息公开办法》,促进企业事业单位如实向社会公开环境信息,推动公众参与和监督环境保护。完善政府环境信息公开制度,通过广播、电视、政府网站、环境状况公报等多种形式,及时向社会发布有关的环境信息。确保年生态环境信息公开率稳定达到100%。

2. 建立完善环境决策科学机制

完善环境与发展综合决策机制,在城市规划建设、资源开发利用、重大产业布局等重大决策过程中,充分评估可能产生的环境影响,避免决策失误对生态环境造成破坏。进一步健全公众参与机制,适时成立龙华区生态环境保护专家委员会,对重大决策进行预先咨询和评估认证。

二 持续改善生态环境质量,争做环境一流楷模

在全面打赢污染防治攻坚战的基础上,加快推进绿色转型发展,加大生态环境系统保护力度,推动龙华区生态环境质量持续改善,加快建成天蓝、水净、地绿、城美的生态城区。

(一)提升大气环境质量,打造"蓝天龙华"

1. 加强城市扬尘治理

加强控制施工地扬尘,加大对施工地扬尘控制措施监管密度;将总悬

浮颗粒物监测设备接入自动监测平台，加强防治；各街道加大人工巡查频次，确保辖区施工地全面落实施工扬尘"7个100%"管理措施。加强道路扬尘防治，加大对主干道路清洗力度，提升龙华区机械化清扫率；加强泥头车管理，实施分时分区管控，确保2025年辖区内100%使用新型全密闭泥头车。持续开展裸土地复绿工作，通过复绿、硬底化等手段减少裸土地面积；渣土矿料等堆场及时采取防尘布料遮盖等抑尘措施。

2. 加强机动车尾气防治

提高机动车环境准入要求，加强一致性检查，禁止不符合排放标准的车辆生产、销售和注册登记。提升机动车尾气检测能力，加强遥感监测等高新技术手段的应用，在桂月路、泗黎路、桂花路等重点路段和外环高速、沈海高速等过境路段逐步建立固定式机动车排气遥感检测点，建立机动车环保定期检测机制；加强在用车排气污染执法监管，加大对高污染车辆的查处及惩罚力度，提高车主机动车尾气减排意识。

3. 防治餐饮油烟污染

提高餐饮业油烟排放控制标准，加强餐饮企业油烟排放设备维护和检测监管，在油烟处理系统末端安装监测设备，确保所有餐饮企业油烟排放达到标准要求，严厉处罚餐饮企业油烟超标排放等违法行为。加强餐饮业大气污染防控精细化管控，排查全区餐饮企业油烟集中排放设备安装不到位的情况，加强设备维护、检测、监管，逐步实现油烟处理系统在线监测。

4. 严格VOCs综合治理

持续推进可挥发性有机物治理，禁批新、改、扩建生产和使用高挥发性有机物含量涂料、油墨、胶粘剂、清洗剂的项目。逐一落实重点企业"一企一策"VOCs治理方案。加大VOCs综合防治工程建设，做好工业污染源和社会污染源管控工作，开展道路交通设施VOCs减排，确保护栏翻新、道路标线和标识等涂装使用低挥发性有机物含量涂料，持续开展建筑装饰装修工程涂料、胶粘剂抽样执法检查。

5. 加强臭氧污染防控

按照市级统一部署要求，加强对臭氧生成机理的研究，同时制定氮氧化物和挥发性有机物协同管控的措施，开展臭氧"削峰"行动，建立精细化的管理机制以控制臭氧上升趋势。

第七章　率先打造美丽中国典范 建成宜居宜业宜游魅力区 / 233

6. 完善智慧监管建设

依托现有空气子站布设、监测系统建设，完善大气网格化监管系统，强化数据收集处理，加强形势研判，为巡查等提供数据支持。加强软硬件更新迭代，推进智慧化建设，实现大气环境监测、分析、评价智能化、数字化。将气象数据主动向各相关部门开放共享，为开展交通运输、城市规划、灾害预警等业务合作提供技术支持，提升环境数据实用价值。

7. 加强跨区域联防联控

主动融入珠三角大气污染联防联控相关工作，开放区域大气监测网络数据共享，为污染物迁移、区域污染特征等专项研究提供坚实数据支持。按照区域大气污染联防联控协调机制及相关规划，明确辖区治污责任、规划任务，出台工作方案。联合东莞、惠州等周边城市探索建立主要大气污染物排放指标有偿使用、排污权跨区域交易制度。

(二) 改善水环境质量，打造"碧水龙华"

遵循"节水优先、空间均衡、系统治理、两手发力"的治水方针，打造可持续发展先锋。以海绵城市建设多方统筹，以生态修复为提升路径，以河长制为核心管理机制，以智慧水务为管理手段，加快水务深化改革和创新。

1. 实现水务发展"两大转变"

一是水污染治理向污染物排放监控与生态修复转变。严控涉水污染偷排漏排，发挥智慧水务平台的预测分析效能，对水污染事故预警预报，确保水污染防控基础设施的安全与高效运行。通过生态修复持续提升河道水质，加强河道、水库水环境综合治理，改善观澜河及14条一级支流的水动力，推行河渠复明与自然化，实施生态补水，打造合理的河流与水库生态体系。二是水管理模式向智慧水务与河长制两手发力转变。贯彻和落实河长制，进一步发挥河长制的监督与行政执行力，并借助智慧水务平台，充分利用智慧水务平台的监管功能，有效融合和统一"强监管"和"行示范"。

2. 提供更高标准的水量水质保障

深入开展观澜河流域污染治理，巩固黑臭水体整治成效，深入推行"河长制湖长制"管理体制，确保河流水质达到省、市考核要求。加大饮用水源地面源污染控制和环境风险排查，保障饮用水源安全。供水工程提质增效，优质饮用水入户初步实现全覆盖。提升改造水厂净水工艺，提高饮用水供水水质，对水源—供水网络—水厂—入户进行全链路监控，更新部分供水管道，2025年年底前初步实现居民优质饮用水全覆盖的供水目标。

3. 持续推进排水精细化管理

优化龙华区排水精细化管理机制，充分发挥龙华排水有限公司及各街道的力量，将排水管理纳入各街道、龙华排水有限公司日常事务中，按照"片区化""流域化""网格化"的模式继续推进排水精细化管理工作。

4. 科技兴水，智慧护航

全面建成智慧水务平台，实现水资源系统安全实施诊断和输配水与供水系统智能调度、洪涝（潮）实时预警与智慧防汛防涝调度决策、水污染与管网实时监控与智能诊断。持续推进涉水信息的一体化全域、全要素、全周期智能感知体系建设，加强对水务工程基础设施运行状态和安全的实时监控。到2025年，基本完成智慧水务应用平台建设，各类业务应用系统、决策支持体系基本成型。

（三）做好噪声污染治理，打造"静音龙华"

1. 强化建筑施工噪声防治

持续加大对建筑工地的监管执法力度，强化宣传引导，对在建工地召开整治动员大会，约谈部分群众反映强烈的施工工地，督促施工单位采取有效的污染防治措施。强化监督管理部门职能，增加巡查频次、加大夜间施工处罚力度，结合龙华区实际情况，完善建筑施工噪声专项行动方案。

2. 完善道路交通运输噪声防治

对重点防治道路名单内涉及的道路增设噪音监控点位，对仍超标的路段实施低噪路面改造、设置绿化屏障，规范道路行驶车辆鸣笛行为；扩大区内主干道、支路绿化声屏障建设范围，降低道路交通噪声的横向传播；排查居民区、学校、医院、养老院等敏感点，结合道路车流量的增长量预估布置隔音屏障，提前做好噪声防治；对破损路面采用降噪材料翻新铺设。

3. 加强工业噪声防治

加强工业噪声源头控制，对噪声污染高的企业采取限批手段严格准入，对新建企业要求厂房远离噪声敏感点。摸查敏感点既有企业，审核其噪音污染排放许可，抽查实际噪声排放强度，对不符合排放标准的要求立即整改。加大对工业企业实施隔音改造、降噪工艺及设备革新的资金支持。

4. 强化社会生活噪声防治

从源头控制噪声产生。加快推进步行街等开放式经营商铺转入室内经营；严格限制在公园、广场、人行道等公共开放区域开展广场舞、器乐街头表演、舞台表演等活动开展时间；严格噪声敏感点附近KTV、电影院等娱乐场所管控，避免敏感点附近出现增量；联合城管部门、交警大队等部门，增加噪音扰民投诉通道，及时解决投诉噪音问题。

5. 构建辖区噪声地图

运用噪声监测、仿真模拟等技术手段制作辖区交通、区域噪声地图，筛查噪声污染重点区域并展开专项研究，识别成因，结合环境敏感受体分布，划定噪声特别管控区，制定区域专项治理方案。

（四）强化土壤污染综合防治，打造"净土龙华"

1. 完善土地分级管理体系

企业用地落实初步采样清单上13家重点行业企业地块采样、检测工作，掌握地下水受污染情况，土壤特征污染物种类、分布、迁移转化，以及污染物生物毒性等，汇总调查报告，制定企业用地污染地块空间分布及风险分级图和优先管控名录。普通耕地进行质量分级管理，对优先保护类耕地单元将符合条件的划入永久基本农田实行严格保护，确保面积不减少、功能不降低；其他优先保护类耕地集中区域严格控制可能造成土壤污染的工业企业准入条件，并防止现有工业企业对耕地造成污染。园地要掌握特征污染物种类、浓度、分布，制定轮代种植计划，确保园地安全利用，防范土壤污染物进入园地产品风险。饮用水源地制定饮用水源地土壤环境保护计划，确保土壤浸出液中污染物不超标，严防饮用水源地土壤污染物对饮用水水质造成影响。

2. 构建全区土壤质量一张图

运用已开展的土地详查结果，对需要进一步开展调查的地块组织开展深入调查，掌握污染地块的污染物浓度水平、横向分布，整合调查成果报告，制作全区土壤质量"一张图"，反映污染地块空间分布、风险分级及土壤环境动态变化，总结污染物迁移、转化规律，识别影响地下水等环境的潜在污染风险，为土地开发利用计划提供环境信息支持。

3. 开展污染治理与修复

以耕地中存在风险的污染地块为重点，梳理治理与修复污染地块清单，制定土壤污染治理与修复计划。按照市级相关部署要求，根据土壤污染物类型、污染程度等因素，选择具有代表性的受污染耕地，有计划、分步骤地开展土壤污染治理与修复试点示范，加强修复前、中、后期的环境监测工作，为建立辖区土壤污染治理与修复技术体系积累经验。

4. 完善土壤环境监管

完善土壤环境监测网络。在主要"菜篮子"基地和优先管控名录企业用地设立土壤环境质量监测区控点位，结合国控、省控土壤环境质量监测点位，形成土壤环境网格化监测系统。提高土壤特征污染物的监测能力，按方案重点监测基础理化指标、重金属、多环芳烃等指标，每年至少开展1次例行监测。整合土壤环境质量详细调查、例行监测、地块责任主体排查、修复计划等信息，构建土壤环境信息化管理平台，实现数据实时、动态更新，向各部门开放土壤环境信息。

（五）加强固体废物监管，打造"无废龙华"

1. 实施生活垃圾强制分类

实施生活垃圾强制分类，推进生活垃圾分类投放、分类收集、分类运输、分类处置。开展餐厨垃圾资源化利用项目建设研究，提高资源化利用效率。全区范围开展生活垃圾、废弃电池、废弃荧光灯管等有害垃圾分类回收，委托持有相应危险废物经营许可证的专业机构收运处置有害垃圾。

2. 优化建筑废弃物处置

发展绿色建筑设计，推动源头减量。加强竖向规划设计，促进施工图源头减排，推广装配式建筑应用，建立建筑废弃物限额排放制度。要求所有房屋拆除工程按照"拆除与综合利用一体化"管理模式"进行备案管理。加强跨区转运管理，促进区域土方平衡利用。

3. 提高河道疏浚底泥、通沟污泥等无害化处置能力

推进水质净化厂污泥干化设施建设。完善河道疏浚底泥和通沟污泥收运和安全处置体系，提高本地无害化处置能力，推进区域协同处置和资源化利用。加快推进全区化粪池粪渣、隔油池固体废物的收运处置，以及废弃食用油脂处理处置场站的规划建设。

第七章　率先打造美丽中国典范 建成宜居宜业宜游魅力区　/　237

4. 强化危险废物安全管控

全面规范危险废物分类投放、分类收集、分类运输管理。鼓励和支持危险废物经营单位和工业园区建设区域性危险废物收集站，推动危险废物"一证式"收运处置管理改革。加强道路危险废物运输管理工作。鼓励企业开展工艺升级改造，推进工业企业危险废物在线回收管理改革。

5. 加强一般工业固体废物利用

拓宽工业固体废物资源化利用渠道，鼓励产废企业将有利用价值的固体废物加工成符合标准的副产品。建立辖区内工业固体废物资源信息平台，促进工业固体废物和副产品物资循环使用和综合利用。推进再生资源回收点、回收站、分拣场选址建设，确保到2025年每个街道建成1—2个分拣场，提高辖区固废再生能力。

三　优化中轴生态空间格局，争当生态安全典范

（一）打造"一环、一轴、一廊、八节点"的生态安全格局

根据龙华区的景观格局，结合社会文化特征和生态功能定位，以一级水源保护区与生物多样性高、生物物种资源丰富的林地和草地为生态基质，以道路、水系为骨干，利用生态廊道连通生态源地和生态节点，形成"一环、一轴、一廊、八节点"的生态安全网架。"一环"指龙华区边缘的吊神山、羊台山、塘朗山、鸡公山、大脑壳山等自然山脉城市森林生态系统为主体的龙华绿环，凸显其绿色天然屏障功能，严格控制区域内人为开发活动，大力开展天然林保护、林相改造等工程。"一轴"指以观澜河干流为主线，贯穿观澜农业生态公园、观澜河湿地公园等一条景观轴。遵循"宜草则草，宜树则树，林草相间"的原则，提升观澜河一河两岸各景观节点区域连通性，串联成链珠式滨水景观带。"一廊"是指跨越深圳北站铁路线的廊桥，缝合交通廊道对城市空间的割裂，保证生态廊道的连通性和观赏性。"八节点"是指和平路、金龙路、深华快速、玉龙路（致远中路—民塘路）、石清大道、致远中路（留仙大道—玉龙路）、留仙大道（致远中路—民塘路）、观光路等8个道路景观提升工程，实现"出门见绿、移步换景"。

（二）严守生态保护红线

建立"常态化"管理体系，定期或不定期开展联合执法检查，加强日

常巡护，严密监控违法违规活动，严厉查处生态保护红线内各种破坏生态环境和有损生态功能的不法行为。实行项目环境准入正面清单制度，强化对生态保护红线的用途管制，明确允许的开发规模、强度、布局，以及允许、限制、禁止的产业类型。确保生态保护红线区内的自然生态用地性质不转换、功能不降低、面积不减少、责任不改变。持续开展基本生态控制线内建设用地清退和生态修复，疏导合法建筑。探索建立生态保护红线监管平台，全面掌握生态保护红线的生态系统构成、分布与动态变化，监控人为活动，及时预警生态风险。

四 全力推进绿色发展方式，争做绿色低碳表率

（一）推进产业结构优化调整，强化绿色约束

1. 加快低端落后产业淘汰

建立覆盖全区的环保准入负面清单制度，重点淘汰高消耗、高污染、高环境风险的工艺、设备与产品，将污染减排与污染源监管执法有机衔接，观澜河流域每年按10%比例淘汰重污染企业。

2. 全面推动绿色清洁生产

推动辖区企业积极开展清洁生产审核，提高企业资源、能源利用效率和污染防治总体水平。"十四五"初期力争开展清洁生产审核的企业（单位）达100家，"十四五"期间每年新增清洁生产审核验收企业25家，通过省级审核企业1—2家。

3. 推动工业企业集聚化发展

加快推动工业企业入园发展，通过在园区高标准、集中式配套污染处理设施，建设智慧化、一体化环境监测、监控体系，提高工业企业污染防治能力，实现园区绿色智慧监管。

（二）推动循环经济发展，充分利用绿色资源

1. 全面推行循环化生产方式

促进企业循环式生产、园区循环化发展、产业循环式组合，构建工业循环体系。推动基础设施共建共享，促进园内企业废物资源交换利用，打造智慧生态园区。协同东莞、惠州等周边城市，探索共建资源循环利用基地，构建跨地区、跨行业的循环型产业体系。积极推进园区循环化改造，力争成功申报1—2个国家或省级循环化园区，"十四五"期间每年完成两

个重点工业园区循环化改造。统筹推进绿色制造体系建设，力争"十四五"期间每年有 1 家企业进入国家工信部绿色制造体系示范名单。

2. 强化推进能源高效节约

完善辖区节能审查管理制度，强化事中事后监管，形成节能审查闭环管理。引导企业开展节能技术研发和改造，重点推广先进节能降耗技术。大力开发利用清洁能源和可再生能源。拓展天然气资源供应渠道，加快天然气高压输送系统工程建设。

3. 实行最严格水资源管理

加强节水管理，鼓励企业采用节水工艺，推广耗水企业建立用水和节水计算机管理系统和数据库，并要求新建、改扩建项目强制推行符合标准的节水器具与设备。推动企业水资源循环利用技术的开发与应用，鼓励和支持企业外排废（污）水处理后回用。大力推进再生水、雨水等非常规水资源利用，建设雨水回收收集系统，将水质净化厂尾水作为观澜河生态补水。

4. 提升土地集约利用水平

推进工业用地尤其是集合单元内园区空间的更新改造，改善产业园区的配套设施，为高端产业引进腾挪更多宝贵空间。充分挖潜利用地下空间，推进建设用地的多功能立体开发和复合利用。结合全区城市更新计划，加快全区地下空间开发利用。保持查违拆违高压态势，确保违法建筑"零增量、减存量"。确保国内生产总值建设用地使用面积下降率稳定超过 4.5%。

五 全面推广绿色生活方式，争当全民绿色先锋

（一）优化生活空间布局，实现生产、生活、生态三生融合

第一，全力打造现代绿色生态都市，构建"一核一带三片区"城市生活空间格局，精心打造"产城融合、城在绿中、山水相融"的生态空间。"一核"即深圳北站，"一带"即观澜河一河两岸发展带，三片区包括南部商业活力区、中部生态休闲区和北部科技文化区。

第二，打造"一街一印象"街道特色风貌名片。依托街道核心价值、地理条件、人文优势及产业优势，在全区发展大局中谋划街道定位，以街道重点项目为抓手，因地制宜地设计街道色彩、打造街道特色名片。如观湖街道

以"科技+文化""文化+时尚"为特色,展示科技城市特色风貌。

(二)全域化增绿织绿,实现"开窗见景、出门见绿"

1. 继续推进"公园之城"建设

科学规划城市公园,优化公园布局,完善公园功能,推动公园绿地与其他公共空间融合,构建网络化、系统化的绿地公共空间体系。加快规划建设竹文化公园、樟坑径郊野公园、儿童公园等一批特色主题公园,推进民治公园、玉龙公园等两个大型公园建设,新增一批社区公园和口袋公园,力争2020年底公园总数突破150个。

2. 加快建设深圳中央公园

高标准建设深圳中央公园,打造"城市观景第一峰",成为与香港太平山媲美的地标性景观,塑造龙华城市建设、人文风貌的名片。到2022年,中央公园实现进场施工。

3. 多维度开展立体绿化提升

通过屋顶绿化、垂直绿化、绿墙、阳台绿化、桥体绿化等形式,实施见缝插绿和补绿增绿。推进立体绿化,部分示范街道、小区、人行天桥实现"挂绿"。可依托城市更新、绿色建筑等重点工作的推进,同步推进立体绿化,大幅度增加城市立体可视绿量。

4. 高标准推进碧道绿道绿廊建设

对标国际,将深圳北站绿化长廊打造成龙华区乃至深圳新地标;推进环鹭湖、观澜河碧道建设。力争到2025年,建成85公里的串联观澜河全流域生态斑块的碧道。

(三)践行绿色消费理念,实现绿色生活方式全民化

1. 大力开展节能减排全民行动,鼓励引导公众绿色消费

贯彻落实公众消费绿色产品补贴政策,鼓励使用环保包装材料。通过财税政策扶持、循环经济与节能减排专项资金扶持,推广LED照明产品以及节水器具,限期淘汰不符合节水标准的用水设施及产品。加强宣传提高公众节水节能意识,引导公众优先采购再生产品、绿色产品、能效标示产品、节能节水认证产品和环境标志产品。

2. 完善绿色交通服务体系

构建以轨道交通为骨架、常规公交为网络、出租车为补充、慢行交通为延伸的都市圈绿色公共交通体系。完善自行车道、人行横道、过街天桥

等人行交通设施，有效提升慢行系统"体验感"，为绿色出行创造更好条件。实现公交车100%电动化，完善新能源公交车配套基础设施建设。

3. 深入推进绿色建筑建设

新建民用建筑100%落实绿色建筑要求，实施绿色建筑运行标识管理，推动公共建筑节能改造相关工作。以新增用地和城市更新拆除重建为抓手，进行绿色化专项改造、屋顶绿化、地面绿化等绿色化改造。

六 着力加强生态文化建设，争创共建共治共享格局

（一）构建政府、企业、社区多元化宣传途径

强化政府部门宣传统筹。加大对各级党政领导的生态文明宣传力度，加强机关干部生态文明知识普及培训，将生态文明纳入党校培训课程，定期组织生态文明建设专题培训、辅导报告、网络培训等培训活动，引导各级领导干部树立生态政绩观。建立企业宣传主体责任制。引导企业积极配合政府部门开展的生态文明建设活动，号召员工参与政府部门组织的新环保法解读、清洁生产审核、环境质量管理体系认证、绿色文化建设等生态环保专题培训，提升企业资源节约意识。鼓励企业主动邀请公众来企业参观学习，使公众了解国内外环保技术、企业环境保护工作及成效。构建社区宣传"微阵地"。结合"世界水日""地球日""生物多样性日"等重要纪念活动，利用社区公园、广场、图书馆、博物馆、非遗陈列馆等文化设施，开展活动形式多样、主题多样的宣传活动、主题文化表演、专题讲座等宣教活动，引导社区居民积极参与生态文明建设，打造社区生态绿色品牌。

（二）强化环保设施、宣教基地载体建设

加强生态环保设施开放。将生态文明理念融入国民教育体系，将环境保护课程纳入中小学幼儿园基础教学体系，在职业教育课程中增设环境保护课程，促进学校课程与生态文明教育有机结合。开展绿色环保演讲、绘画、写作、科研调查等形式多样的生态文明教育活动，普及节约资源、保护环境的知识。以森林公园、湿地公园、污水处理厂等为载体创建生态环境教育基地，通过开展实地体验活动、文字图片和标本展示等多种形式开展丰富多彩的生态文明教育活动，建设集自然环境、环保科普与市民互动体验为一体的国家级生态环境宣传教育基地。

高标准打造环境宣传教育基地，建设包括习近平生态文明思想实践

地、习近平生态文明思想宣传平台、政府与地方群众在生态文明领域的沟通交流平台、龙华区生态环境保护成果展示平台、公众生态环境科普教育平台、群众生态保护工作参与平台的"一地五平台"宣传阵地,构建龙华生态文明标杆建筑,形成龙华特色生态品牌。

第八章　落实党的全面领导制度 为建设先行示范区提供坚强政治保证

办好中国的事情，关键在党。要把深圳建设成为中国特色社会主义先行示范区，确保成为高质量发展高地、法治城市示范、城市文明典范、民生幸福标杆、可持续发展先锋，关键在于加强党的全面领导。龙华区要为深圳建设先行示范区、创建现代化强国城市范例贡献"龙华力量"，就必须巩固党在先行示范区建设中的领导核心地位，落实党的全面领导制度，全面贯彻落实新时代党的建设总要求，坚定不移推进全面从严治党并向基层延伸，切实把党的领导落实到全区治理的各领域各方面各环节，为争当中国特色社会主义先行示范区"尖兵"提供坚强政治保证。

第一节　始终把党的建设摆在首位

中国共产党在100年奋斗历程中，始终坚持马克思主义党的学说基本原理，坚持马克思主义政党党性原则，结合中国革命、建设和改革所面临的实际情况，不断探索在中国实现党的领导和党的建设的路径与方式，形成了中国化的马克思主义党建理论。党的十八大以来，以习近平同志为核心的党中央立足新时代世情、国情、党情，以马克思主义为指导，全面分析把握党的建设所面临的重大挑战和各种风险，形成了新时代党的建设思想，开辟了马克思主义党建理论新境界。在建设中国特色社会主义先行示范区中作出"龙华贡献"，必须按照党的建设总要求，并始终把党的政治建设摆在首位。

一　旗帜鲜明讲政治是马克思主义政党的根本要求，党的政治建设是事关党的事业发展的根本性建设

中国共产党是以马克思主义为指导的政党，从诞生之日起，就是一个高度重视政治建设的政党。在中国共产党的发展史上，党的政治建设一直处于重要位置。革命战争年代，我们党强调，"党的建设的核心是要制定和贯彻执行党的正确的政治路线，共产党领导的革命的政治工作是革命军队的生命线"①。社会主义建设时期，我们党提出，"政治工作是一切经济工作的生命线"②。改革开放之后，我们党提出，"到什么时候都得讲政治"③。我们党诞生100年来，之所以能始终保持团结统一，历经各种曲折而愈挫愈勇，一个重要原因就是高度重视党的政治建设。

新时代强调以党的政治建设统领新时代党的建设，"把党的政治建设摆在首位"，这既凸显了党的政治建设的极端重要性，也是习近平新时代党建思想对马克思主义党的建设学说的重大创新。党的十八大以来，习近平总书记多次强调党的政治建设之极端重要性和要求。他指出："政治问题，任何时候都是根本性的大问题。全面从严治党，必须注重政治上的要求"④；党的政治建设是党的根本性建设。抓住党的政治建设，就抓住了党的建设的根和魂。只有这样，我们才能统一意志、步调一致，才能立场坚定、路线正确，才能凝魂聚力为着共同的事业不断奋斗。什么时候全党讲政治、党内政治生活正常健康，我们党就风清气正、团结统一，充满生机活力，党的事业就蓬勃发展；反之，就弊病丛生、人心涣散、丧失斗志，各种错误思想得不到及时纠正，给党的事业造成严重损失。讲政治，是我们党补钙壮骨、强身健体的根本保证，是我们党培养自我革命勇气、增强自我净化能力、提高排毒杀菌政治免疫力的根本途径。因此，党的政治建设作为党的根本性建设，"决定党的建设方向和效果"；党的各项建设要

---

① 《坚持抓好政治建设这个党的根本性建设》（http://dangjian.people.com.cn/n1/2018/0118/c117092-29772291.html）。
② 《毛泽东文集》第6卷，人民出版社1999年版，第449页。
③ 《邓小平文选》第3卷，人民出版社1993年版，第166页。
④ 《习近平关于全面从严治党论述摘编》，中央文献出版社2016年版，第87页。

第八章　落实党的全面领导制度　为建设先行示范区提供坚强政治保证　/　245

"以党的政治建设为统领",必须"把党的政治建设摆在首位"。①

二　坚持用习近平新时代中国特色社会主义思想武装头脑、指导实践、推动工作

时代是思想之母,实践是理论之源,新的思想一定是在新的实践中孕育诞生的。党的十八大以来,以习近平为核心的党中央顺应时代发展,从理论和实践的结合上系统地回答了新时代坚持和发展什么样的中国特色社会主义、怎样坚持和发展中国特色社会主义这一重大时代课题,形成了习近平新时代中国特色社会主义思想。当前,全党最大的政治任务就是学习贯彻习近平新时代中国特色社会主义思想。龙华区要坚持把习近平新时代中国特色社会主义思想作为统领一切工作的总纲、衡量一切工作的根本标准,推动习近平新时代中国特色社会主义思想在深圳落地生根、结出丰硕成果,努力把龙华建设成为展示习近平新时代中国特色社会主义思想的重要"窗口",通过深圳这个"窗口"彰显我国改革开放的伟大成就和中国特色社会主义的巨大优越性,为建设先行示范区提供理论支撑。

理想信念教育也是思想建设的重要任务,是理论武装的主要内容,对于共产党员来说具有极端的重要性。"革命理想高于天。共产主义远大理想和中国特色社会主义共同理想,是中国共产党人的精神支柱和政治灵魂,也是保持党的团结统一的思想基础。要把坚定理想信念作为党的思想建设的首要任务,教育引导全党牢记党的宗旨,挺起共产党人的精神脊梁,解决好世界观、人生观、价值观这个'总开关'问题,自觉做共产主义远大理想和中国特色社会主义共同理想的坚定信仰者和忠实实践者。"②所以,面向新时代,建设先行示范区,龙华区要在思想建设上自觉以习近平新时代中国特色社会主义思想为指导,加强共产主义远大理想和中国特色社会主义共同理想教育。作为我国改革开放和社会主义现代化建设的重要起源地,作为中国特色社会主义的忠实践行地,龙华同整个深圳一样肩负着在新时代"先行一步"的光荣历史使命,那就是在改革开放和社会主义现代化建设中先行一步,为实现国家富强、民族复兴、人民幸福探索新

---

① 《中国共产党第十九次全国代表大会文件汇编》,人民出版社2017年版,第64页。
② 《习近平谈治国理政》第3卷,外文出版社2020年版,第49页。

路。正因责任重大，更须理想坚定。应当继续探索在全面深化改革时期，在我国社会主要矛盾已经转化时期，在高度竞争的市场经济体系中如何对广大党员干部进行理想信念的教育的问题。要通过思想政治教育，弘扬共产主义道德和中华优秀传统美德，帮助广大党员干部树立正确的世界观、人生观和价值观，自觉抵制拜金主义和享乐主义的诱惑，增强党性修养，严守党纪国法，树立底线思维；要按照中央对深圳的期待，结合龙华实际，依据"三个定位、两个率先"和"四个坚持、三个支撑、两个走在前列"以及习近平在广东代表团的重要讲话精神，在率先建设社会主义现代化先行区，奋力向竞争力影响力卓著的创新引领型全球城市迈进的历史进程中具有"大定力""大视野""大气魄""大情怀""大忠诚"，不断地探索新时代中国特色社会主义的龙华实践之道，努力将龙华打造成为彰显中国特色社会主义"四个自信"的"尖兵"和典范城区。

三　增强"四种意识"，坚定"四个自信"，做到"两个维护"

学习贯彻习近平新时代中国特色社会主义思想，必须同树立政治意识、大局意识、核心意识和看齐意识结合起来，目标和效果是增进广大党员干部对中国特色社会主义道路自信、理论自信、制度自信和文化自信的理论认同、感情认同和实践认同。"四种意识"的基本要求是坚持党的民主集中制的基本原则，在思想上树立高度的组织纪律性，坚持下级服从上级、全党服从中央，自觉坚定地维护党中央权威和集中统一领导。结合龙华实际，当前在广大党员干部中进行思想政治教育，加强组织纪律性，严明组织纪律和政治规矩，完善干部表现的"负面清单"制度，健全违反政治纪律问题发现查处机制，把政治标准和政治要求贯穿于"双区"建设全程。严格落实新形势下党内政治生活若干准则，构建亲清政商关系，营造风清气正的政治生态。

龙华正处在加快迈向高质量发展阶段。越是取得成绩的时候，越是要有居安思危的忧患，必须清醒地看到，工作中还存在许多不足，也面临不少发展不平衡不充分问题：实体经济发展压力较大、改革领先优势有所弱化、创新发展亟须加快发力、城市管理治理短板突出、部门工作效率有待提高、全面从严治党任重道远。要勇于面对和解决这些问题，牢记"木桶原理"警示，既善于补齐"短板"，更注重加固底板，坚持底线思维，从最坏处着眼,做最充分的准备,朝好的方向努力,争取最好的结果。① 深圳包括龙华要想胜任新的历史使命,攻坚克难,并防范和化解重大风险,必须通过思想建设、通过理论武装使广大党员干部始终保持高度的政治与组织纪律性,毫不动摇坚持党的领导,一切行动听指挥,确保党始终是龙华事业发展的坚强领导核心,确保中央和上级党组织的决策部署能够迅速得到贯彻执行。

龙华区各级干部特别是领导干部要强化"四个意识"。坚决向党中央看齐、向党的理论和路线方针政策看齐,坚决维护党中央权威、维护习近平总书记这个核心,始终在思想上、政治上、行动上与党中央保持高度一致。

四 坚持党管干部管人才,重点培养后备人才,发挥好领导干部表率作用

坚持党管干部和管人才的原则,实施高端人才包括高素质干部人才集聚工程,以"人城产"为战略导向,研究制定龙华区人才中长期发展规划,持续优化"龙舞华章计划"人才政策体系。探索建立国际人才合作培育机制,持续精准引进高层次创新人才、产业紧缺型人才、专业技能型人才、高素质干部人才,形成多层次人才梯队。推动人才大数据、人才绿道、人才街区、人才机关等平台载体建设。力争到2022年,环深圳北国际人才服务圈、环观澜湖教科文人才创新圈等重点片区建设初见成效。新增各类高层次人才350人以上,高素质干部任50人,累计引进省市创新创业团队30个。

营造良好的政治生态,发挥好领导干部表率作用。建设先行示范区,打造示范区先进城区,龙华要从各级干部做起,特别是领导干部要坚持打铁必须自身硬,当好政治生态的护林员。

广大干部尤其是领导干部要坚持以上率下,发挥示范带动作用。干部们要清醒认识自己岗位的特殊重要性,增强自律意识、标杆意识、表率意识,以身作则、率先垂范。凡是要求职工做到的,自己必须首先做到。

领导干部要做到慎独慎微。要坚持经常"照镜子",对照党的纪律、

---

① 《深圳特区报》2017年1月15日。

群众期盼、先进典型，在宗旨意识、工作作风、廉洁自律上寻问题、找差距、明方向。要从内心深处去审视自己的思想、工作和生活，及时发现苗头、找寻差距，明确改进的方向和方法，消除作风之弊、思想之垢、肌体之疾，不断提升自我。要自觉同特权思想和特权现象作斗争，始终保持对权力的敬畏。组织部门要在选人用人上把好方向、守住原则，坚持党管干部原则，落实好干部标准，坚决防止用人上的不正之风。

广大干部要强化责任担当。对党和人民高度负责，对干部的健康成长负责。要履行"一岗双责"，调动各方面积极性，形成一级抓一级、层层抓落实的工作格局。

第二节　建立不忘初心，牢记使命的制度

党的十九届四中全会首次提出，"建立不忘初心、牢记使命的制度"①。这一重大制度创举，对于进一步坚持思想建党、理论强党、制度治党具有重大而深远的意义，对于龙华区在先行示范区建设中发挥"尖兵"作用、贡献"龙华力量"具有重要的指向意义。对此，我们要深刻理解把握、认真贯彻落地。

一　全面把握建立"不忘初心、牢记使命"制度的原则要求

建立"不忘初心、牢记使命"制度，在原则上要做到理论与实际相结合，历史与现实相贯通，守正与创新相统一，实现激励与约束并重。进言之，要把握好以下三大原则：把习近平新时代中国特色社会主义思想作为根本指南，把党章作为根本依据，把"不忘初心、牢记使命"主题教育作为重要实践基础。在上述原则要求基础上，要坚持强烈的问题导向和目标导向，结合龙华实际和具体情况，增强制度的针对性、有效性，实现"不忘初心、牢记使命"制度的主要内容全覆盖，解决好思想根基问题，进一步坚定理想信念；解决好政治站位问题，进一步增强"四个意识"、坚定"四个自信"、做到"两个维护"；解决好旗帜方向问题，使习近平新时代

---

① 《中国共产党第十九届中央委员会第四次全体会议文件汇编》，人民出版社2019年版，第8页。

第八章　落实党的全面领导制度 为建设先行示范区提供坚强政治保证　/　249

中国特色社会主义思想始终成为建设先行示范区高高飘扬的伟大旗帜；解决好人民情怀问题，使以人民为中心更加深入人心，永葆党的政治本色。

二　明确建立具有龙华特色的"不忘初心、牢记使命"制度的内容体系

根据党的十九届四中全会《决定》关于建立不忘初心、牢记使命的制度的要求，龙华区在积极争当深圳建设先行示范区"尖兵"中，要从以下六个方面作出积极努力和精心探索，使"不忘初心、牢记使命"制度的内容体系更加贴近龙华实践，更具龙华特色。

1. 确保全体党员干部遵守党章

党章是党的总章程，集中体现党的性质和宗旨、党的理论和路线方针政策、党的重要主张，规定了党的重要制度和体制机制，是全党必须共同遵守的根本行为规范。习近平指出："没有规矩，不成方圆。党章就是党的根本大法，是全党必须遵循的总规矩。"在龙华区委的统一指挥下，在各级党组织的全部活动中，都要坚持引导广大党员、干部特别是领导干部自觉学习党章、遵守党章、贯彻党章、维护党章，自觉加强党性修养，增强党的意识、宗旨意识、执政意识、大局意识、责任意识，切实做到为党分忧、为国尽责、为民奉献。

2. 确保全体党员干部恪守党的性质和宗旨

作为中国工人阶级先锋队，同时也是中国人民和中华民族先锋队的中国共产党，除了工人阶级和最广大人民群众的利益没有自己特殊的利益。众所周知，党最大的政治优势是密切联系群众，党执政后的最大危险是脱离群众。"全心全意为人民服务"是党的根本宗旨，"一切为了群众、一切依靠群众，从群众中来、到群众中去"是党的群众路线和群众工作方法，区各级党组织和全体党员干部都要把党的正确主张变为为群众服务、谋福利的自觉行动，做好新形势下群众工作和思想政治工作。

3. 确保用共产主义远大理想和中国特色社会主义共同理想凝聚全党、团结人民

党的最高理想和最终目标是实现共产主义。中国特色社会主义是改革开放以来党的全部理论和实践的主题，是党和人民历尽千辛万苦、付出巨大代价取得的根本成就。习近平指出，"我们干事业不能忘本忘祖、忘记

初心。我们共产党人的本,就是对马克思主义的信仰,对中国特色社会主义和共产主义的信念,对党和人民的忠诚。我们要固的本,就是坚定这份信仰、坚定这份信念、坚定这份忠诚。"建立不忘初心、牢记使命的制度,就是要为巩固这个本提供重要制度条件,并持之以恒地坚持下去、落实下去、执行下去。

4. 确保用习近平新时代中国特色社会主义思想武装全党、教育人民、指导工作

习近平新时代中国特色社会主义思想是对马克思列宁主义、毛泽东思想、邓小平理论、"三个代表"重要思想、科学发展观的继承和发展,是马克思主义中国化最新成果,是党和人民实践经验和集体智慧的结晶,是中国特色社会主义理论体系的重要组成部分,是全党全国人民为实现中华民族伟大复兴而奋斗的行动指南,必须长期坚持并不断发展。建设先行示范区,必须坚持以习近平新时代中国特色社会主义思想为指导,用理论武装党员干部,统一思想、统一行动,做到理论上清醒、政治上明白、行为上自律。探索建立党员"学习日"制度,完善党员干部自学机制,制定检验学习成效的考核标准和评价体系,突出党校主阵地作用,全面集中轮训和经常性教育。

5. 确保全面贯彻党的基本理论、基本路线、基本方略,持续推进党的理论创新、实践创新、制度创新

世界瞬息万变,中国变化万千。作为先行示范区的"尖兵",全区党员干部必须做到在理论上跟上时代,推进理论创新、实践创新、制度创新以及其他各方面创新。党中央制定的路线方针政策、作出的决策部署,是全区人民统一思想、统一意志、统一行动的依据。建立不忘初心、牢记使命的制度,就是要求全区党员干部和群众全面贯彻落实党的基本理论、基本路线、基本方略,不断接受宣传教育,在创新中完善学习落实的方式方法,并化作一种自觉行动,成为贡献"龙华力量"的一种习惯。

6. 把不忘初心、牢记使命作为加强党的建设的永恒课题和全区党员干部的终身课题,形成长效机制

开展"不忘初心、牢记使命"主题教育,是以习近平同志为核心的党中央统揽"四个伟大"作出的重大部署。全区在这次主题教育中,始终贯彻"守初心、担使命,找差距、抓落实"的总要求,经过努力,已经达到了"理论学习有收获、思想政治受洗礼、干事创业敢担当、为民服务解难题、清正廉洁作表率"的目标，取得了明显成效。接下来，全区要按照中央和省市委要求，完善"大学习、深调研、真落实"的工作机制，将其作为谋划和推动龙华工作的基本方法，探索建立管根本、利长远、重实效的长效机制，巩固和发展主题教育成果，从总体上构建不忘初心、牢记使命的制度。

第三节　筑牢意识形态安全屏障

党的十八大以来，习近平总书记对意识形态工作发表一系列重要讲话，科学回答了事关意识形态工作的一系列重大理论和实践问题，为我们做好新时代意识形态工作提供了根本遵循。

一　充分认识到筑牢意识形态安全屏障的极端重要性

意识形态安全是国家安全的基本构成要素，在整个国家安全体系中具有十分重要的地位。维护意识形态安全是维护国家安全不可或缺的重要方面。习近平指出："要牢牢掌握意识形态工作领导权，建设具有强大凝聚力和引领力的社会主义意识形态。"维护意识形态安全，抵制西方意识形态渗透，最好的方法就是筑牢自己的堡垒。

加强意识形态工作是巩固党的执政地位，实现国家长治久安的需要。中国的问题关键在党。坚持党的领导，巩固党的执政地位，是推进中国特色社会主义伟大事业的根本保证。目前，我国正处在一个快速发展期、社会转型期、改革攻坚期，各种社会矛盾相互交织，内外部风险夹杂其间。需要我们不断巩固党的理论、路线、方针、政策在意识形态领域的指导地位，从而进一步巩固党的执政地位，为中国社会稳定提供团结奋斗的共同思想基础，为中国社会发展指出正确明晰的前进方向，这样才能更好地带领全国亿万人民群众，汇聚民智，凝聚民力，万众一心，攻坚克难，为实现中华民族伟大复兴的中国梦而努力奋斗。

主流意识形态是国家政权、社会制度赖以建立和维系的思想基础，是社会精神文化的核心和灵魂。意识形态安全受到威胁、主流意识形态遭到解构，必然导致政治信仰、价值观念和思想道德规范的混乱，必然加剧社会风险、破坏社会秩序、损害国家安全，从根本上动摇国家存在和发展的基石。一个政权的瓦解往往是从思想领域开始的，政治动荡、政权更迭可能在一夜之间发生，但思想演化是个长期过程。思想防线被攻破了，其他防线就很难守得住。中国特色社会主义进入新时代，我国国家安全形势发生新的变化，意识形态安全也面临新情况，必须清醒认识意识形态安全面临的风险挑战，增强责任意识、忧患意识，提高政治敏锐性和政治鉴别力，打好防范化解风险挑战的主动战，守住安全防线，守好政治安全的前沿阵地，把意识形态工作领导权牢牢掌握在手中。

所以，我们必须充分认识意识形态工作的极端重要性，把意识形态工作的领导权、管理权、话语权牢牢掌握在手中，任何时候都不能旁落，否则就要犯无可挽回的历史性错误。同时，加强意识形态工作也是实现持续、快速、健康发展的根本思想保证。只有广大党员始终坚定党的理想信念、牢固树立党员意识宗旨意识，坚定"四个自信"，聚精会神、群策群力，共同围绕先行示范区建设目标不懈奋斗，贡献"龙华力量"，才能促进龙华在先行示范区建设"尖兵"位置上有所作为。

二 坚决筑牢意识形态安全屏障

举旗帜才能明辨方向，铸灵魂才能坚定信仰。马克思主义是我们立党立国的根本指导思想，对马克思主义的信仰是共产党人的命脉和灵魂，也是共产党人经受住任何考验的精神支柱。要不断巩固马克思主义在意识形态领域的指导地位，巩固全党全国各族人民团结奋斗的共同思想基础，在任何时候、任何情况下都不能有丝毫游离和动摇。习近平新时代中国特色社会主义思想是新时代中国共产党坚持和发展马克思主义的最新理论成果，以一系列原则性战略性的重大思想观点丰富和发展了马克思主义，是当代中国马克思主义、21世纪马克思主义，是全党全国人民为实现中华民族伟大复兴而奋斗的行动指南。要坚持不懈用习近平新时代中国特色社会主义思想武装全党、教育人民，坚定干部群众的政治认同、思想认同、理论认同和情感认同，始终做到"千磨万击还坚劲，任尔东西南北风"。

筑牢意识形态安全防线，必须在坚持"举旗铸魂"的前提下强化阵地意识。意识形态阵地争夺战是一场没有硝烟的战争。实践证明，意识形态阵地，马克思主义不去占领，各种非马克思主义甚至反马克思主义的思想就会去占领。首先，要压实意识形态工作责任制，建立管好意识形态阵地，及时稳妥处置突发敏感事件。做好意识形态工作，关键在党，关键在党的各级组织和广大党员干部。必须坚持党管宣传、党管意识形态、党管媒体，切实把意识形态工作的领导权、管理权、话语权牢牢掌握在党的手中。落实各级党组织意识形态工作责任制，压实压紧各级党组织责任人，细化任务清单、责任清单，树牢抓意识形态工作是本职、不抓是失职、抓不好是渎职的工作理念，做到任务落实不马虎、阵地管理不懈怠、责任追究不含糊，建设忠诚干净担当的意识形态建设队伍，坚决打赢防范化解意识形态领域风险的攻坚战。党员干部必须旗帜鲜明站在意识形态工作第一线，辨风险、划红线、明底线、把导向、管阵地、防风险、强队伍，带头抓好意识形态工作。

其次，要牢牢把握正确舆论导向，提高主流思想舆论的传播力、引导力、影响力、公信力，做大做强主流思想舆论，巩固和扩大红色阵地，充分发挥各级各类理论、新闻、文化主阵地作用，宣传科学理论，传播先进文化，保持斗争精神，壮大主流声音，弘扬社会正气，理直气壮批驳错误思潮，在任何时候都做到主旋律响亮、正能量充沛，有效传播好声音、好形象，加强网络综合治理，营造清朗网络空间，坚决守好守住意识形态安全"南大门"。强化媒体立体防控应对工作包括融媒体传播模式改革，完善舆情联动处置机制。要筑牢网络安全屏障，强化关键信息基础设施安全保护，增强全社会网络安全意识，切实提升防范化解风险能力。要发挥信息化驱动引领作用，加快建设新一代信息基础设施，推进关键核心技术攻关，持续加大基础研究投入和平台建设力度，不断夯实产业安全和核心竞争力。要高标准推进新型智慧城市建设，扎实推进"数字政府"建设，进一步破除"信息孤岛"，让市民和企业享受到更便捷、优质的政务服务，持续提升城市信息化、智能化、智慧化水平。

第四节 打造城市基层党建"龙华品牌"

基层党组织是党的全部战斗力的基础，是党的组织支撑、工作支撑和党群"桥梁支撑"，做好基层党建对建设中国特色社会主义先行示范区具有重要的支撑作用。龙华要树立城市大党建理念，坚持以标准化引领规范化，坚持大抓基层大抓支部，强化城市基层党建，推动基层组织全面加强、基层工作全面进步、基本能力全面提升，努力打造城市基层党建的"龙华品牌"。

一　严密基层组织体系，全面深入推进基层党建与业务结合

基层党组织是党的全部战斗力基础。建好党支部、发挥党支部战斗堡垒作用，是打造城市基层党建"龙华品牌"的前提。按照全面进步、全面过硬的目标要求，从"三个融合"上做好基层党支部建设。一是推动机关党建与业务工作更好融合。巩固提升模范机关创建成效，推进机关党建与业务工作深度融合，丰富机关党员干部践行初心使命、发挥先锋模范作用的实践平台，持续将机关党建拓展延伸到违建清理、污染防治、对口帮扶等重点工作一线，深化区直机关党组织与紫金县贫困村党支部结对帮扶。深入推进党支部标准化规范化建设，严格党员教育管理监督，开展支部建设质量提升行动，努力增加先进支部、提升中间支部、整顿后进支部。二是推动社区党建与基层治理更好融合。注重发挥社区党建区域兜底作用，加强各领域党建的关联，聚焦住宅物业小区、城中村、股份合作公司、两新组织等细分领域，加强党的组织覆盖和工作覆盖，推动街道社区党建、单位党建、行业党建互联互动、共同提升，构建完善社区党委统筹领导下的社区治理作用发挥机制。强化党群服务能力，构建全区各党群中心一盘棋联动机制，促进资源共享、服务共联、团队共建，推动党务、政务、人才服务以及工青妇等资源向党群中心集中、向群众需求端拓展，让群众对党群服务更有获得感。强化信息技术支撑，深化"党建+科技+治理"龙华模式，完善推广"党建引领社区'智'理"平台，拓展实际应用场景，提升实际应用能力，真正做到实战中管用、基层干部爱用、群众感到受用。三是推动"两新"党建与服务发展更好融合。建立健全党建摸排、组织建设和引领服务"三同步"机制，推进"百企示范、整体提升"工作，提高两新党组织党的组织和工作全覆盖。在打好"两个覆盖"饱和攻坚基础上，更加注重两新党组织作用发挥，将抓两新党建与服务企业、服务发展相结合，深化"两新书记直通车""大走访大调研大服务"活动，以规上企业为重点建强党团组，以工业园区为重点建强区域党群服务平台，以四大支柱产业为重点建强产业链党组织，创出两新党建龙华品牌。

二 深化体制机制改革，做好基层减负增效工作

首先，提高机构编制管理科学化水平。以贯彻落实机构编制工作条例为抓手，完善《编委工作规则》《编办工作细则》等相关配套制度，强化归口管理，严格执行区委编委"一支笔"审批制度。树立各类编制资源"一盘棋"意识，严控机构编制总量，探索建立务实高效的用编用人制度，统筹使用各类人员编制，着力破解基层各类编制资源使用的结构性矛盾。

其次，进一步优化机构职能体系。以巩固区级党政机构改革和街道行政管理体制改革成效为重点，建立符合龙华实际的机构编制评估长效机制，开展完善区街管理体制机制等课题研究，做好改革预研和方案储备，不断优化机构权责和编制资源配置。持续深化事业单位改革，加大"小、散、弱"事业单位撤并力度，探索整合职能相近事业单位，强化公益属性，提高服务能力和水平。

第三，促进基层减负增效。深化基层党建"标准+"模式创新，推进社区扩权减负增能计划，精准整顿软弱涣散党组织。推动清理规范社区考核评比项目，精简社区台账报表，以下沉目录清单有序推进资源服务管理下沉，统筹加强对社区的工作支持和资源保障，提高社区工作效能。

同时，扎实抓好机关自身建设，巩固深化主题教育和模范机关创建成效，着力在打造"政治上绝对可靠、对党绝对忠诚"的组织部门和组工干部上成为先进、当好示范，切实扛起主责、抓好主业，推动龙华组织工作率先突破、走在前列。

三 优化党群服务中心政治功能，高标准完善党群服务中心

基层党组织如果没有阵地、没有依托，区域统筹、资源整合、堡垒作用就会缺乏发力支点。党群服务中心则是基层党建的重要载体，所以，要强化党群服务中心政治功能，健全党群纵横联动机制，优化"十分钟群众服务圈"，确保党员、群众在1公里范围内可以到达一个党群服务中心、找到党组织。坚持建好一个、管好一个、用好一个，做到服务内容齐备、经费保障有力、管理人员到位，实行党组织负责人轮班值守、错时服务。统一标识牌匾，统一人员着装，党员佩戴党徽上岗。把社区党群服务中心红色家园、共享空间的阵地吸引力，与街道社区区域统筹的机制推动力结

合起来，有效破除不同层级、不同行业、不同领域互相分割的障碍，使党建、文化、卫生计生、民政、工青妇、各类企业和社会组织的资源向这里集聚集成，为形成同心同向、共建共赢的党建共同体搭建支撑平台。在产业园区、商务楼宇、商圈市场，建立互利互联的党群服务中心，从各方需求找出党建切入点，以有求必应赢得一呼百应，增强党组织凝聚力。高新技术产业园区党群服务中心根据企业、人才、党员的需求，下设党建服务站，整合党建资源举办企业高管和党务工作者培训班，培育一批非公企业党建先进典型，发挥党建孵化器的作用。

第五节　持之以恒正风肃纪反腐

正风肃纪反腐是党的建设的重要内容，也是深圳建设先行示范区的基础保证。建设先行示范区作出"龙华贡献"，在正风肃纪反腐方面，要体现出基层党建的系统性、协同性、全面性。

一　通过思想建党、制度治党、监督约束驰而不息整治"四风"

作风问题，说到底是世界观、人生观和价值观问题。抓作风建设，就要着力从思想上正本清源、立根固本。首先，必须坚持习近平新时代中国特色社会主义思想武装统领作风建设全部过程。其次，必须坚持从严治党推动作风建设落细落实。各级党委要认真落实从严治党主体责任，形成党委抓党建、书记履行党建第一责任人职责的工作格局，使书记带头落实抓党建"书记项目"成为常态化。要严格落实党代表任期制、党代会常任制有关规定；严格把关民主生活会、组织生活会；建立健全各项规章制度、加大监督检查力度、加大对违反作风建设案件的处罚力度，以凸显作风建设威力的成效检验从严治党实践。第三，必须坚持真抓实干提升作风建设具体成效。坚持把思路往实里想、把措施往实里定、把工作往实里做，以贯彻中央"八项规定"为切入点，从具体出发、从实际入手，不断推出"专题行动""领导牵头破题项目"等实际举措，以点带面推动重难点问题的解决，抓铁有痕、踏石留印，确保每个层级每个单位的工作见到实效。出重拳、用重典、动真格，严厉查处顶风违纪行为，这样必将起到强有力的震慑效应，刹住"四风"反弹势头。第四，必须用制度强约束加大

第八章　落实党的全面领导制度　为建设先行示范区提供坚强政治保证　/　257

纪律审查力度。盯住重点人、重点事和重点问题，狠查违规违纪行为，发现一起查处一起，以严明的作风保证党员干部队伍规范严谨。用好负面典型案例以发挥震慑作用，通过"组合拳"引导党员干部引以为戒，远离"红线"。积极探索建立上下联动、齐抓共管、便于监督、科学合理的干部考核评价机制，确保作风建设取得实效，以务实的作风保证党员干部队伍秩序井然。第五，通过完善约束机制促进作风建设落地。要充分运用各种约束机制，切实推进作风建设常态化长效化，在党要管党上坚定不移、在从严治党上毫不放松。强化政治纪律，通过纪律约束促进作风建设。强化主体责任，通过责任约束促进作风建设。强化各级党委管党治党的主体责任，把党建工作作为主业来抓，与中心任务一起谋划部署、一起检查考核。始终保持整治"四风"高压态势，紧紧盯住作风领域的新变化、新问题，及时跟进推出相应的对策措施，坚决防止"上紧下松、时紧时松、先紧后松"等现象发生，更加注重以制度办法和法治方式巩固成果、堵塞漏洞，不断形成改进作风的新制度。增强群众观念，通过群众约束促进作风建设。坚持从群众中来、到群众中去，增强自觉接受群众监督的意识，畅通群众建言献策和批评监督渠道，更好地与群众一道推进特区改革发展，在服务群众和接受监督中提高管党治党水平。及时回应群众诉求，千方百计解决好教育、医疗、住房、交通等群众反映突出的热点难点问题，下大力气解决服务群众"最后一公里""最后一步路"问题，坚持不懈地为群众办实事办好事。坚持廉洁从政，通过廉政约束促进作风建设。加强干部廉洁从政教育，严格监督管理党员干部，以零容忍态度严厉查处腐败案件，以刚性的制度约束、严格的制度执行、强有力的监督检查、严厉的惩戒机制，使廉洁城市建设不断得到新提升。强化制度执行，通过制度约束促进作风建设。切实提高建章立制水平，全面清理改革开放以来市委制定的各项制度，研究制定符合新时代的新制度、新办法，扎紧笼子、堵塞空子，用法治思维和法治方式落实管党责任。做好制度的衔接配套，加强制度体系建设，增强制度的整体功能。坚决贯彻中央八项规定，强化制度执行，用党的制度和纪律促进形成改作风转作风的新习惯、新常态。

二　以党的政治建设为统领，全面推进党的各项建设

以党的政治建设为统领，全面推进党的思想建设、组织建设、作风建

设、纪律建设、制度建设贯穿其中，深入推进反腐败斗争，营造风清气正的良好政治生态，把龙华打造成彰显中国共产党纪律严明的精彩样本。

严明政治纪律和政治规矩。严格执行新形势下党内政治生活若干准则，加强对党内政治生活状况、党的路线方针政策和民主集中制等制度执行情况的监督检查，对"七个有之"问题高度警觉，清除对党不忠诚不老实、阳奉阴违的两面人、两面派。以严明纪律保障中央、省、市重大决策部署的贯彻落实，对有令不行、有禁不止，打折扣、做选择、搞变通的行为严肃查处，对不作为、乱作为的严肃问责。严格请示报告制度，及时向上级纪委和同级党委请示报告重要工作，做到步调一致、令行禁止。

积极推进党内政治生态建设。推动各级党组织全面落实管党治党主体责任，建立健全上级党委书记、纪委书记约谈下级党组织一把手制度，加强主体责任考评系统应用，坚持抓好述责述廉工作。发挥选人用人"风向标"作用，将选人用人情况作为日常监督、巡察监督、派驻监督重点，严格落实"纪检监察机关意见必听，线索具体的信访举报必查"要求，建立并动态更新重点岗位一把手和后备干部廉政档案资料库，严把政治关、廉洁关、形象关。落实好支持改革创新容错纠错有关规定，鼓励干部大胆干事创业。

运用好监督执纪"四种形态"，强化日常监督。深化运用监督执纪"四种形态"。在早发现上深化，提高发现违纪问题的能力，抓早抓小、防微杜渐。在分类处置上深化，强化对问题线索的分析研究，提高精准把握政策能力，防止出现使用不当、尺度不准、畸轻畸重现象。在用好第一种形态上深化，加强日常管理监督，在全市分层分级常态化开展谈话提醒工作，及时处理干部苗头性、倾向性问题。在谈话函询上深化，被谈话函询的党员干部要在民主生活会上作出说明；发挥书面告知的教育激励作用，发挥抽查核实的监督作用，防止敷衍塞责、欺瞒组织，对边谈边犯、边询边犯的，从严从重处理。

坚定不移深化政治巡察，强化党内监督合力。要充分发挥巡视制度有效、管用的作用，坚定不移深化政治巡察，推动党内监督、群众监督、社会监督的有效结合。

巩固并最后夺取反腐败斗争的胜利。坚持无禁区、全覆盖、零容忍，坚持重遏制、强高压、长震慑，坚持行贿受贿一起查，坚持打虎、拍蝇、

第八章　落实党的全面领导制度 为建设先行示范区提供坚强政治保证　　259

猎狐一起抓，坚决减存量，重点遏增量。着力解决城市更新、工程建设、专项资金监管、执法司法、教育医疗、社区"三资"管理、对口帮扶、选人用人等方面的腐败问题。深化标本兼治，构建不敢腐不能腐不想腐的体制机制。密切关注"四风"隐形变异、改头换面等新动向，有的放矢，强化"暗访、曝光、查处、问责、整改"一体化工作机制，对症施治。紧盯享乐主义和奢靡之风，严肃查处顶风违纪行为，严厉整治发生在群众身边的腐败问题。通过狠抓典型问题暗访曝光，坚决整治形式主义、官僚主义等突出问题，重点纠正一些领导干部爱惜羽毛、回避问题、慵懒无为，一些基层干部不作为、乱作为、冷硬横推问题。坚决防止在住房、教育、就业等方面的违纪违规行为，决不让特权行为滋长蔓延。出台建立健全纠正"四风"长效机制的规定，实现纠正"四风"工作常态化、长效化。把整治基层腐败和扫黑除恶结合起来，坚决查处涉黑"保护伞"。构建巡查上下联动的监督网，确保一届党委任期内巡察全覆盖。严格执行新修订的领导干部经济责任审计规定，做好常态化"经济体检"工作，加强对经济社会各领域的审计监督，切实抓好审计整改落实"后半篇文章"。加强廉洁文化建设，注重以案促改，一体推进"三不机制"在审计监督领域发酵，实现纪检监察和审计工作高质量提升。全面加强街道纪检监察组织规范化建设，加强纪检监察信息化建设，提升反腐败科技含量和工作水平，为先行示范区建设提供全方位和全天候保障。

建设先行示范区贡献"龙华力量"，在全面从严治党加强自身建设中，要始终如一、坚定不移地落实党的全面领导制度。落实党的全面领导制度，必须发挥好党"总揽全局、协调各方"的作用，为先行示范区建设凝聚强大合力。支持区人大及其常委会依法履职，健全人大监督机制，完善代表服务体系，强化代表建议办理成效。支持区政协探索基层民主协商新路径，加强政协民主监督和委员会建设，推动协商民主广泛、多层、制度化发展。巩固和发展最广泛的爱国统一战线，推进民主党派基层组织建设，做好党外知识分子和新的社会阶层人士工作，促进非公经济健康发展和非公经济人士健康成长。深化群团组织改革，健全联系广泛、服务群众的群团工作体系。全面做好民族、宗教、外事、港澳、对台、侨务等工作，广泛凝聚各方力量，画出最大同心圆，共同推进先行示范区建设。

主要参考文献

《毛泽东文集》第 6 卷，人民出版社 1999 年版。

《邓小平文选》第 3 卷，人民出版社 1994 年版。

习近平：《决胜全面建成小康社会　夺取新时代中国特色社会主义伟大胜利——在中国共产党第十九次全国代表大会上的报告》，人民出版社 2017 年版。

习近平：《深刻认识建设现代化经济体系重要性　推动我国经济发展焕发新活力迈上新台阶》，《人民日报》2018 年 2 月 1 日。

《习近平主持中共中央政治局第三次集体学习》，《人民日报》2018 年 2 月 1 日。

《党的十九大文件汇编》，党建读物出版社 2017 年版。

《中国共产党第十九次全国代表大会文件汇编》，人民出版社 2017 年版。

《中国共产党第十九届中央委员会第四次全体会议文件汇编》，人民出版社 2019 年版。

《中共深圳市龙华区委深圳市龙华区人民政府关于建设数字龙华打造"一圈一区三廊"区域发展格局的决定》，2020 年。

《中共中央关于坚持和完善中国特色社会主义制度推进国家治理体系和治理能力现代化若干重大问题的决定》，《人民日报》2019 年 11 月 6 日。

《中共中央国务院关于支持深圳建设中国特色社会主义先行示范区的意见》，人民出版社 2019 年版。

中共中央、国务院印发：《"健康中国 2030"规划纲要》，2016 年 10 月 25 日。

邓远建、张陈蕊、袁浩：《生态资本运营机制：基于绿色发展的分析》，《中国人口·资源与环境》2012 年第 4 期。

傅小随：《论"智能社会"对社会治理既有模式的新挑战》，《中共杭州市委党校学报》2019年第4期。

《广东省习近平新时代中国特色社会主义思想研究中心．中国特色社会主义先行示范区建设的路径选择》（https：//baijiahao.baidu.com/s?id=1645640162116351791&wfr=spider&for=pc），2019年9月25日。

郭道久：《协作治理是适合中国现实需求的治理模式》，《政治学研究》2016年第1期。

侯为民：《习近平民生思想的三个维度——学习习近平总书记系列重要讲话体会之七十四》（http：//theory.people.com.cn/n/2015/0209/c83850-26533126.html），2015年2月9日。

胡咏君、吴剑、胡瑞山：《生态文明建设"两山"理论的内在逻辑与发展路径》，《中国工程科学》2019年第5期。

林尚立：《中国共产党与国家建设》，天津人民出版社2009年版。

龙华区发展和改革局：《龙华区"十四五"规划基本思路》，2020年。

龙华区发展和改革局：《龙华区"十三五"规划纲要实施情况总结评估报告》，2020年。

《龙华区贯彻落实中共中央国务院关于支持深圳建设中国特色社会主义先行示范区的意见争当建设中国特色社会主义先行示范区尖兵的行动方案（2020—2025）》。

娄成武、张国勇：《治理视阈下的营商环境：内在逻辑与构建思路》，《辽宁大学学报》（哲学社会科学版）2018年第2期。

罗平汉：《旗帜鲜明讲政治是党的优良传统》（http：//sz.people.com.cn/n2/2017/0405/c202846-29970881.html），2017年4月5日。

罗宗毅：《坚持抓好政治建设这个党的根本性建设》（http：//dangjian.people.com.cn/n1/2018/0118/c117092-29772291.html），2018年1月18日。

马崇明：《中国现代化进程》，经济科学出版社2003年版。

乔尚奎：《习近平社会建设思想的实践基础》（http：//theory.people.com.cn/n1/2018/0625/c40531-30081668.html），2018年6月25日。

饶锦兴、王筱昀：《社区基金会的全球视野与中国价值》，《开放导报》2014年第5期。

尚雅楠：《英国文化产业集群创新机制研究及对中国的启示》，硕士学位论文,山东财经大学,2013年。

申立、张敏:《集群化与均等化:全球城市的文化设施布局比较研究》,《上海城市管理》2019年第3期。

龙华区发展和改革局:《深圳市龙华区2019年国民经济和社会发展执行情况》,2020年。

宋林霖、何成祥:《优化营商环境视阈下放管服改革的逻辑与推进路径》,《中国行政管理》2018年第4期。

陶倩:《人与自然两相宜,绿色龙华新篇章》(http://ilonghua.sznews.com/content/2020-06/15/content_ 23249923.htm),2020年6月15日。

王琪:《世界城市创意产业发展状况的国际比较》,《上海经济研究》2007年第9期。

王晓慧:《中国经济高质量发展研究》,博士学位论文,吉林大学,2019年。

吴忠民:《论就业的社会意义》,《中国党政干部论坛》2002年第11期。

武靖州:《振兴东北应从优化营商环境做起》,《经济纵横》2017年第1期。

辛建生、岳宏志:《基于经济高质量发展视角的我国现代化经济体系建设研究》,《改革与战略》2020年第1期。

颜晓峰:《全球文化的融合与冲突》,《理论参考》2005年第7期。

[美]道格拉斯·诺斯:《制度、制度变迁与经济绩效》,格致出版社2018年版。

后　　记

随着《中共中央国务院关于支持深圳建设中国特色社会主义先行示范区的意见》的出台，建设中国特色社会主义先行示范区已经成为习近平总书记亲自谋划、亲自部署、亲自推动的重大国家战略。2020年8月26日，深圳又迎来了特区成立40周年。在10月14日于前海举行的深圳经济特区建立40周年庆祝大会上发表的重要讲话中，习近平总书记强调："深圳要建设好中国特色社会主义先行示范区，创建社会主义现代化强国的城市范例，提高贯彻落实新发展理念能力和水平，形成全面深化改革、全面扩大开放新格局，推进粤港澳大湾区建设，丰富'一国两制'事业发展新实践，率先实现社会主义现代化。这是新时代党中央赋予深圳的历史使命。"

作为深圳"都市核心区"，龙华战略地位重要，发展潜力巨大，有责任、有条件在深圳先行示范区建设中担当重任、充当尖兵，作出自己的突出贡献。从这个意义上说，作为龙华的建设者和研究者，能够有机会参与到龙华建设中国特色社会主义先行示范区的研究，着力探索龙华在新时期的发展机遇、定位与实践，谱写龙华壮丽秀美，魅力无限的奋斗故事，是吾等之幸。

呈现在读者面前的这本著述，正是我们近几年先行示范区建设专题进行实践与科研的最新成果集成。按各章顺序，作者分别为：李鹏（第二、三、四章）、谢煜（第一、七、八章）、蒋春忠（第五、六章）。本书作者主要来自于深圳市龙华区直部门及研究机构，主要研究领域有产业政策、体制改革、党史党建、社会治理等。

书里书外还凝聚着诸多单位和同仁的智慧与付出，真诚感谢龙华区委（政府）办公室、龙华区委组织部、龙华区委党校等相关单位给予本书的大力支持，在此谨致真诚谢意。书中不足以及谬误之处，敬请读者批评指正。

李　鹏
2022年12月